中国人民大学研究报告系列

中国分税制

问题与改革

CHINA' S TAX SHARING SYSTEM:

PROBLEMS AND REFORMS

郭庆旺　吕冰洋 等　著

中国人民大学出版社

· 北京 ·

“中国人民大学研究报告系列”编委会

总序

陈雨露

当前中国的各类研究报告层出不穷，种类繁多，写法各异，成百舸争流、各领风骚之势。中国人民大学经过精心组织、整合设计，隆重推出由人大学者协同编撰的“研究报告系列”。这一系列主要是应用对策型研究报告，集中推出的本意在于，直面重大社会现实问题，开展动态分析和评估预测，建言献策于咨政与学术。

“学术领先，内容原创，关注时事，咨政助企”是中国人民大学“研究报告系列”的基本定位与功能。研究报告是一种科研成果载体，它承载了人大学者立足创新，致力于建设学术高地和咨询智库的学术责任和社会关怀；研究报告是一种研究模式，它以相关领域指标和统计数据为基础，评估现状，预测未来，推动人文社会科学研究成果的转化应用；研究报告还是一种学术品牌，它持续聚焦经济社会发展中的热点、焦点和重大战略问题，以扎实有力的研究成果服务于党和政府以及企业的计划、决策，服务于专门领域的研究，并以其专题性、周期性和翔实性赢得读者的识别与关注。

中国人民大学推出“研究报告系列”，有自己的学术积淀和学术思考。我校素以人文社会科学见长，注重学术研究咨政育人、服务社会的作用，曾陆续推出若干有影响力的研究报告。譬如自 2002 年始，我们组织跨学科课题组研究编写的《中国经济发展研究报告》、《中国社会发展研究报告》、《中国人文社会科学发展研究报告》，紧密联系和真实反映我国经济、社会和人文社会科学发展领域的重大现实问题，十年不辍，近年又推出《中国法律发展报告》等，与前三种合称为“四大报告”。此外还有一些散在的不同学科的专题研究报告，也连续多年在学界和社会上形成了一定的影响。这些研究报告都是观察分析、评估预测政治经济、社会文化等领域重大问题的专题研究，其中既有客观数据和事例，又有深度分析和战略预测，兼具实证性、前瞻性和学术性。我们把这些研究报告整合起来，与人民大学出版资源相结合，再做新的策划、征集、遴选，形成了这个“研究报告系列”，以期放大规模效应，扩展社会服务功能。这个系列是开放的，未来会依情势有所增减，使其动态成长。

中国人民大学推出“研究报告系列”，还具有关注学科建设、强化育人功能、推进协同创新等多重意义。作为连续性出版物，研究报告可以成为本学科学者展示、交流学术成果的平台。编写一部好的研究报告，通常需要集结力量，精诚携手，合作者随报告之连续而成为稳定团队，亦可增益学科实力。研究报告立足于丰厚素材，常常动员学生参与，可使他们在系统研究中得到学术训练，增长才干。此外，面向社会实践的研究报告必然要与政府、企业保持密切联系，关注社会的状况与需要，从而带动高校与行业企业、政府、学界以及国外科研机构之间的深度合作，收“协同创新”之效。

为适应信息化、数字化、网络化的发展趋势，中国人民大学的“研究报告系列”在出版纸质版本的同时将开发相应的文献数据库，形成丰富的数字资源，借助知识管理工具实现信息关联和知识挖掘，方便网络查询和跨专题检索，为广大读者提供方便适用的增值服务。

中国人民大学的“研究报告系列”是我们在整合科研力量，促进成果转化方面的新探索，我们将紧扣时代脉搏，敏锐捕捉经济社会发展的重点、热点、焦点问题，力争使每一种研究报告和整个系列都成为精品，都适应读者需要，从而铸造高质量的学术品牌、形成核心学术价值，更好地担当学术服务社会的职责。

前言

36年前，中华大地掀起了一场波澜壮阔的经济体制改革，从计划经济走向有计划商品经济。在这场大变革中，以“简政放权、减税让利”为核心的财税体制改革成为城市经济体制改革的突破口，实现了政企分离（公有制企业成为独立的商品生产经营者，市场机制逐渐形成），调动了地方积极性（地方政府充分发挥作用，促进经济发展）。

20年前，一场惊心动魄的财税体制改革，旨在“建立符合社会主义市场经济要求的税制体系”和“理顺中央与地方分配关系”，结束了“税收万能”意识下的税种丛生的税制改革和“大干快上”理念下的地区分割的“诸侯经济”局面，扭转了财政收入占GDP比重、中央财政收入占国家财政收入比重（即所谓的“两个比重”）持续下降的趋势。

2013年11月，中国共产党第十八届中央委员会第三次全体会议通过的《中共中央关于全面深化改革若干重大问题的决定》（以下简称《决定》）指出，“经济体制改革是全面深化改革的重点，核心问题是处理好政府和市场的关系，使市场在资源配置中起决定性作用和更好发挥政府作用。”

如何处理好政府和市场的关系？如何保障市场起决定性作用和更好发挥政府作用？这显然涉及政府职能的科学定位与有效行使——政府应该干什么、应该怎么干。而财税体制作为各级地方政府间的事权支出责任与收入划分的一种制度安排，无疑关系到新时期政府职能行使的无偏性和有效性。特别是《决定》强调指出，“科学的财税体制是优化资源配置、维护市场统一、促进社会公平、实现国家长治久安的制度保障。”因此，总结已运行20年分税制的经验教训，展望新时期社会经济发展战略，构建“科学的财税体制”是摆在我们面前的一项亟待破解的重大课题。

中国人民大学财政金融学院的财政系和财税研究所部分教师，先后召开了十余次的内部小型研讨会，就“科学的财税体制”和“现代财政制度”的内涵、本质要求、实现路径等关键问题，展开热烈讨论。我们本着主要观点达成共识、具体分析求同存异的指导思想，群策群力，分工负责，历经8个多月，形成了《中国分税制：问题与改革》这部著作。

本书所体现出来的主要观点和改革建议如下：

第一，1994年分税制改革是一次具有里程碑意义的财税体制改革。1994年分税制改革，不仅废除了财政承包制，规范了政府间财政关系，扭转了“两个比重”持续下降趋势，更为重要的是，极大地激发了地方政府发展经济的积极性，并推动了社会主义市场经济制度的逐步建立和发展。

第二，在新的历史转折点上，构建“科学的财税体制”迫在眉睫。在适当降低经济增长速度、实现包容性增长和创新驱动发展的新时期，要“更好发挥中央和地方两个积极性”，特别是要改变地方政府激励约束机制扭曲状况，就必须构建“科学的财税体制”。

第三，借鉴财政联邦制的合理成分，打造财政郡县制财税体制。1994年分税制的制度设计在很大程度上体现了财政联邦制原理，与我国的国情不太适合。如何在地方政府“对上负责”的同时，使其更加关切地方民众利益？“科学的财税体制”应向我国传统的郡县制有一定程度的回归。

第四，在收入责任划分上，分税为主，分成为辅。1994年分税制改革在运行过程中逐渐演变成分成为主的分税制，虽然极大地激发了地方政府发展经济的积极性，支撑了长达20年的高速增长，但也铸就了粗放型经济增长方式。因此，深化分税制改革的收入责任划分应以分税为主、分成为辅——中央政府主体税种包括增值税、企业所得税和消费税，省级政府主体税种是个人所得税，县级政府的主体税种是零售税。

第五，在支出责任安排上，政府间权责明晰统一，财力匹配适度。长期以来，政府间的事权与支出责任划分“剪不断，理还乱”，在很大程度上是因为没有做到“凡是能由市场形成价格的都交给市场”。如果政府只做市场失灵领域的事务，各级政府间的事权划分及其相应的支出责任也就不难明晰界定；即使政府间支出责任划分与收入划分之间无法完全匹配，地方政府难以承担其支出责任，也可通过转移支付制度来弥补财力缺口，只是转移支付规模要适度。因此，政府间支出责任安排必须与转移支付制度进行联动改革。

第六，完善转移支付制度，提高分类拨款比重。考虑到专项转移支付的弊端、地方政府的支出偏好、纵向政府间信息不对称程度较高以及基本公共服务均等化的必要性，用途指定较宽泛并按因素法分配资金的分类拨款，更适合我国的国情，提高分类拨款比重应成为我国转移支付制度调整的方向。

第七，省以下财政管理体制改革要从政治激励、行政区划和财政制度三个层面统筹规划和改革。县级政权在整个国家的长治久安中扮演着极其重要的角色，而目前县级政府存在着严重的纵向财政失衡，省直管县改革有可能加剧县级政府的职能错位和行为扭曲。为了更好地促进县级政府的职能优化以及经济社会的长期协调发展，中央应从政治激励、行政区划和财政制度三个层面统筹规划和改革，包括改革政府政绩考核体系、优化政治激励和约束、增加省级政府数量、提升县级政府的行政级别。

第八，地方平台融资与地方发债融资要统筹兼顾。地方融资平台从上世纪 90 年代中期零星建立，到 2009 年前后如雨后春笋般地繁荣发展，再到一年后政策突变为“加强管理和清理整顿”，继而到《决定》“允许地方政府通过发债等多种方式拓宽城市建设融资渠道”，似乎有以地方发债融资取代地方平台融资的倾向。在我们看来，地方融资平台是我国地方政府有效筹措经济基础设施建设资金的一种制度创新，且其债务风险、财政负担不一定就比地方政府发债要大。无论是平台融资还是发债融资，地方政府举债都需要建立三大约束机制：银行对融资平台甄别的市场约束机制、官员任期债务问责制的行政约束机制以及规定债务比率和建立偿债基金的预算约束机制。

第九，改革预算制度，以“全面规范、公开透明的预算制度”约束各级政府的行为。目前各级政府的预算依然存在着预算编制不准、预算执行不严、财政监督不力、财政支出绩效评价体系不全等问题。为此，需要建立法治型预算、提高财政透明度、加强预算预测、实行多年度预算，将政府的收支权力“关在笼子”中，在法律上、制度上得到硬约束。

上述这些观点和改革建议虽经我们反复推敲、论证，但因水平有限，不免存在谬误，敬请批评指正。

郭庆旺

2014 年 6 月 16 日

目录

第 1 章　分税制改革：规范政府间财政关系*

1994 年分税制改革是新中国成立以来我国财政管理体制的一次制度创新，为科学、规范、合理地处理中央与地方财政关系奠定了良好的制度基础，对中央和地方政府行为进而对中国经济产生了极其深远的影响。这次改革按照"存量不动、增量调整，逐步提高中央的宏观调控能力，建立合理的财政分配机制"的原则设计，在财政承包制确定的地方上解和中央补助基本不变、不触动地方既得利益的情况下，结合税制改革，对财政收入增量进行了重大调整（陈共，2007；谢旭人，2008），以达到"兼顾中央和地方两个积极性，既确保增加中央财力，又不损害地方既得利益，促进国家财政收入合理增长"的总体目标。为此，1994 年分税制改革确立了"理顺中央与地方分配关系、合理调节地区间财力分配、坚持统一领导与分级管理相结合、坚持整体设计与逐步推进相结合"的指导思想，在合理划分中央与地方事权方面进行了积极探索，将税种划分为中央税、地方税以及中央与地方共享税，分设了国家和地方税务局两套征收管理机构，构建起以税收返还、财力性转移支付和专项转移支付为核心内容的政府间转移支付制度。①

---

* 本章由贾俊雪教授执笔。

① 分税制是具体安排各级政府收入责任、划分财政收入的一种制度，主要有四种形式。（1）分税额，即先按税法统一征税，然后将税收收入总额按一定比例在中央与地方之间分割。（2）分税权，即分别设立中央税和地方税两个税收制度和税收管理体系，中央和地方均享有相应的税收立法权和调整权。（3）分税率，即按税源实行分率计征。一般采用两种方式，一是上下级政府对某一税基按各自既定比率征税，二是上级政府对某一税基按率征税的同时，代下级政府按其税率课征并将税款转给下级政府（称之为税收寄征），在税法上通常采用地方附加形式。（4）分税种，即在税权主要集中于中央的情况下，在中央与地方之间分割税种，形成中央税、地方税和共享税（郭庆旺、赵志耘，2006）。1994 年分税制改革在中央与地方收入责任安排上主要采取了第二种形式（但地方政府没有税收立法权）和第四种形式，需要注意的是这次改革虽然称为"分税制改革"，但并非局限于处理中央与地方收入责任安排，而是我国财政体制的一次全面改革。

迄今，这一体制已运行了 20 年之久，总体保持了较好的制度稳定性。然而，随着我国社会主义市场经济的快速发展，要求进一步深化改革的呼声日益强烈。本章旨在对 1994 年分税制改革历程进行系统梳理，探究这次改革的动因、路径选择及其经济影响机理和面临的制度约束，揭示这次改革的历史意义和存在的问题及其根源，明确今后我国财政体制改革面临的主要挑战和核心任务。

1.1 分税制改革的现实动因

作为新中国成立以来规模最大、调整力度最强、影响最为深远的一轮财税体制改革，1994 年分税制改革的实施有着极其深刻的现实动因——持续下降的“两个比重”和难以维系的财政承包制。

1.1.1 持续下降的“两个比重”

20 世纪 80 年代中期以来，我国财政收入占 GDP 的比重与中央财政收入占整个财政收入的比重即所谓的“两个比重”出现持续下降，分别从 1984 年的 22.9%和 40.5%下降到 1992 年的 13.1%和 28.1%（见图 1—1），国家财政特别是中央财政陷入严重危机，业已到了濒临“破产”的边缘，中央政府处于前所未有的弱势地位。

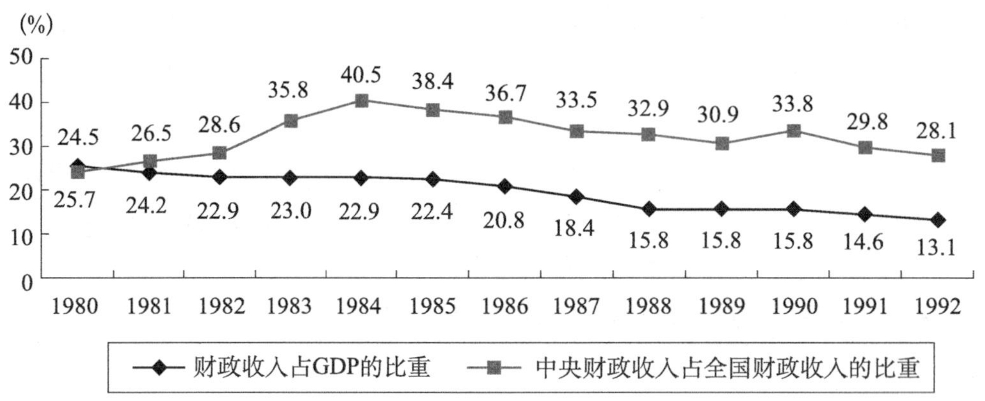

图 1—1 1980—1992 年间“两个比重”的变化

资料来源：《中国统计年鉴 1993》，北京，中国统计出版社，1993。

20 世纪 80 年代以来，中央财政收入主要依赖于地方收入上解。财政收入的持续大幅减少，使得中央政府在履行正常职能时常常捉襟见肘、力不从心，不得不经常要求地方政府提高上解比例或者是要求地方政府额外做出贡献。1981—1989 年间，中央向地方借款累积达到 422.2 亿元，借款占中央财政支出的比重平均达到 5.9%（见表 1—1）。1991 年，由于经济低迷，很多地方都出现了较为严重的财政困难，迫切需要中央政府给予有效的财力支援。但 1990 年的中央财政收入仅为 992.4 亿元，面临着巨大资金缺口。财政部不得不要求广东等发达省市多做贡献，除了正常收入任务以外再额外多上解中央财政 1 000 万元到 1 亿元不等，但遭到这些省份的拒绝。中央财政的弱势地位显现无遗。1992 年，中央财政收入为 979.5 亿元，中央财政支出为 1 170.4 亿元，中央财政资金缺口达到 191 亿元。在无法获取地方财政支持的情况下，财政部不得已向中央提出希望通过向中国人民银行借款来解决这些资金缺口，但未能获得中央批准。① 1993 年，中国经济呈现出快速增长的势头，但财政收入依然延续着下降的态势：全国财政收入一季度同比下降了 2.2%，即使是按可比口径也仅仅持平，而财政支出却大幅增长，导致财政资金缺口庞大，一些重大工程项目处于停滞状态。中央财政更是雪上加霜，需要靠借款发工资，已经处于“破产”的边缘。

表 1—1　　1981—1989 年间中央向地方借款金额

	1981	1982	1983	1984	1985	1986	1987	1988	1989
借款额（亿元）	68.41	40.20	36.18	38.37	42.97	45.14	48.31	50.22	52.36
中央支出（亿元）	625.65	651.81	759.60	893.33	795.25	836.36	845.63	845.04	888.77
借款额占比（%）	10.9	6.2	4.8	4.3	5.4	5.4	5.7	5.9	5.9

资料来源：李萍（2010）。

全国财政特别是中央财政如此严重的困难引起了中央的高度重视。1993 年 7 月 23 日，时任国务院副总理的朱镕基同志在全国财政税务工作会议上明确指出，“在现行体制下，中央财政十分困难，现在不改革，中央财政的日子就过不下去了，到不了 2000 年就会垮台！……一般来说，发达的市场经济国家，中央财政收入比重都在 60%以上，而中央支出一般占 40%，地方占 60%。但是我们正好相反，收支矛盾十分突出。这种状况是与市场经济发展背道而驰的，必须调整过来！”一轮规模巨大、影响深远的财税体制改革呼之欲出。

1.1.2　难以维系的财政承包制

始于 20 世纪 80 年代的财政承包制改革被广泛认为是导致“两个比重”持续下降以至于中央财政濒临“破产”的重要体制性根源。1984 年 10 月，中国共产党十二届三中全会做出《中共中央关于经济体制改革的决定》。为了落实这一决定，并鉴于 1980 年起实行的“划分收支、分级包干”的财政体制原定五年已经

① 据时任财政部长的刘仲藜同志回忆，当时分管银行的朱镕基副总理看到国库报表时曾说：“你这个财政部长真是囊中羞涩呀！”这令多年后的刘仲藜部长记忆深刻，谈及时仍唏嘘不已（刘仲藜，2009）。

到期，国务院决定从 1985 年起对各省、自治区、直辖市实行“划分税种、核定收支、分级包干”的财政体制。具体而言，大体上可分为收入递增包干、总额分成、总额分成加增长分成、上解额递增包干、定额上解、定额补助等形式，另外还有五五分成的分税制试点（见表 1—2）。这种状况，被形象地比喻为“一省一率”的财政体制。

表 1—2　　1988 年财政体制情况

包干方式	地区
收入递增包干	实行的地区、留成比例和收入递增率： 北京市 50%和 4%；河北省 70%和 4.5%； 辽宁省（不含沈阳市和大连市）58.25%和 3.5%； 沈阳市 30.29%和 4%；哈尔滨市 45%和 5%； 江苏省 41%和 5%；浙江省（不含宁波市）61.47%和 6.5%； 宁波市 27.93%和 5.3%；河南省 80%和 5%；重庆市 33.5%和 4%
总额分成	实行的地区、留成比例： 天津市 46.5%；山西省 87.55%；安徽省 77.5%
总额分成加增长分成	实行的地区、留成比例、增长分成比例： 大连市 27.74%和 27.26%；青岛市 16%和 34%；武汉市 17%和 25%
上解额递增包干	实行的地区、上解基数、递增比例： 广东省 14.13 亿元和 9%；湖南省 8 亿元和 7%
定额上解	实行的地区、上解额： 上海市 105 亿元；山东省（不含青岛市）2.89 亿元； 黑龙江省（不含哈尔滨市）2.99 亿元
定额补助	实行的地区、补助额： 吉林省 1.25 亿元；江西省 0.45 亿元；福建省 0.5 亿元（1989 年开始执行）； 陕西省 1.2 亿元；甘肃省 1.25 亿元；海南省 1.38 亿元； 内蒙古自治区 18.42 亿元；广西壮族自治区 6.08 亿元； 贵州省 7.42 亿元；云南省 6.73 亿元；西藏自治区 8.98 亿元； 青海省 6.56 亿元；宁夏回族自治区 5.33 亿元；新疆维吾尔自治区 15.29 亿元； 湖北省（不含武汉市）按当年武汉市决算收入的 4.78%给予补助； 四川省（不含重庆市）按当年重庆市决算收入的 10.7%给予补助

资料来源：李萍（2010）。

财政承包制确定了地方政府“剩余占有者”的地位，使额外增加的财政收入归地方所有，对于充分调动地方的积极性起到了重要作用。但是，随着时间的推移，这种体制的弊端日渐凸显，成为政府间财政关系不稳定的根源。在这种体制下，中央财政在财政分配中处于明显的弱势地位，财政收入得不到充分保证，使得中央不得不调高地方收入上解比例。这引发了地方不满以及对中央的不信任，因而往往采取各种变相的减免税“藏富于民”，以达到隐瞒真实财政收入、减少收入上解的目的，而中央缺乏有效手段加以纠正。[①] 因此，财政承包制事实上“包死”了中央，使得中央政府没有任何办法获得增量收入，出现财政困境也就是一件十分自然的事情了。为了改变财政困境，中央不得不频繁调高地方收入上解比例。这进一步加剧了地方不满，导致中央财政收入进一步减少，从而陷入中央财政收入下降→财政体制变动→地方隐瞒收入→中央财政收入下降的恶性循环。[②]

当预算内收入无法满足正常的支出需要时，中央政府不得不利用收费筹措资金——1989年的国家预算调节基金正是在这一背景下推出的。与此同时，地方政府也采取各种摊派和收费的做法获取大量的预算外甚至于体制外收入以增强可支配财力。这直接导致20世纪80年代至90年代末期我国各地乱收费、乱摊派、乱集资之风盛行，严重干扰了我国正常的财政分配秩序以及经济社会的健康有序发展。另一方面，财政承包制采取按行政隶属关系划分财源和财力的做法也助长了地方保护主义，妨碍了全国统一市场的形成，导致低水平重复建设和投资膨胀，对我国经济持续平稳运行造成不利影响（周黎安，2004；郭庆旺、贾俊雪，2006；贾俊雪，2008；谢旭人，2008）。

由此可见，无论是中央还是地方对于财政承包制都存在明显不满：中央不满于收入持续下降，地方不满于体制频繁变动。而且，财政承包制对经济的负面影响也越来越突出，越来越不能适应我国社会主义市场经济发展要求。正是在这样的现实背景下，1993年11月，中国共产党十四届三中全会通过了《中共中央关于建立社会主义市场经济体制若干问题的决定》，正式提出分税制改革，标志着新中国成立以来涉及范围最广、调整力度最大的分税制改革正式拉开序幕。

---

① 刘仲藜（2009）曾以北京和上海两个直辖市为例对这种情形进行了详细剖析。当时，北京市采取的是收入递增包干分成模式，即以1987年决算收入为基数，参照地方近几年收入增长情况，确定地方收入递增率，在收入递增率以内的收入按一定比例上解中央，超出部分全部留给地方。当时，中央与北京市约定的收入递增率为4%。为了避免中央调高上解比例以及收入递增率，北京市在约定年限内（5年）采取各种手段隐瞒财政收入达98亿元，使得财政收入增长率始终保持在4%左右。上海市当时实行的是定额上解加递增分成模式，确定的任务指标是每年财政收入达到165亿元，其中100亿元上解中央财政，在此基础上每增加1亿元，上解收入增加0.5亿元。在实行财政包干制的五年中，上海市的财政收入平均每年在165亿元左右，刚刚达到要求的下限，没有任何增长。事实上，这样的做法在各个地区非常普遍，但中央缺乏有效的手段加以纠正，只能眼睁睁看着地方上解收入的持续下降。

② 对于这种状况，原财政部长项怀诚同志曾指出，“一个市场经济国家的财税体制应该是稳定和规范的、符合市场经济原则的、公平及透明的分配体制。而我们国家当时频繁的、轮番变换的财税体制，造成地方对中央极大的不信任以及互相猜疑，因为不知道下一步你如何改，怎么改，更不知道未来的预期。”（马国川，2009）

1.2 分税制改革的税制基础

1994年分税制改革旨在有效扭转“两个比重”持续下降趋势和规范政府间财政关系，将中央与地方收入责任划分以及中央和地方收入体系建设作为改革重点。为了配合分税制改革的推进，形成与社会主义市场经济相适应的税收体系，中央在1994年对我国税制亦进行了一次重大改革。在正式探究分税制改革的路径选择之前，有必要对1994年税制改革进行一下简要回顾。

1.2.1 1994年税制改革的主要内容

1993年11月14日，中国共产党十四届三中全会通过的《中共中央关于建立社会主义市场经济体制若干问题的决定》明确提出要积极推进税制改革。1993年12月25日，国务院通过了《工商税制改革实施方案》以及增值税、消费税、营业税、企业所得税、资源税和土地增值税6个税收暂行条例，1994年1月1日起正式实施。

这次税制改革以“统一税法，公平税负，简化税制，合理分权，理顺分配关系，保障财政收入，建立符合社会主义市场经济要求的税制体系”为指导思想，方案设计上主要遵循了以下几个基本原则：第一，税制改革要有利于调动中央、地方两个积极性和加强中央的宏观调控能力。第二，税制改革要有利于发挥税收调节个人收入和地区间经济发展的作用，促进经济和社会的协调发展，实现共同富裕。第三，税收改革要有利于实现公平税负，促进平等竞争。第四，税制改革要有利于体现国家产业政策，促进经济结构的调整，促进国民经济持续、快速、健康的发展和整体效益的提高。第五，税制改革要有利于税种的简化、规范。

此次税制改革的重点在于流转税改革，将之前对内资企业征收的产品税、增值税和营业税，以及对外商投资企业和外国企业征收的工商统一税，加以调整合并，形成了以增值税为核心的增值税、消费税和营业税三税并立的新的流转税课税体系。其中，增值税是改革的重中之重：第一，对商品的生产、批发、零售和进口环节全面征收增值税；第二，采取17%的基本税率、13%的低税率（适用于基本食品和农业生产资料）和零税率（出口商品一般适用零税率）3档税率；第三，对于小规模纳税人实行按照销售收入和规定的征收率计征的简便方法。在将原征收产品税的产品全部改为征收增值税的基础上，选择少数特殊消费品（主要包括烟、酒、化妆品、贵重首饰、摩托车、小汽车、汽油和柴油等）征收消费税，采用从价和从量两种征收方法。此外，就原营业税改征增值税以后的剩余项目征收营业税，共设 9 个征税项目和 3 档税率（3%、5%和 5%～20%），征税范围包括提供劳务、转让无形资产和销售不动产等。

这次税制改革的另一亮点在于统一了内资企业所得税：第一，将原来分别设置的国营企业所得税、国营企业调节税、集体企业所得税和私营企业所得税合并为内资企业所得税；第二，国有企业不再执行企业承包上缴所得税的包干制，分步取消对税后利润征收的国家能源交通重点建设基金和国家预算调节基金；第三，把对各种经济成分适用的不同税率以及减征税率统一为 33%的税率，对小规模企业适用 27%或 18%的低税率。此外，这次改革还初步建立起较为规范的个人所得税制：第一，将个人所得税、个人收入调节税和城乡个体工商业户所得税等 3 个税种合并为个人所得税；第二，将免征额提高到 800 元，并对不同的应税项目分别适用 9 级和 5 级超额累进税率以及统一的 20%比例税率。

此外，这次改革还调整、撤并和开征其他一些税种：调整资源税、城市维护建设税和城镇土地使用税；取消集市交易税、牲畜交易税、烧油特别税；开征土地增值税、证券交易税；盐税并入资源税，特别消费税并入消费税。改革后的税制，税种设置由原来的 32 个减为 25 个，初步实现了税制的简化、规范和高效的统一。

1.2.2　1994 年税制改革的简要评价

1994 年税制改革初步实现了从计划经济体制下的传统税制向市场体制和开放经济下的新税制的平稳过渡，是我国税制建设历史过程的一次飞跃。这次税制改革的意义主要表现在以下几个方面。

（1）在发展社会主义市场经济的大前提下进行的税制改革，既体现了市场机制对资源配置起基础作用的要求，减少了国家对经济活动不必要的干预，又强化了税收作为经济杠杆所具有的宏观调控职能。而且，通过建立统一的税法不仅有利于规范政府经济行为，打破地区间人为的分割，促进统一市场的形成，而且有利于实施国家对市场经济发展的引导、调节，也有利于体现发挥市场机制作用与加强宏观调控的一致性。

（2）根据国家社会管理者和国有资产所有者的双重身份，规范了国家与企业的分配形式和分配关系。作为社会管理者，国家可以通过具有强制性、无偿性和固定性的税收形式对社会产品进行规范性的分配，这种分配同国家是否占有生产资料没有关系。作为生产资料所有者，国家可以凭借财产权利参与国有企业的利润分配。特别是长期以来税收收入主要来源于国有大中型企业的状况有了初步改变，通过适当降低其总体负担水平，为国有企业的深化改革创造了条件。

(3) 在增值税和内资企业所得税上，初步实现了公平税负。在工业生产环节普遍实行增值税，从根本上解决了从初级产品、中间产品到最终产品因生产环节不同而造成税负不公平的矛盾，实行基本统一的增值税税率，使流转环节的税负趋于平等；统一内资企业所得税的税基和税率，使国内各类不同经济性质的企业站在同一起跑线上，内资企业公平税负的局面基本形成。此外，通过统一和规范个人所得税，为实施公平收入分配的税收政策奠定了制度基础。

(4) 大量减少减免税项目，不仅有助于扩大税基，增加收入，还有利于加强税法的严肃性、维护税制的统一性。同时，初步实现了税制的简化，不仅有利于征纳双方履行各自的权利和义务，培养纳税意识，也符合世界税制发展的总体趋势。

(5) 开放税制进一步形成。新的税收制度在符合我国国情的基础上开始与国际税制接轨，体现了“国民待遇原则”，并保留对外商的高度优惠。提高税收的“透明度”，使我国的投资环境得到改善，有利于吸引外资。在税制改革基本原则的选择和具体问题的技术处理上，适当遵循国际税收惯例，有利于增强我国产品的国际竞争力。①

总之，1994 年税制改革基本建立起适应社会主义市场经济的发展和国民收入分配格局变化的税收制度，规范了税收分配方式，理顺了税收分配关系，形成合理的税收分配机制，为 1994 年分税制改革奠定了良好的税制基础。

1.3 分税制改革的路径选择

1994 年分税制改革的主要目的在于有效扭转“两个比重”持续下降的不利局面，确定中央财政在整个财政分配中的主导地位，因而具有很强的收入集权特色，对于地方利益产生了巨大冲击。因而，无论是改革方案的设计、落实还是改革的逐步深化，中央与地方的博弈都贯穿始终。

1.3.1 利益博弈中的基本方案确定

1994 年分税制改革涉及的内容非常庞杂，既包括事权和财权的划分以及税收

① 此后，我国又不断对 1994 年税制进行了完善：(1) 2000 年在安徽进行农业税费改革试点，2006 年取消农业税；(2) 2004 年在东北三省进行增值税转型试点，2009 年将生产型增值税改为消费型增值税；(3) 2005 年以来多次提高个人所得税免征额，2011 年进一步将其提高到 3 500 元，将 9 级累进超额税率减少为 7 级；(4) 2008 年实施“两法合并”，建立了内外资企业统一征收的企业所得税制；(5) 2011 年，在上海和重庆进行房产税改革试点；(6) 2012 年开征了燃油税，在上海进行“营改增”试点。

返还制度建立等基本内容，还包括国有企业利润分配制度和税收管理体制等配套改革措施。在事权划分方面，中央财政主要承担了国家安全、外交、中央国家机关运转及直接管理的事业发展所需经费，以及经济结构调整和宏观调控所必需的支出等14个方面，地方财政主要承担本地区政权机关运转以及经济、事业发展所需支出等13个方面。在财权划分方面，结合1994年税制改革，将维护国家权益、实施宏观调控所必需的税种如关税和消费税等8种收入划为中央税，将适合地方征管的税种如营业税、个人所得税和房产税等18种收入划为地方税，将与经济发展密切相关的主要税种如增值税等3种收入划为中央与地方共享税，其中增值税中央与地方分享比例为75∶25，证券交易税为50∶50，海洋石油资源税归中央，其他资源税归地方。在税收返还方面，主要建立了增值税和消费税“两税”返还制度，即按照1993年地方净上划中央收入（消费税＋75％的增值税－1993年中央下划收入）作为中央对地方税收返还的基数，基数部分全部返还给地方；1994年以后的税收返还数额按一定比例增长，即税收返还数额的增长率，按全国平均“两税”的平均增长率的1∶0.3系数确定——全国“两税”收入每增长1％，税收返还数额增长0.3％。

上述改革内容中的关键在于收入责任安排和税收返还方案，这是中央与地方利益的主要纠结点，而难点集中在增值税改革方面。增值税是1994年税制改革后最大的一个流转税种，占整个税收收入的比重达到40％左右。因此，它的改革可谓牵一发而动全身，是中央与地方利益博弈的焦点。在具体方案设计中，中央首先确定了增值税必须作为中央与地方共享税的基本原则，但在确定共享比例以及税收返还方案时还是颇费了一番周折。为了确保中央财力需要，同时避免取之过度，经过仔细测算和慎重考虑，决策者最终选择了75∶25的中央与地方分享比例。在税收返还方面，财政部借鉴了1980年“分级包干”和1985年“财政包干制”的做法，提出“基数加增长比例”的方案——基数全部返还给地方，增量按照固定比例予以返还。这一方案的核心在于基期、基数和增长比例的确定。财政部最初提出按照通货膨胀率来确定增长比例，但经过讨论，中央否定了这一想法，最终提出按全国增值税平均增长率的1∶0.3确定增长比例。在基期和基数方面，当时的方案并没有做出明确规定，但倾向以过去几年的情况作为参照。

从上述方案可以看出，中央事实上已经较充分地考虑到了地方利益。但方案提出后，还是遭到了多数地方的反对，其中以广东省的反对意见最为强烈。事实上，在改革之初，广东省就曾明确要求继续实行财政承包制。为此，中央多次派人赴广东省进行方案的说明和解释工作。最终，广东省同意实行分税制，但要求以

1993年财政收入的决算数作为返还基数。由于当时还处在1993年9月，全年财政收入的决算数只有到1994年上半年才能出来，地方很容易在之后的几个月内人为地将全年财政收入推高，以获取更多的基数返还。因此，财政部对此坚决反对。时任国务院副总理的朱镕基力排众议，同意了这一要求，获得了广东省的支持，使得增值税改革方案得以最终确定（马国川，2009）。此外，按照中央最初设想，通过财力集中并以转移支付的方式给予落后省份财力支持，从而使分税制改革更加有利于落后省份。但贵州、云南、广西等西部省份对消费税完全划为中央税的做法意见很大，认为这极大损害了地方利益。为了照顾地方在消费税上的利益，中央最终决定比照增值税返还方案对地方进行消费税返还。两税返还方案的确定标志着中央与地方在最核心的利益上达成一致，从而为分税制改革的顺利推进铺平了道路。这样，经过中央与地方的利益博弈，一个符合中国国情、中央与地方均能接受、并非完美但却充满智慧的分税制方案得以最终出台。

1.3.2 利益博弈中的渐进深化改革

1994年分税制改革是新中国成立以来在财税体制方面的一次巨大创新，涉及面之广、问题之复杂均是前所未有的。正因如此，很多问题特别是地方政府的一些行为反应在改革之初很难完全预料。而且，即便是对于一些问题中央非常清楚，为了避免引发地方政府的强烈反应也不得不采取迂回的做法。这使得1994年分税制改革的最初方案遗漏、遗留了很多重要问题未能加以解决。不过，中央始终密切关注着形势的发展，不断对改革方案加以完善，推动改革渐进深化。这些后续改革主要包括以下几个方面。

1. “两税”返还方案的完善

1993年下半年，中央最终确定了以1993年地方实际财政收入作为基数，完全返还给地方的方案。为了实现既得利益的最大化，地方在1993年下半年加大征收力度，甚至采取“先征后返”、“寅吃卯粮”等非常规手段把基数做大。这使得1993年下半年地方财政收入出现激增：9—12月间税收收入同比增长了60%、80%、90%和120%，全年增长了39.9%，财政收入增收了900多亿元。由于新增的900多亿元财政收入中，地方返还占据了很大比重，如果中央严格执行既定方案，1994年财政预算将会存在300多亿元的资金缺口。如何有效化解这300多亿元的资金缺口就成为1994年分税制改革带给中央的第一个难题。

财政部最初曾试图通过扣减地方基数的做法来解决这一问题，但遭到地方强烈反对，认为这种做法缺乏客观依据，破坏了制度安排的严肃性。经过广泛讨论和审慎考虑，中央最终认可了 1993 年的地方基数，但对“两税”返还方案进行了完善，增加了奖惩机制。具体而言，中央确定以 1993 年全国“两税”增长率的 1/3 即 16%作为今后“两税”的增长任务，各地以本地区 1993 年“两税”增长率的 1/3 作为增长任务；对于不能完成“两税”增长任务的地方，中央要求以地方财政收入进行赔补，对于不能完成基数的地方进行基数扣减；对于完成“两税”增长任务的地方，中央按当年该地区“两税”增长率的 1∶0.3 进行基数返还，对于“两税”增长超过任务的地方，中央按照超额部分的 1∶0.6 给予地方一次性奖励；增长返还系数 1∶0.3 不再与全国“两税”平均增长率挂钩，而是与本地区上划“两税”增长率挂钩。对比最初的“两税”返还方案可以看出，新方案引入了奖惩机制，有助于激励和约束地方的征收行为，为此后的税收收入持续快速增长奠定了一个很好的制度基础。至此，中国经济步入财政收入和中央财政收入持续快速增长时代：1994—2002 年间，财政收入年均增长 17.5%，财政收入占 GDP 的比重由 1993 年的 12.6%提高到 2002 年的 18.5%；2002 年，中央财政收入占全国财政收入的比重为 55%，比改革前的 1993 年提高了 33 个百分点。

2. 所得税分享改革

1994 年分税制改革时，鉴于地方阻力较大，中央没有进行大规模的所得税改革：个人所得税划为地方税，企业所得税仍然延续了按企业隶属关系划分的格局，即中央企业所得税作为中央财政收入，地方企业所得税作为地方财政收入。随着我国经济体制改革特别是企业改革的逐步深化，这种划分方法的弊端日渐突出：第一，强化了地方政府对企业经营活动的干预以及企业对地方政府的行政依附，不利于现代企业制度的建立和健全，加剧了地区间的恶性竞争以及地方保护主义，对正常的经济秩序产生严重冲击。第二，随着现代企业的发展，企业隶属关系变得越来越难以准确界定，为地方钻空子提供了很大空间，导致企业所得税缴库混乱，造成中央税收收入的大量流失。[①] 第三，进一步拉大了地区间财力差距，严重阻碍了生产要素的自由、高效流动，不利于全国经济的协调发展。

为了有效解决上述问题，中央决定从 2002 年 1 月 1 日起实施所得税分享改革，将按行政隶属关系划分中央和地方所得税的办法改为中央与地方按统一比例分享。所得税分享改革是 1994 年以来最大的一次税权划分改革，具体内容包括：第一，除铁路运输、国有银行等少数特殊行业或企业外，对其他企业所得税和个人所得税

① 2000 年，财政部巡查了 239 个地市县级国税机关，查出中央企业所得税混入地方金库达 10 亿元（谢旭人，2008）。

收入实行中央与地方按比例分享——2002年中央与地方分享比例为50∶50，2003年起为60∶40；第二，中央保证各地区2001年地方实际的所得税收入基数，实施增量分成，计算公式为：2003年所得税基数返还＝2002年地方实际所得税收入×60%－2002年中央实际所得税收入×40%；第三，中央财政因所得税分享改革增加的收入，用于增加对地方主要是中西部地区的一般性转移支付；第四，跨地区经营企业集中缴纳的所得税中地方分享部分按分公司（子公司）所在地的企业经营收入、职工人数和资产总额三个因素在相关地区间分配，权重分别为0.35、0.35和0.3。

2002年所得税分享改革总体取得了较好成效。一方面，这次改革基本打破了企业的行政隶属关系以及对地方政府的行政依附，有助于企业改革的深化，也有效遏制了地方政府对企业经营管理活动的干预，以及地方保护主义和重复建设之风盛行的现象，促进了全国统一市场的形成。另一方面，这次改革不仅有效遏制了所得税征管混乱的现象，也初步建立起我国一般性转移支付资金的稳定增长机制——2005年中央对地方一般性转移支付达到1 121亿元，较2001年增加了近1 000亿元——对于有效缓解中西部地区财政困难、促进地区间协调发展起到了重要作用（李萍，2010；谢旭人，2008）。

3. 政府间转移支付制度的建立健全

1994年分税制改革采取了财权大幅集中的做法，使得地方出现了较严重的纵向财政失衡。同时，受资源禀赋等因素的影响，我国地区间经济发展极不均衡，地方政府间存在较为严重的横向财政失衡。为了更好地促进财政均衡，在保留改革前结算补助等转移支付项目的同时，1994年以来，中央政府逐步建立与完善了我国政府间转移支付制度。除了税收返还以外，目前我国政府间转移支付主要包括两类：一类是一般性转移支付（原财力性转移支付），旨在缓解地方财力紧张、促进地方基本公共服务均等化，包括均衡性转移支付（原一般性转移支付）、民族地区转移支付、县乡基本财力保障机制奖补资金、调整工资转移支付、农村税费改革转移支付、义务教育转移支付以及定额补助（原体制补助）等；二是专项转移支付，旨在实现中央特定政策目标，包括一般预算专项拨款、国债补助等，重点用于教育、医疗卫生、社会保障和支农等领域。

1994年特别是2002年以来，随着中央财力的不断增强，中央财政转移支付呈现出持续快速增加的势头，转移支付总额从1994年的2 389亿元增长到2008年的22 991亿元，年均增长率达到17.55%。其中，一般性转移支付和专项转移支付由改革初期的30%左右大幅增加到2008年的80%左右。由此可见，1994年以来我国中央财政转移支付得到了长足发展，转移支付资金已初具规模，结构也在不断优化。同时，我国政府间转移支付的资金分配方法也在逐步完善。特别是均衡性转移支付（原一般性转移支付）在 1995 年建立之初，就参考各地标准财政收入和标准财政支出的差额及可用于转移支付的资金数量等客观因素，按统一公式计算确定各地转移支付数额。其中，标准收入是指各地的财政收入能力，主要按税基和税率分税种测算；标准支出是指各地的财政支出需求，主要按地方政府规模、平均支出水平和相关成本差异系数等因素测算。在测算支出成本差异系数时，主要考虑各地地理环境、人口规模与结构等客观因素。对财政越困难的地区，中央财政补助越高。2002 年和 2008 年，中央对均衡性转移支付的分配公式又进行了两次完善，使之日趋合理。

4. 省直管县财政体制改革

1994 年分税制改革从制度上规范了中央与地方财政关系，但并没有明确规定省以下财政管理体制。2002 年以来，各省基本上比照中央与地方财政关系的制度框架，陆续实行了分税制，但在财政收支责任安排的具体做法上还存在较大差异。各地在省以下收入责任安排方面基本上采取了税种分成和总额分成两种做法，但具体形式多样、差别很大。在支出责任安排上，各地结合本地区实际情况做出一些原则性规定，但由于缺乏明确的、可操作的法律依据，具体做法同样存在较大差异。

虽然各地在财政收支责任安排的具体做法上存在较大差异，但呈现出一个共同特点即财权层层上移，事权层层下放。这使得县乡基层政府普遍承担着较重的公共支出事务，但拥有的财力十分有限：1997—2005 年间，县乡政府平均承担了我国 35.1%的公共支出事务，但拥有的财政收入份额仅为 18.2%。由于财权和事权失衡，县乡基层政府普遍存在较为严重的财政困难。为了有效化解县乡财政困难、增强县级自主发展能力，近年来，我国在省以下财政管理体制方面进行了以简化财政级次为核心内容的改革探索，其中以“省直管县”财政体制改革最具代表性。我国采取的是五级政府架构（即中央政府、省级政府、地市级政府、县级政府和乡镇政府），县级政府在行政上归地市级政府管辖。因此，我国县级政府基本上采取的是地市管县财政管理体制（即财政收支责任划分、省以下财政转移支付和预算资金调度方面首先由省级政府直接对地市级政府，县级财政由地市级财政直接管理）。不过，浙江省自 20 世纪 90 年代初一直实行的是“省直管县”财政管理体制（即财政收支责任划分、省以下财政转移支付和预算资金调度方面，都是由省级财政直接对县级财政）。2003 年以来，省直管县财政管理体制改革逐步扩大到全国其他地区。2009 年，全国已有 24 个省份实施了“省直管县”财政管理体制（李萍，2010）。

1.4 分税制改革的历史意义

与带有行政指令和讨价还价等不稳定特征的财政承包制相比，分税制财政体制在财政调节理念与运行方式上均发生了巨大转变，基本具备了市场经济体制要求的规范性、稳定性的特征，开创了新中国财政发展史上的新纪元，对中国经济产生了极其深远的影响（谢旭人，2008）。本节在一个简单的逻辑分析框架内对1994年分税制改革的历史意义进行简要评价，提出今后我国财税体制改革面临的主要挑战和核心任务。

1.4.1 逻辑分析框架

1994年分税制改革的根本目的是通过明确中央政府与各级地方政府间的责、权、利关系，促使地方政府职能优化，更好更快地发展地区经济，其中的关键在于分权化改革带来的激励和约束机制及其对地方政府行为的深刻影响。现有理论刻画财政分权对地方政府行为影响时，主要强调财政竞争机制的重要性（Brennan and Buchanan，1980；Wilson，1986），并主张利用庇古式转移支付政策矫正财政竞争带来的负面影响（Zodrow and Mieszkowski，1986）。不过，由于成本外溢和信息不对称，矫正性转移支付政策设计需要考虑到地方政府行为选择和道德风险等激励问题（Bordignon et al.，2001）。此外，行政管理架构、政府组织结构作为财政分权的重要外部制度环境也会不可避免地对地方政府行为产生深刻影响（Hocman et al.，1995；Gilbert and Picard，1996；贾康、白景明，2002；王小龙，2006；郭庆旺、贾俊雪，2010）。因此，我们以地方政府行为为核心，以财政分权、财政竞争和经济发展为主线，构建一个简单逻辑分析框架（见图1—2）全面梳理和剖析1994年分税制改革的经济影响及其逻辑机理。

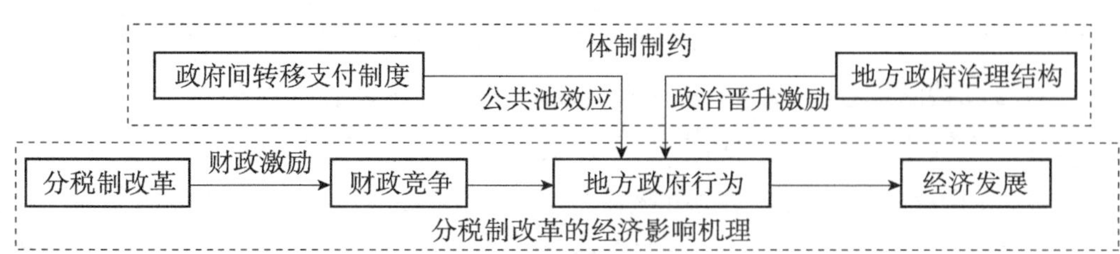

图1—2 分税制改革经济影响的逻辑分析框架

1994年分税制改革改变了财政承包制形成的中央与地方的财政分配格局，摈弃了财政承包制“一对一”谈判处理中央与地方财政关系的模式，通过财权与事权的统一划分从制度层面上规范了中央与地方关系，建立起长期、稳定的激励和约束机制，对于规范地方政府行为进而对于经济发展产生了积极作用。

第一，赋予地方独立的税种和相应的征管权力以及奖惩机制清晰的税收返还制度，对地方政府产生了巨大的财政激励，充分调动起地方的征税积极性，促使地方政府改变以往的低税率竞争策略。这不仅有效扭转了地区间过度竞争的不利局面，对地区经济增长产生了积极的促进作用（贾俊雪、郭庆旺，2008；郭庆旺、贾俊雪，2009），同时也促进国家财政收入持续快速增长，为中国经济长期可持续发展奠定了良好的财力保障。尤其是，1994 年分税制改革按照中央财政主导地位原则，将维护国家权益、实施宏观调控所必需的大宗、稳定、税源充沛的税种划为中央税或中央与地方共享税，确定了中央财政在整个财政收入分配中的主导地位，有效增强了中央政府进行宏观调控和确保财政可持续性的能力（贾俊雪，2012）。[①]

第二，1994 年分税制改革实行按税种划分中央与地方收入，特别是 2002 年所得税分享改革改变了按企业隶属关系划分中央和地方所得税收入的做法，很大程度上打破了地方政府与地方企业之间的利益联系，削弱了地方政府通过地方保护、经济封锁和市场分割等恶性竞争手段扶持本地企业发展从而获得财政利益的动机。这很好地遏制和纠正了财政承包制带来的地区间恶性竞争、低水平重复建设等现象，促进了全国统一市场的形成以及经济的健康有序发展。

第三，政府间转移支付制度的逐步完善，特别是具有均等化作用的均衡性转移支付规模的持续大幅增加以及分配方法的日渐完善，有助于充分发挥政府间转移支付政策的利益导向作用，有效缓解落后地区的财政困难，激励地方政府进行职能转变，促进地方基本公共服务的均衡发展。此外，财政级次的减少以及“撤乡并镇”等地方政府治理结构的改革措施也有利于提高财政资金的使用效率，在一定程度上缓解地方政府的财政负担（贾俊雪、郭庆旺、宁静，2011），更好地发挥分权化改革带来的积极影响。

但另一方面，1994 年分税制改革采取了财权上移、事权下放的做法，导致地方政府特别是基层地方政府的财权与事权不匹配，从而对地方政府行为进而对经济发展也产生了显著的负面影响。

第一，由于缺乏稳定的财力保障，地方政府开始更多地谋求一些预算外甚至体

① 这些举措有效地扭转了“两个比重”的持续下降，促进国家财政收入和中央财政收入持续高速增长：2008 年，我国财政收入达到 61 330.4 亿元，其中中央财政收入为 32 680.6 亿元，财政收入占 GDP 的比重和中央财政收入占整个财政收入的比重分别为 19.5%和 53.3%，较 1993 年的 12.3%和 22%分别增加了 7.2 和 31.3 个百分点。

制外的收入，其中的典型代表是所谓的“土地财政”，一些发达省份的土地转让金甚至与地方预算内收入持平，导致我国房价持续快速攀升，不仅对我国经济的健康平稳运行造成了显著的负面冲击，也带来了一系列严重的社会问题。

第二，1994 年分税制改革形成了财权层层上移、事权层层下放的分权格局，使得我国特别是中西部地区的基层地方政府普遍陷入较为严重的财政困境，不仅严重威胁到我国政权和社会的稳定，也导致我国特别是中西部地区的基础教育、医疗卫生等基本公共服务水平低下，尽管这些年中央通过一系列举措在县乡财政解困方面取得一些明显成效，但这一问题依旧较为突出。

第三，1994 年分税制改革以来，中央逐渐形成了依靠转移支付解决我国财政分权不当带来的不利影响的策略。一方面，由于中央缺乏整体的规划，使得转移支付呈现出碎片化和短期化的特点，不利于长期、稳定的激励和约束机制的形成。另一方面，这也导致地方政府对转移支付的依赖性日益增强，不利于地方政府行为的理性化，带来了各种道德风险问题（Jia，Guo and Zhang，2014），削弱了转移支付政策的有效性，造成财政资源的巨大浪费。

第四，我国垂直的行政管理架构和过分强调 GDP 的政治晋升机制进一步放大了 1994 年分税制改革带来的不利影响，而中央的治理措施并没有充分考虑到我国地方政府治理结构的制约，因而很多改革和措施往往“事倍功半”，未能取得良好效果（贾俊雪、郭庆旺、宁静，2011）。

1.4.2 最优分权模式

现代财政分权理论指出，事权和财权不匹配很容易引发“公共池”问题（common pool problem），从而弱化财政分权对地方政府行为的约束，导致财政支出效率低下，因而主张财权与事权相匹配（Baqir，2002；Rodden，2003；Jia，Guo and Zhang，2014）。但现实经济中很少有国家可以做到财权与事权的完美匹配。1994 年分税制改革事实上存在着从一个极端分权模式向另一极端分权模式转换的趋势，而且随着时间的推移，这种趋势越来越明显。

1994 年以前的财政承包制采取的是财权过度下放的分权模式，这种分权模式确定了地方的财政分配主导地位，中央需要依靠“逆向的转移支付”即地方上解来获取必要的财政收入，因而是一种极端的、反常的分权模式。无论是从单纯的经济学视角还是从政治经济学视角来看，这样的分权模式都是不可持续的，必然会对经济社会发展乃至政治稳定、国家统一造成巨大冲击。1994 年分税制改革彻底摒弃了这种分权模式，形成了财权层层集中、事权层层下放、借助转移支付解决财政失衡的分权格局。这种分权模式确立了中央的财政分配主导地位，强化了中央对地方以及上级地方政府对下级地方政府的财政和政治控制力，对于政治稳定、国家统一具有重要作用。但财权与事权不匹配且越往下越突出的格局也带来了一系列严重问题，而完全依靠转移支付加以校正的做法由于信息不对称以及财政外部性等问题而蕴涵着很大的道德风险，同时也面临着如何与我国政府组织结构目标兼容、激励相容的问题。

由此可见，能否有效地、根本性地解决目前我国经济社会存在着的一些突出矛盾，关键在于下一步财税体制改革是否能够确立了一个最优的分权模式。显然，这是一个非常复杂的问题，不仅需要考虑社会经济因素，还需要考虑文化政治因素。不过，改进的方向至少是明确的——适当下放财权、上收事权，规范转移支付制度，从而形成一个财政收支责任更为匹配的分权格局。

1.5　小　结

本章对 1994 年分税制改革进行全面、系统的梳理，探究了这次改革的动因、路径选择及其经济影响的作用机理和面临的制度约束，揭示出这次改革的历史意义和存在的问题及其根源，明确了今后我国财政体制改革面临的主要挑战和核心任务。

分析表明，1994 年分税制改革是新中国成立以来规模最大、调整力度最强的一轮财税体制改革，其主要目的在于理顺我国政府间财政关系，扭转“两个比重”持续下降以及中央财政在整个财政分配中的不利地位，具有较强的财政集权特色。1994 年分税制改革构建起较为规范合理的政府间财政收支责任安排和财政转移支付制度，明确了中央与地方以及各级地方政府间的责、权、利关系，在规范地方政府行为，促进经济社会协调发展方面发挥了重要的积极作用。但另一方面，财力层层集中、事权层层下放也导致地方政府特别是县乡基层政府存在较为严重的纵向财政失衡，导致地方政府激励约束机制扭曲，不利于地方政府行为理性。因此，实现财权与事权相匹配的最优分权模式将是未来我国财税体制改革的核心任务。

第 2 章　分税制角色：新的历史转折点*

1994 年分税制改革通过大幅度改革税制与调整政府间税权划分，在很大程度上明确了政府与市场边界、纵向政府间利益边界，由此大大激发了市场活力和各级政府发展经济的积极性，成为中国经济长达 20 年高速增长的重要推动力。但是，就在这一高速增长的过程中，中国经济逐渐形成了当下看来非常突出的三大问题：地方政府职能扭曲、经济增长方式粗放、社会分配不平等。这些问题的形成均与分税制有着密切联系，可以说，分税制在客观上起到了推波助澜的作用。

中国共产党第十八届三中全会做出的《中共中央关于全面深化改革若干重大问题的决定》吹响了新一轮全面深化改革的号角，中国社会将走向新的历史征程。站在新的历史转折点上，分税制改革如何有利于“加快转变政府职能”，如何有利于“加快转变经济发展方式”，如何有利于“促进社会公平、实现国家长治久安的制度保障”，是我们亟待解决的问题。为此，本章通过深入分析过去 20 年分税制在地方政府职能扭曲、经济增长方式粗放、社会分配不平等问题形成过程中的作用，寻找到新的战略目标实现的作用机制。

2.1　地方政府职能扭曲与分税制角色

2.1.1　地方政府职能行使中存在的问题

我国中央政府和地方政府应行使什么样的职能？在中国共产党的十八届三

* 本章由吕冰洋教授执笔。

中全会做出的《中共中央关于全面深化改革若干重大问题的决定》（以下简称《决定》）中指出："加强中央政府宏观调控职责和能力，加强地方政府公共服务、市场监管、社会管理、环境保护等职责"。这里"职责"与"职能"两词基本同义，也就是说，《决定》中对中央政府的职能定位是宏观调控，地方政府的职能是公共服务、市场监管、社会管理、环境保护。地方政府能否有效地行使这些职能，既取决于地方政府官员的自觉，更取决于外在的制度环境，特别是分税制所确定的制度环境。目前地方政府职能行使中存在"四重四轻"的错位问题，具体如下所述。

1. 重生产，轻服务

地方企业生产扩大能够带动 GDP、财政收入、就业等增长，这些都是地方政府官员较看重的指标，公共服务质量提高虽有利于民生改善，但是对追求政绩表现的官员来说却不见得有吸引力。当促进生产和提供服务发生资源利用上的冲突时，地方政府会倾向将资源用于前者，我们可以通过以下两个问题说明这一点。

一是财政资金的使用方向问题。财政资金是用于生产还是民生，取决于它对有配置资金权力官员的相对效用水平，当官员较看重 GDP、税收和就业时，显然他会倾向将财政资金用于生产。尹恒和朱虹（2010）利用县级财政统计数据、傅勇和张晏（2007）利用省级财政统计数据的实证分析，均发现地方政府将增量财政资金用于生产性支出的比例明显高于民生支出。

二是环境和食品监管问题。地方政府是国家环境和食品安全监管的具体执行者，如果被监管企业存在问题却是地方政府纳税大户，地方政府在监管上就面临两难选择：要么严格执法在提高环境或产品质量同时造成企业生产下降，要么放松执法取得相反的效果。考虑到环境或产品质量的改善的好处未必全由辖区居民享受到，它具有很强的外溢性，而生产扩大的好处是非外溢的，地方政府有可能在监管方面推行地方保护主义，如对污染企业的罚款经常被忽视或协调解决。在 2009 年奶业"三聚氰胺"和 2011 年双汇"瘦肉精"事件上，我们均能看到地方政府在监管上的不作为甚至掩盖现象。

2. 重企业，轻个人

企业规模的扩大能够带来经济利益，而个人收入、消费和所享公共服务水平提高对地方政府官员的利益影响很小。两相权衡，地方政府自然倾向将公共资源投给企业，尤其是当企业与居民的利益发生冲突时，地方政府一般倾向于维护企业的利益。例如，当企业投资需要工业用地，而征用土地又需要对居民住房进行拆迁时，不少地方政府站在企业一边，以各种名义动员居民搬迁，转手将土地低价出售给企业，近十年发生的大量的土地强征强拆事件就说明了这一点。

地方政府对企业的重视还可以体现在对企业的财政支持上，对支柱产业或支柱企业，不少地方政府通过税收返还和财政补贴予以大量扶持，而这种支持从整体经济发展角度看是不可取的。如光伏产业在高速发展期，江西新余决定每年从全市光伏企业纳税的地方留成部分提取20%作为支持光伏产业发展的专项基金。并规定光伏企业投产后，上缴的企业所得税地方留成部分第一年至第二年按100%、第三年至第八年按50%奖励给企业，上缴的增值税地方留成部分前二年按50%、后三年按25%奖励给企业。巨大的财政扶持推动光伏企业迅速发展，而现实中光伏产业大都集中在产业链低端的封装环节，九成以上产品依赖国际市场，随着2012年欧盟"反倾销税"政策的启动，光伏产业出现大面积的亏损。

3. 重增长，轻公平

在增长与公平的权衡中，地方政府一般倾向前者。经济增长既能有助于官员在政绩竞争中胜出，也有助于财政收入和就业增长，并使地方政府能够借助于财政收入增长来推动各项政府职能的发挥，可以说普遍思路是在增长中解决问题。如果地方政府官员倾力于调节辖区居民之间社会分配公平，这对他来说不是一个划算的做法：一是公平因素一般很难反映到政绩考核指标中，辖区居民公平满意度的提高对官员的任命影响甚小；二是调节公平见效较慢，官员在任期内难以看到明显效果；三是为调节辖区居民公平需要财力付出，这会减少用于各种投资的资金，进而降低经济增长速度。

由于这些原因，地方政府明显对经济增长展现出强烈的偏好。在地方政府换届之后，我们每每能听到地方政府喊出"弯道超越"、"跨越式发展"、"经济腾飞"等口号，体现出对经济增长的强烈渴求。我们可以通过一个很有趣的统计来证明这一点：一是自1998年起，绝大多数省经济增长率超过全国水平，1998、2004、2010和2012年甚至是所有的省经济增长率都超过全国，见图2—1；二是2012年江苏省13个地级市经济增长率均超过全省水平。这好比说，全班学生考试平均成绩是80分，但是每个同学的成绩均高于80分，这显然违背常理，见图2—2。这种现象出现虽然说明地方GDP统计中存在不少水分，但是地方政府之所以要对GDP"注水"，其根源也在于经济增长对官员来说至关重要。

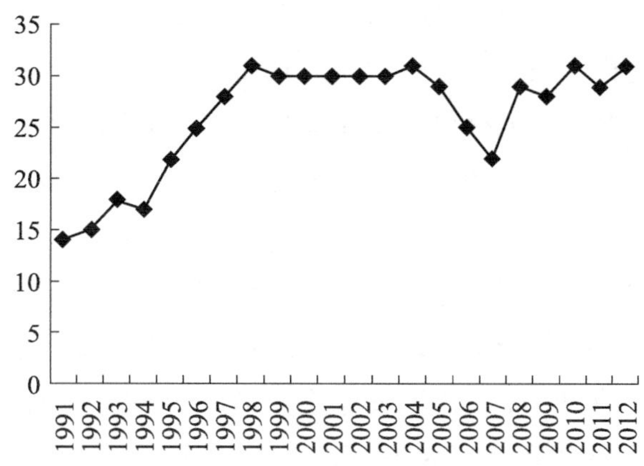

图 2—1　各省 GDP 指数超过全国 GDP 指数个数

资料来源：历年《中国统计年鉴》，北京，中国统计出版社。

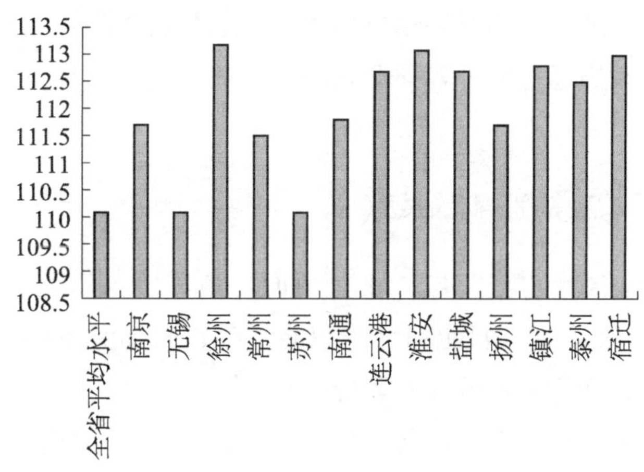

图 2—2　江苏省 2012 年 GDP 指数与全省平均水平比较

资料来源：《江苏省统计年鉴 2013》，北京，中国统计出版社，2013。

4. 重当期，轻长远

据统计，中国地方政府“一把手”的任期平均为 3.6 年，在如此短的任期内，地方政府官员要在激烈的政治晋升竞争中胜出，势必要重视在短期内见成效的工作，而对长远的发展规划兴趣不足。当短期利益与长期利益发生冲突时，地方政府官员的做法自然就是重视前者。有两个典型事例可说明这一点，一是土地出让问题，二是地方债问题。

第一，土地出让问题。我国土地实行国有制，企业征用土地用于厂房建设、商业开发等用途需要交纳土地出让金，随着城市化进程的加快，城市土地迅速升值，土地出让收入成为地方政府重要收入来源。如 2013 年上半年全国 306 个城市共交易土地15 494宗，土地出让金高达11 305亿元，同比大增60%。目前土地出让政策规定，商业、工业和居民用地的租用期分别为40年、50年和70年，按理地方政府在出让土地时，应根据土地存量、使用期限、需求等因素平滑地供给土地，但是财力的困窘和增长的渴望交织在一起，促使地方政府官员热衷于在任期内将土地价值变现。

第二，地方债问题。我国《预算法》严禁地方政府以政府名义发行债券，但是现实中地方政府可通过银行贷款、地方政府融资平台等形式筹资，形成实质上的地方债。据2013年12月30日审计署发布全国政府性债务审计结果，截至2013年6月底，地方政府负有偿还责任的债务108 859.17亿元，负有担保责任的债务26 655.77亿元，可能承担一定救助责任的债务43 393.72亿元，地方债规模惊人。[①] 与税收相比，债券还本付息带来的负担可由未来的人承担，债券融资可支撑当期建设，也就是说，发行地方债的好处和负担在时间上是错位的，如果地方政府重视当期利益，自然会有动力通过各种各样形式的地方债融资，而将风险转嫁给下一任政府或中央政府。

2.1.2 财政职能与政府职能的关联

“财政”一词包含着“财”与“政”两面，是经济与政治的联结点，本身有“以财佐政”之意，因此政府职能和财政职能是存在密切关系的，政府职能决定着财政职能，同时财政职能体现着政府职能要求。

关于财政职能的认识，财政学界经历了漫长的思考和讨论过程。早在17世纪末，处于资本主义自由竞争时代的古典学派，相信市场由“看不见的手”指引会达到资源配置最优状态，政府对经济运行的干预越少越好，财政的职能只是筹集收入和资金配置。当资本主义经济发展到垄断资本主义阶段时，贫富的两极分化激化了社会矛盾，德国社会政策学派主张政府利用财政工具来调节社会分配，因而财政又多了一项收入分配职能。当上个世纪30年代资本主义世界爆发经济危机时，以反萧条、解决就业为目标的凯恩斯主义应时而生，赋予了财政稳定宏观经济职能。之后马斯格雷夫（1959）对现代经济体系中的财政职能进行系统阐述，将财政职能概括为资源配置、收入分配以及经济稳定和发展三大职能，该阐述得到学术界的公认。

① 资料来源：审计署2013年第32号公告《全国政府性债务审计结果》，http://www.audit.gov.cn/n1992130/n1992150/n1992500/3432077.html。

就我国而言，从建国开始就存在对财政职能的各种争论，1992 年中共十四大确立社会主义市场经济体制以后，又经过一场关于社会主义市场经济条件下财政职能的大讨论，基本上接受了西方市场经济国家关于财政职能的定位。

人们对政府职能的认识也经历了一段发展历程。在自由资本主义时代，政府职能基本上是单一的政治职能，随着 20 世纪 20 年代末资本主义大危机的爆发，凯恩斯的政府干预经济论得以盛行。自此，政府职能和财政职能交织在一起，两者的共同目标是克服市场失灵。一方面各项政府职能的发挥均需要财政资金的支持，另一方面政府职能可通过各种财政政策工具得以展现。财政政策工具比较丰富，有税收、财政支出、转移支付、国债等多种手段，这些手段运用会深刻地影响政府职能发挥，例如财政投资可促进经济增长，税收可调节收入分配和促进产业发展。财政通过政府预算体现对政府规模和行为的约束。正因为政府职能与财政职能之间存在这样密切的关联，因此《决定》中郑重地提出："财政是国家治理的基础和重要支柱"。

2.1.3　分税制对地方政府职能行使的影响

1994 年确立的分税制，是一种分级所有的财政体制，它明晰了各级政府财权，使得各地方政府可以集中精力培育对自己有利的财源，为发展当地经济创造良好的投资环境。在此背景之下，地方政府普遍重视地方公共物品供给，市政设施、公共交通等方面的地方性公共物品供给在分税制后都有显著提高。可以说，分税制对于激发地方政府公共管理职能发挥了重要作用，这是分税制作用的最主要方面。但是不可否认，分税制对地方政府职能行使造成了一些扭曲。

1. 事权划分不合理导致政府缺位和越位

1994 年分税制改革时，因客观条件制约，中央政府和地方政府事权划分基本维持现状，之后 20 年只进行了小部分调整。目前政府间事权划分中，中央和地方职责重叠、应由中央负责的职责由地方承担、应由地方负责的职责由中央承担等现象较多，如：三峡移民工程属于全国性事务，但是中央要求地方给予配套资金；跨地区经济司法纠纷由地方法院管理；中央财政垂直管理的部门（如气象、地震、武警），中央要求地方负担一部分经费等。按照财政分权理论，地方政府事权要与其受益范围相对应，如果地方政府活动会使得其他地方受益或受损，那么这项活动就具有了外部性，具有外部性的活动应由上级政府负责。现实中，地方政府承担的职责不少具有强烈的外部性，这催生了地方政府职能行使中的缺位和越位现象。

一是缺位现象。分税制改革过程中存在不少基本事权下移现象，县级政府对义务教育、区域内基础设施建设、社会治安、环境保护、食品监管等都负有一定职责，这些公共物品或公共服务不少是超出辖区范围的，这导致地方政府在行使这些职能时缺少动力，进而存在缺位现象，如放松环境监管和食品监管以保护辖区经济利益等。

二是越位现象。一些本该由上级政府拥有的事权交给下级政府，实际上是扩大了下级政府权力，下级政府可以利用这些权力干扰市场经济的运行，这样会最大限度维护辖区利益，由此产生政府职能行使中的越位现象。如插手市场经营土地、人为推动古城再造计划、各政府部门都要完成招商引资计划、直接参与商务谈判等。

2. 税权划分不合理使得地方政府重企业生产、轻居民服务

总体来看，我国地方税收入来源有两大特点：一是税基主要是流动性税基，营业税是对服务征税，增值税是对商品征税，企业所得税是对资本征税，无论是商品和服务，还是生产要素，均属于流动性税基；二是纳税人主要是企业，仅个人所得税和契税的纳税人主要是个人。地方政府拥有主体税种均不是受益性税种，在财政分权理论中一般也将它们作为中央税，现实中作为地方税或共享税不可避免对地方政府行为造成扭曲。

当前税权划分使得地方政府从税收利益出发，比为居民提供好公共服务更为重视企业生产。例如贵州绥阳市提出“把客商当亲人，把企业家举过头顶”的口号，正是此观念的真实写照。为做到这一点，地方政府可以采取低价出让土地、为企业建设厂房、提供税收返还、降低环境监管标准等手段来推动企业扩大生产。企业产出的扩大带来的税收利益可以有相当部分归为地方政府，但是产出扩大导致的行业产能过剩、环境破坏等问题，却不是由地方政府来承担。从经济学常识出发，利益与成本的不对称会扭曲当事人的行为，地方政府职能的扭曲也是源于此。财政分权理论之所以强调地方政府要通过受益性税种融资，是因为受益性税种将地方政府税收收入与公共服务挂钩，促使地方政府更好地为辖区居民提供公共服务，但是目前税收分权体系无法做到这一点。

3. 非税收入不规范使得地方政府干预经济现象严重

1994 年税制改革的直接动因是中央财力在承包制下的连年锐减，因而分税制改革在初始设计时，就采取了明显偏向于中央的做法，地方税税种数量虽然不少，但是其收入规模远不能满足地方财政支出需要。当税收加上转移支付不能满足政府支出需要时，地方政府就有动力扩大非税收入规模，非税收入的来源无非是企业和居民收入，当非税收入的取得方式是非规范时，势必会严重干扰市场经济的运行，

这也是舆论将此类行为讥为政府"闲不住的手"的原因。

现实中，非税收入主要来自行政事业性收费、政府性基金、罚款和罚没收入、公共资产和资源收入（如国有资产经营收益和国有资产资源转让收入）。1994 年分税制改革后，地方政府"乱收费、乱摊派、乱罚款"现象迅速增加，严重影响了国民经济的发展。进入 20 世纪后，我国政府对"三乱"现象进行了治理，但是各种合法但不合理的非税收入规模仍然庞大。例如，2000 年以来，各地工商行政管理部门一直收取著名商标评审费和公告费，实际上，商标品牌是否著名是由市场决定的，不是政府部门评出来的，商品著名与否也无需向消费者公告，况且多数情况下公告了也无人注意。财政分权理论经常谈及地方政府具有"保护之手"和"攫取之手"两面，地方政府追求非税收入扩张显然体现的是后者。

2.2　经济增长方式转变与分税制角色

2.2.1　经济增长方式存在的问题

转换经济增长方式是最近几十年来我国政府设定的主要任务之一，在 1987 年中国共产党第十三次全国代表大会中，就明确提出要转变经济增长方式。我国学术界和政界的主流观点是，经济增长方式转换的目标就是实现经济增长方式从粗放型（外延式）到集约型（内涵式）的转化。目前我国经济增长方式主要存在如下三方面问题。

1. 技术进步虽显著但创新不足

宏观经济学理论指出，各种需求变动对短期经济增长具有重要影响，但是长期经济增长主要受供给的影响，供给主要包括资本供给、劳动力供给和技术供给三种。在改革开放的 30 余年中，得益于人口红利带来的大量劳动力投入，资源低价格利用，以及在低起点上由技术模仿带来的技术进步，中国潜在的和实际的增长率都达到很高水平。然而，随着人口红利的减少，资源价格的上升，中国潜在增长率将逐渐降低。转变经济增长方式的本质，就是要由资源投入和出口需求驱动的粗放增长方式，转到由技术进步和效率提高驱动的集约发展方式上来。

关于中国技术进步，我们有两个大致判断：一是中国技术进步显著；二是创新不足。这两个判断看似矛盾，实则均是中国技术发展的侧面。因为技术进步的途径有两个，一是技术创新，二是技术模仿。在过去的较长时期内，得益于中国与发达国家较大的技术落差和对外开放的扩大，技术引进和技术模仿成为中国提升技术水平的一个有效手段，但是创新要求的基础条件和投入较高，一时还难以达到较高水平。

判断技术进步的程度需要进行测算，整体技术进步水平是宏观经济隐含变量，一般通过测算全要素生产率（简称 TFP）求得。但是由于测算方法和数据的差异，国内外众多学者的测算结果差异很大。为减少争议，这里我们不引用各学者对 TFP 的测算结果，而用一种易于观察的技术进步——资本体现式技术进步——来反映整体技术进步状况。之所以称为资本体现式技术进步，是因为它往往与国外设备购买与设备投资联系在一起，即技术进步融入资本积累过程中。一般认为，技术进步体现在设备投资中比体现在建筑投资中大得多，设备技术进步将导致设备价格不断下降（Hulten，1992；Greenwood et al.，1997）。因此我们可以通过建筑投资价格指数与设备投资价格指数之比来反映体现式技术进步状况，见图 2—3。测算结果说明，如果以 1990 年为基期，2012 年设备体现的技术水平是 1990 年的 2.7 倍，年均技术进步率为 4.5%。设备体现的技术进步仅是技术进步的一个侧面，如果加上劳动体现的技术进步，以及非体现式技术进步，那么我国技术进步率还应提高不少。

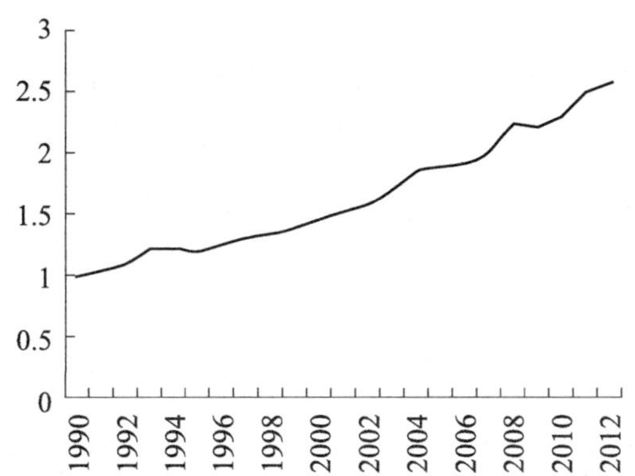

图 2—3　建筑投资价格指数与设备投资价格指数之比

资料来源：历年《中国统计年鉴》，北京，中国统计出版社。

随着中国经济发展，通过技术引进和模仿来提升技术水平模式面临着越来越大的实施难度，因此加强自主研发、提高技术创新能力应是推动中国经济增长方式转型的关键。

2. 长期经济高速增长拉高投资消费比

经济增长方式存在的第二个重要问题是它高度依赖固定资产投资驱动，消费需求的作用下降。拉动经济增长的国内需求来自投资和消费，全社会固定资产投资与居民消费之比反映着两大需求对经济增长的相对贡献，1980 年该比值为 0.30，到

2011 年攀升到 1.36，见图 2—4。

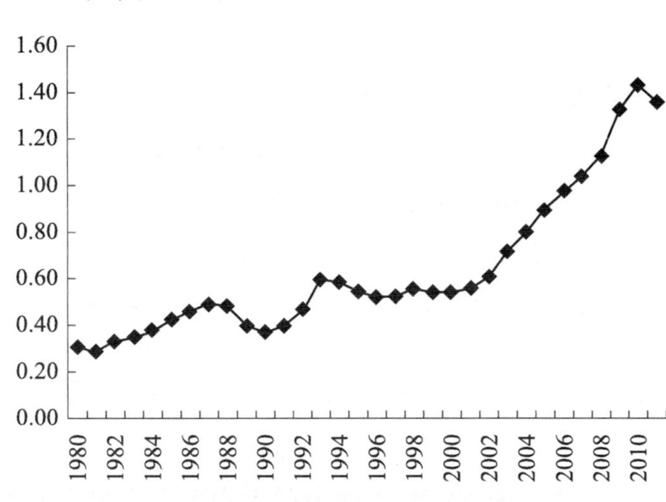

图 2—4　全社会固定资产投资与最终消费的比

资料来源：历年《中国统计年鉴》。

投资消费比不断走高的重要原因在于各级政府对经济增长速度的追求。我们知道，投资与消费需求的增长虽然都能推动经济增长，但是政府对两者的影响程度却大不相同：消费需求增长更多取决于居民消费意愿，投资需求增长短期可以靠政府的经济刺激政策来拉动。为追求经济增长速度，政府极易通过压低资本和资源价格的方式来降低投资成本，人为地违背要素比较优势，由此推动粗放型经济增长方式的形成。

3. 资源利用率低和环境成本高

粗放型的经济增长方式使得资源利用率较低，而环境成本较高。就资源禀赋条件而言，我国本身为资源匮乏型国家，许多重要资源人均占有量远低于世界平均水平，如人均耕地、淡水、森林、草原分别只有世界平均水平的 32%、28%、14%和 32%。在这样的资源条件下，应积极采用资源利用率高的集约式经济增长方式，现实中我国能源综合利用率仅为 32%左右，比国外先进水平低十几个百分点，万元 GDP 的能耗比发达国家高 4 倍多。高投入、高消耗、低产出、低效益的经济增长方式，必将加剧自然资源的供求矛盾，导致经济运行成本上升。目前我国已成为世界第二大能源消费国，资源压力与日俱增。

同时，为驱动经济增长对资源过度利用，又导致环境污染和生态破坏。如 1980—2009 年，全国二氧化硫排放总量从 1 600 万吨上升到 2 214 万吨，2013 年中国中东部地区出现大面积的雾霾现象正是环境恶化的反映。

2.2.2 分税制对经济增长方式的影响

1. 事权分配不合理妨害统一市场形成

转变经济增长方式需要进行一系列结构调整和结构优化，这属于全国层面的问题，需要在一个统一市场中进行调整。但是，从整体经济角度看的合理选择，对地方来说却未见得是最优。吴敬琏（2010）尖锐地指出："在中国市场化改革远未完成，各级政府还保留着很大的配置权力的条件下，各级政府的领导人往往把'结构调整'理解为由他们按照'提高政绩'的方向进行配置，把'结构优化'理解为把资本和其他资源优先投入产值大、利税收入高的简单加工装配工业或重化工业。"

地方政府具有的不合理的资源配置权力很大程度上来自政府间事权分配不合理。还是以食品、药品这样全国销售的商品为例，其管理标准应在各市场是统一的，管理权限应归为中央政府所有，下放到地方政府就可能诱使其利用权力促使辖区内不合标准的企业发展，以此实现税收增长和就业扩大目标。再如饱受非议的司法地方化问题，地方政府干预司法执行的现象比较突出，法院独立审判的能力受到地方制约。还有工业土地协议价格的高低、税收执法的松紧、银行资金的贷款方向等问题，地方政府均有较大的控制权。各地方政府执法尺度不一，自然会影响各地方经济结构，从而导致整体经济结构调整步伐难以统一，中央政府调整经济结构的意图在地方政府屡屡受到抵制。

2. 共享税安排不合理刺激工业投资和产能过剩

现行税收分权体系刺激地方政府为增加税收收入而采取一系列外延式经济增长方式。

地方税收的主要来源是营业税、增值税和企业所得税，地方政府要促使税收增长就要积极培植税源。营业税是地方政府第一大主体税种，税基一半左右为服务业，但是像餐饮、理发等服务业的发展更多地是取决于消费者意愿，很难为政府所左右，所以地方政府把重点放在培植增值税和企业所得税税源上。增值税和企业所得税主要来自工业，工业企业规模扩张一般同时带来两税增长，这刺激地方政府采取种种手段推动工业扩张（吕冰洋、毛捷，2014）。地方政府参与增值税分成还有一项好处是，税收收益归地方政府所有，但是其成本却可转嫁出去。因为生产企业的增值税是在出厂环节征收，作为纳税人的生产企业经营地固定，生产环节商品增值率也高，这样，企业投资既会给地方政府带来一笔可观的税收收入，也会拉动当地 GDP 增长，而这两者均是当前政绩考核机制中政府官员最为看重的。生产环节的增值税作为价外税，又容易发生税收转嫁，税收增长部分会转嫁给下一环节（如商品批发环节），对当地经济影响很小。

现实中，地方政府具有非常强大的调动辖区资金和土地资源的能力和手段，有力量介入市场并推动投资扩张：一是地方政府虽然没有独立发行债券的权力，但是国有企业有权发行债券，于是地方政府可通过成立城市建设投资公司来发行债券融资；二是地方政府拥有一定的土地使用审批权限，可以通过调整土地供给和价格来刺激工业投资，由于信息不对称的影响，很多地方政府还可采取越权审批手段；三是地方政府对金融机构拥有一定的影响力，地方政府对国有商业银行和股份制银行虽然没有人事权，但银行系统的发展需要地方政府关照，而且地方政府对从城市信用社改制而来的城市银行以及从农村信用社改制而来的农村商业银行的人事安排可进行行政干预。

然而，当地方政府普遍认为吸引工业企业落户可促使税收和 GDP 增长时，转变经济增长方式对地方政府难以产生足够的吸引力，大规模投资很容易导致产能过剩现象的发生。当前，我国汽车、造船、化工、光伏等行业产能过剩现象已经非常严重，在地方政府对工业投资具有强力推动作用的背景下，如不调整税收政策，仅靠产业政策来控制和引导产业发展方向恐怕难以达到理想效果。

3. 地方税收结构不合理刺激房地产业畸形发展

在地方政府财政收入结构中，很大一部分来自房地产业的发展。分税制改革确立的框架是营业税归地方政府支配，营业税成为保证地方税收收入第一大税种。同时，由于营业税税制设计的特点，营业税在房地产业中存在明显的重复征税行为，这主要体现在营业税九大税目中，建筑业和销售不动产业属于两个不同税目，这样会对建筑收入存在双重征税问题，因此房地产业发展对地方政府收入至关重要。数据统计显示，建筑业和销售不动产业营业税收入占总营业税收入的一半左右（见图 2—5），在地方税收收入中，建筑业和房地产业税收收入约占 30%，并且城市地区的占比普遍比较高（见图 2—6）。

房地产业发展又会推动城市地价上升，在土地招拍挂制度下，这会进一步推动土地出让收入的增长。我国城市土地出让制度具有以下三个主要特征：政府垄断土地供给；以竞争性的招拍挂为主要出让方式；一次性缴纳未来若干年的土地出让金的“批租制”。在土地供给垄断和土地需求远大于供给的条件下，土地出让制度导致了土地出让价格的高涨，也导致了地方政府对土地财政的依赖。

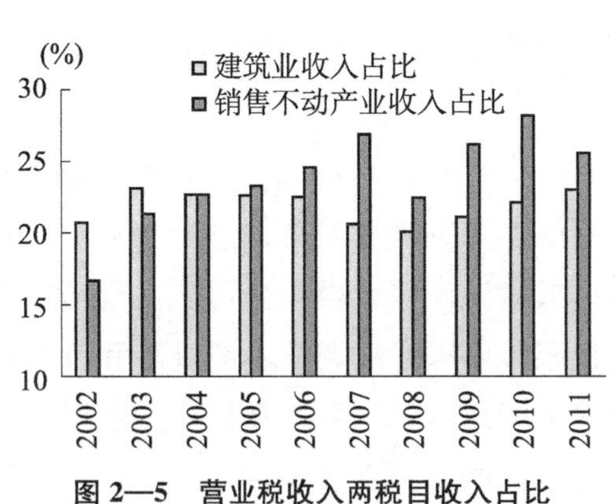

图 2—5 营业税收入两税目收入占比

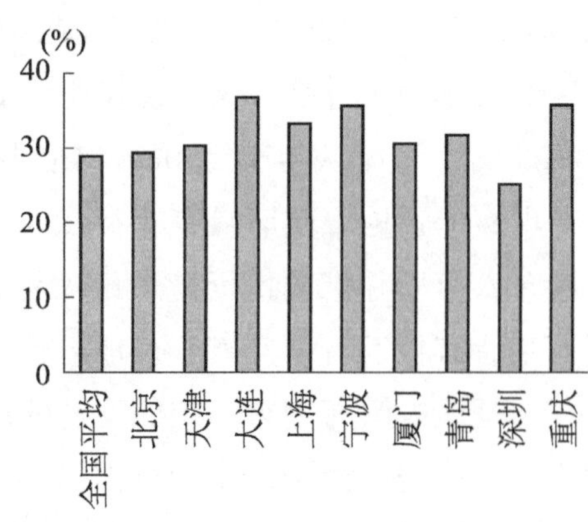

图 2—6 2010 年地方税收收入中建筑业和房地产业税收收入占比

资料来源：历年《中国税务年鉴》，北京，中国税务出版社。

在以上机制激励下，地方政府积极干预商品房市场运行，而在保障房建设方面却缺乏热情。其干预房地产市场发展的手段主要有：一是土地控制手段，地方政府可以通过控制土地供应进度、数量和调整对开发商囤地行为的清查力度等手段来干预房地产投资；二是财政手段，包括对个人购买普通商品房的契税、印花税、营业税地方部分减免，对购房者给予财政补贴等；第三，金融手段，包括调整公积金贷款首付比例和最高限额，开放公积金异地贷款等；第四，行政手段，包括公布普通住宅标准、调整限购政策等。

从产业性质上看，房地产业属于消费型产业，形成不了经济的核心竞争力，过多的资金和资源过度地追逐房地产，将使制造业升级缺乏资金、技术和人力资源等方面的支持，从而使重化工业竞争力的提高面临巨大障碍，影响产业结构调整。房地产的发展应该是工业化和城市化的一种结果，在工业化完成之前过度发展房地产，将是一种资源浪费，更重要的是会对提高产业竞争力造成明显的障碍。

2.3 社会分配不平等与分税制角色

2.3.1 社会分配不平等问题

分税制改革以来，社会分配公平出现一定程度的恶化趋势，在收入分配、财富分配、税收负担分配、公共服务分配四个方面都有体现。

1. 居民收入分配不公平

体现居民收入分配的状况最常用的指标是基尼系数。2013 年 1 月起国家统计局开始公布历年基尼系数，见图 2—7。图中显示，居民内部收入差距自 1997 年起呈迅速上升趋势，2005 年后处于相对平稳状态，近年来基尼系数徘徊在 0.47 左右。按照国际通用标准，基尼系数在 0.3 以下为最佳状态，在 0.3～0.4 之间为正常状态，超过 0.4 为警戒状态，达到 0.6 则属随时可能发生社会动乱的危险状态。我国基尼系数居高不下，这是一个堪忧的收入分配状况。

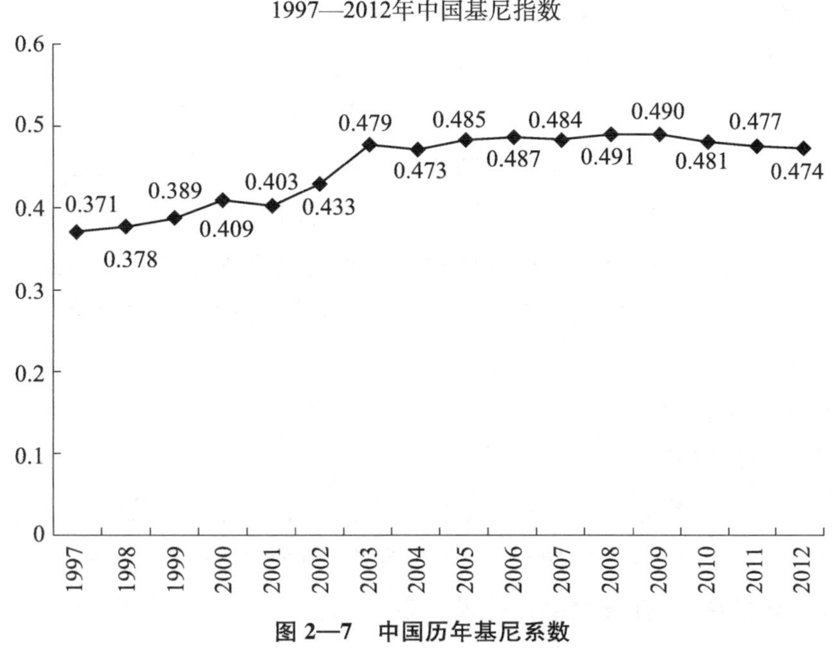

图 2—7　中国历年基尼系数

注：1997—2002 年数据来源于国家统计局文章，2003—2012 年数据来源于国家统计局。

资料来源：http：//news. xinhuanet. com/fortune/2013 - 01/18/c _ 124249209. htm。

除了总体基尼系数升高之外，分税制改革后我国城乡居民间收入差距也呈扩大趋势。根据《中国统计年鉴》数据统计，1995 年城镇居民人均收入为农村居民的 2.71 倍，2012 年扩大到 3.23 倍。

但是，居民收入分配只是体现居民当期收入的分配，我们之所以更多的关注它，是因为它反映了居民福利分配的一个重要侧面，并且也容易测算。实际上，财富分配、税收负担分配和公共服务分配也都是社会公平分配的重要维度。下面我们分别进行分析。

2. 财富分配不公平

与住户收入调查数据相比，住户财富状况更具有隐蔽性，但是财富分配不平等急剧扩大是不争的事实。据福布斯中文网公布的 2013 年中国富豪榜显示，中国有 168 名净资产超过十亿美元的富豪，排名前 400 位的富豪，总财富达到 3.474 6 万亿元人民币，比2012年飙升35%。

近十年来，随着房产价格的迅速上升，资产价格攀升带来的财富再分配效应急剧扩大。在福布斯富豪排行榜单前100名中，来自房地产行业的富豪最多。但是由于没有大样本的住户财富调查数据，我们无法给出具体的财富分配基尼系数。

3. 税负分配不公平

我国的税制结构以间接税为主，2012年我国总税收为100 614.28亿元，其中属于直接税的收入32 486.74亿元，间接税收入68 127.54亿元，直接税占总税收的比重仅为32.3%。我们知道，间接税主要对厂商征收，厂商可以通过应税产品和服务的价格上升转嫁到消费者身上。间接税一般采用比例税，也就是说间接税与消费者的支出成正比，而由于消费者边际消费倾向一般随收入增加而递减，因此间接税与消费者收入的比会随着收入增加而递减，间接税使得低收入者负担的税收高于高收入者，这就是间接税的累退性问题。我国税制结构过于偏重增值税、营业税等这样的间接税，势必使得税负分配呈现较强的累退性。但是这种税负分配不公平却是发生在居民消费之时，而基尼系数测算是在居民取得收入之时，因此税负分配不公平又具有很强的隐蔽性。

岳希明、张斌和徐静（2014）根据住户调查数据，将居民按收入从低到高分布进行10等分组，运用税收归宿的分析方法测算了每组居民负担的税收占居民税前收入的比，简称为平均有效税率，结果见表2—1。

表2—1　全国分税种平均有效税率（%）

收入十等分组	增值税	消费税	营业税	其他间接税	个人所得税	企业所得税	财产税	合计
1	16.1	1.8	5.4	2.3	0.0	3.2	3.1	31.9
2	11.6	1.3	3.9	1.6	0.0	2.6	2.3	23.3
3	10.4	1.1	3.5	1.5	0.0	2.5	2.1	21.0
4	10.1	1.1	3.4	1.4	0.0	2.5	2.0	20.6
5	9.8	1.1	3.3	1.4	0.0	2.5	1.9	20.0
6	9.7	1.1	3.2	1.4	0.0	2.6	1.9	19.9
7	9.6	1.1	3.2	1.3	0.1	2.7	1.9	19.8
8	9.5	1.1	3.2	1.3	0.2	2.8	1.9	19.9
9	8.9	1.0	3.0	1.2	0.4	2.8	1.8	19.2
10	8.2	1.3	2.7	1.1	1.3	2.9	2.1	19.6
全体	9.2	1.2	3.1	1.3	0.5	2.8	2.0	20.0

注：由于四舍五入，数据在合计上略有出入，以下不再一一说明。

资料来源：岳希明、张斌、徐静：《测量我国税制的收入分配效应》，载《中国社会科学》，2014（6）。

表2—1显示，最低收入组的平均有效税率高达31.9%，到第5组下降至

20.0%，其后上下略有变动，最高收入的平均有效税率为19.6%。最低收入组的平均有效税率为全国平均值的1.59倍。分税种看，增值税、消费税、营业税以及其他间接税的税率随收入的增高而下降，为累退性税种，其中增值税和营业税的累退性最强。体现明显累进性税种仅是个人所得税，但是其程度非常微弱。总体来看，我国税负分配是非常不公平的。

另外，在税收之外，我国还存在大量的政府性基金收入，这些政府性基金大多数是在生产环节按商品价格计征（如水资源补偿费），具有间接税的性质，因此政府性基金收入也会加剧居民分配不平等，只不过这种不平等更难以度量。

4. 基本公共服务分配不公平

基本公共服务是政府提供的保障个人生存权和发展权所需要的最基础的公共服务，一般认为，基本公共服务包括社会保障、公共安全、医疗卫生、公共文化、基础教育、基础设施、环境保护、科学技术等内容。保障每个公民享有大致相同的基本公共服务，是社会进步的内在要求。但是当前我国区域之间、城乡之间享有的基本公共服务差异显著。

由于地区间经济发展水平的差异、政府管理水平的不同、中央均等化转移支付不足等问题，各地区基本服务水平差异较大。吴翌琳、谷彬（2013）利用统计方法，构建我国各地区基本公共服务指数，见表2—2。测算结果显示，自2000年至2011年，东部、东北、中部和西部基本公共服务指数约上升了20个百分点，但是区域之间差距并未明显缩小，东部地区基本公共服务指数仍远高于其他地区。例如东部和西部地区基本公共服务指数在2000年相差8.5个百分点，到2011年相差8.3个百分点。

表2—2　　基本公共服务指数

	2000	2001	2002	2003	2004	2005	2006	2007	2008	2009	2010	2011
全国	39.5	39.2	39.5	41	41.8	43.1	45.7	49.6	52.1	55.4	57.4	60
东部	43.7	43.8	44.3	45.2	46.4	47.9	50.5	54.8	57.5	60.6	62.7	65.3
东北	42.3	42	42.6	44.2	43.7	44.9	47	50.7	53.2	56.6	58.3	60.5
中部	36.5	36.5	36.6	38	39.1	40	43.2	46.8	49.3	52.6	54.6	57.2
西部	35.2	34.6	34.7	36.8	38.1	39.7	42.1	46.1	48.4	52	54.1	57

资料来源：吴翌琳、谷彬：《中国基本公共服务均等化统计监测研究》，载《宏观管理》，2013（3）。

在我国特有的城乡二元结构下，城乡公共服务水平差异巨大。城市基本公共服务主要由政府提供，农村基本公共服务则几乎由农民自己负担。城乡二元分治的结果导致城乡享有的基本公共服务差距大大高于收入差距。以养老保障为例，2012年，城镇居民人均可支配收入为农村居民的3倍，我们根据城镇职工基本养老保险的基金支出除以参保的离退休人员，可以近似估算出人均离退休费为每月 1 741 元，用同样办法匡算出农村养老保险体系中的人均养老金仅为每月 71 元，这就是说，在养老金领取水平方面，城镇居民是农村居民的 24.5 倍![1] 城乡间教育资源、卫生资源、基础设施水平等方面配置明显不平衡，农村一线教师流失严重、医疗卫生资源短缺、基础设施建设落后均是不争的事实。近几年，通过农村综合改革，农村基本公共服务水平有所提高，但因历史积累，城乡二元分治造成的差距基数太大，短时间内城乡巨大的差距难以彻底改善。

2.3.2 分税制对社会分配不平等的影响

我们认为，分税制影响社会分配不平等主要有如下四个机制。

1. 分税制扩大地区财力差距同时扩大地区居民收入差异

现行税收分权体系下地方政府收入支柱是营业税和增值税、企业所得税分成收入，这种安排会逐渐扩大地区财力初次分配的差距。

一是增值税税收转移扩大地区财力差距。我国增值税在出厂环节征收，根据商品税的税负转嫁原理，增值税的税收负担主要由消费者承担，这使得增值税的真正缴纳者是全国各地消费者，但是税收却集中在商品生产地缴纳，从而发生了税源的区域转移。从现实来看，商品生产集中地普遍位于东部经济相对发达地区，这样东部地区获得的增值税往往来自其他地区，这扩大了地区之间的财力差距。

二是企业所得税汇总纳税有利于发达地区。我国企业汇总纳税主要适用于三种情况：一是分支机构被认定为非独立核算机构，从而由总机构合并纳税；二是符合规定条件的连锁经营企业分支机构，由总机构合并纳税；三是经国务院批准成立的企业集团，由其核心企业对其 100%资产控股的企业实行统一合并纳税。因为企业集团总部一般位于发达地区或发达城市，因而企业所得税汇总纳税会损害欠发达地区或非中心城市税收利益。

三是增值税和消费税税收返还方法扩大地区财力差距。分税制确定的税收返还数额的计算方法是：以 1994 年中央对地方的税收返还为基数，以后各地区两税每增长 1%，中央对地方的税收返还增长 0.3%，由于东部地区两税增长较快，使得东部地区获得的两税返还也大大高于中西部地区。

在这三种机制作用下，税收逐渐由欠发达区域流向发达区域，导致地区间财力差距逐渐扩大。当富裕地区财力增长时，或者通过政府投资，或者通过对企业减

---

① 资料来源：《中国劳动统计年鉴 2013》，北京，中国统计出版社，2013。

税，或者通过提供更好的公共服务，会进一步扩大地区居民收入和公共服务差异。

2. 财政生产性支出偏向会减弱政府再分配的力度

在前文分析中，我们认为分税制有促使地方政府增加生产性支出、减少民生支出的导向，政府实行再分配主要通过民生支出增长来完成，民生支出增长会提高公共服务水平，一般来说会使低收入者受益更多，如改善农村卫生条件、对低收入者进行财政补贴等，因此民生支出增加一般会有利于改善社会分配公平。财政生产性支出要么用于基础设施建设，要么会通过财政投资增加国有资本存量，这两种形式对改善分配的作用不大。并且财政生产性支出的增长一般会带动更多的社会资金投入，在资金运动中一般会使资本所有者受益更多，而资本要素收入增长速度高于劳动要素一般会扩大收入分配差距（郭庆旺、吕冰洋，2012）。因此，当财政将资金更多地用于生产性支出时，自然会减弱政府再分配的力度。

3. 转移支付不合理影响基本公共服务均等化

转移支付包括一般性转移支付和专项转移支付两种，一般来讲，一般性转移支付有利于地方政府自主决策，专项转移支付有利于体现中央政府意图。哪种转移支付更有利于促进区域间基本公共服务均等化呢？国际经验是，一般性转移支付按照因素法确定，即中央政府根据地方政府公共服务提供水平和成本等因素，测算一个标准化转移支付系数，然后根据该系数分配资金，如果中央更多关注基本公共服务均等化，那么一般性转移支付无疑是首选。

2012 年中央对地方政府的转移支付高达 40 233 亿元（不含税收返还 5 128 亿元），其中一般性转移支付占总转移支付 53.3%，专项转移支付占 46.7%，总转移支付占地方政府财政收入的 37.8%。按理说，在我国地区间财力差距较大的情况下，如此庞大规模的转移支付有利于缩小地区财力差距，也有利于通过指定资金用途来缩小地区间公共服务不平等状况。但是我国转移支付制度存在较多的问题：一般性转移支付有专项化倾向，其比重也较低；专项转移支付项目繁杂，不少资金分配权实际上是掌握在各部门手中，资金使用较分散；不少需要地方政府提供配套资金的项目实则加重了地方政府财政负担。由于转移支付运行存在这些问题，导致它对基本公共服务均等化作用减弱。

4. 土地财政推高城镇化成本并扩大城乡不平等

进入 20 世纪以来，中国城镇化进程有两个突出现象：一是城市土地价格高涨，二是农村人口大规模转为城镇人口。地方政府的财力缺口很大一部分靠土地出让收入来弥补，俗称为“土地财政”，而商业和居住用地价格的高涨会转嫁到房产价格上，最终由购房者承担。土地财政既会推高农民进入城市的成本，也使得城市居民在不动产价格轮番上涨中财富增值，事实上扩大了城乡不平等，而这种不平等具有较强的隐蔽性，因为它不会通过居民收入反映出来。

我们通过城市房价与城市居民收入比来简单看一下进入城市的成本。2013 年我国四个城市一手住宅价格分别为：北京 27 439 元/平方米，上海 28 265 元/平方米，深圳 27 135 元/平方米，广州 16 703 元/平方米。这四个城市平均月薪为：北京 5 453 元，上海 7 112 元，深圳 6 787 元，广州 4 917 元。假设每套住宅的面积为 80 平方米，那么我们可推算四个城市一手住宅房价与居民收入的比，广州最低为 22.65，北京最高为 33.55，见图 2—8，远高于世界公认的 4～6 的平均水平。巨大的房产购买成本既阻滞了城镇化进程，也扩大了城乡不平等。

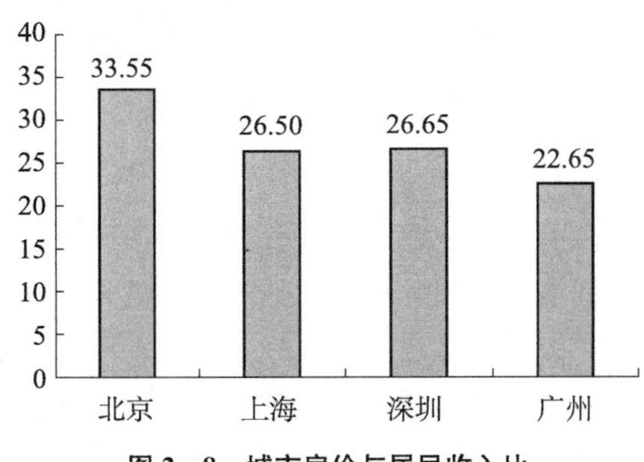

图 2—8　城市房价与居民收入比

资料来源：中证网，http：//www.cs.com.cn/ssgs/fcgs/201307/t20130704 _ 4052487.html。

2.4　小　结

1994 年的分税制改革具有重要历史意义，在初步建立了适应社会主义市场经济体制的税制制度和财政体制、推动了长达 20 年的高速经济增长的同时，也促成了地方政府职能扭曲、经济增长方式粗放、社会分配不平等问题的累积。

第一，目前地方政府职能行使存在“四重四轻”问题：重生产，轻服务；重企业，轻个人；重增长，轻公平；重当期，轻长远。分税制与地方政府职能行使扭曲的关联在于：事权划分不合理导致政府缺位和越位；税权划分不合理使得地方政府重企业生产，轻居民服务；对非税收入的依赖使得地方政府干预经济运行现象严重。

第二，目前我国经济增长方式长期存在创新不足、严重依赖投资、内需不振、资源利用率低和环境成本高等问题，分税制与粗放型经济增长方式的关联在于：事权分配不合理妨害统一市场形成；共享税安排不合理刺激工业投资和产能过剩；地方税收结构不合理刺激房地产业畸形发展。

第三，分税制改革以来，社会分配公平出现一定程度的恶化趋势，在收入分配、财富分配、税收负担分配、公共服务分配四个方面都有体现。分税制与社会分配不平等的关联在于：分税体制扩大地区财力差距，进而扩大地区居民收入与公共服务差异；财政生产性支出偏向会减弱政府再分配的力度；转移支付不合理影响基本公共服务均等化；土地财政推高城镇化成本，扩大城乡不平等。

上述这些问题无疑与政府特别是地方政府的行为有关，而地方政府行为的激励机制蕴涵于分税制安排中。因此，在新的历史转折点上，进一步完善分税制是“更好发挥政府作用”的制度保障。

第3章　分税制的制度基础：联邦制与郡县制*

上一章指出了我国分税制改革在20年的实践中与各种重大问题的关联性，本章则试图从分税制的制度基础角度探讨引发这些问题的根源所在。分税制是我国处理政府间财政关系的制度，是政府间关系的一个组成部分，因此政府间关系是分税制的制度基础。在中国的政府间关系实践中，可以观察到两种因素的影响。一是来自发达市场经济国家的联邦制理论，二是继承自我国历史的郡县制传统。此处所指的联邦制，并非宪法学意义上与单一制相对应的概念，而是Weingast（1995）所界定的"实质上的联邦制"。这种联邦制借助中央向地方分权和地方政府间竞争限制了政府干预市场的能力，因而具有保护市场经济发展的功能。郡县制则是我国自秦汉以来政治制度的统称，其具体内容虽多有变动，但一些基本原则却维持不变，直至改革开放之前，都是我国处理政府间关系的圭臬。在一定程度上，当前政府间财政关系中出现的问题，是政府间关系在郡县制传统与联邦制改革的冲突中产生的结果。

3.1　20世纪80年代以来全球范围的财政联邦制实践

3.1.1　财政联邦制浪潮及其产生背景

财政联邦制，西方学术界也常称之为财政分权①，是近20余年来经济学界较为

* 本章由刘晓路副教授执笔。

① 这两个概念的含义在本章完全一样。但由于中文中"财政联邦制"是纯粹的名词，而"财政分权"可以兼作动词使用，因此为了行文的方便，本章在不同的语境中交替使用。

关注的热点话题之一。在社会科学引文索引（SSCI）中搜索主题含有“财政分权”（fiscal decentralization）和“财政联邦制”（fiscal federalism）的论文可以发现，此类论文在 1946 年后出现，也就是说，此前这两个术语几乎不为学术界所用。而在 1946—1993 年之间，尽管这两个术语的知名度和使用频率增加了，但以之为题的论文数量每年鲜有超过 10 篇的，大部分年份不超过 5 篇。1994 年之后，情形突然为之一变，此类论文的数量急剧上升，只用了 8 年时间就达到了每年 60 篇，到 2012 年时，竟已达到了 114 篇（见图 3—1）。黑格尔有句名言，“密涅瓦的猫头鹰总是在暮色来临时才张开翅膀”，意指理论家的工作所反映的总是现实中已经发生的变化。不难想见，在如此快速增长的理论文献背后，必定存在着现实的巨大推动力量。回顾过去 30 年，全球范围内最为显著的经济现象非市场化莫属，财政联邦制实践的浪潮也正是其中不可分割的一个部分。

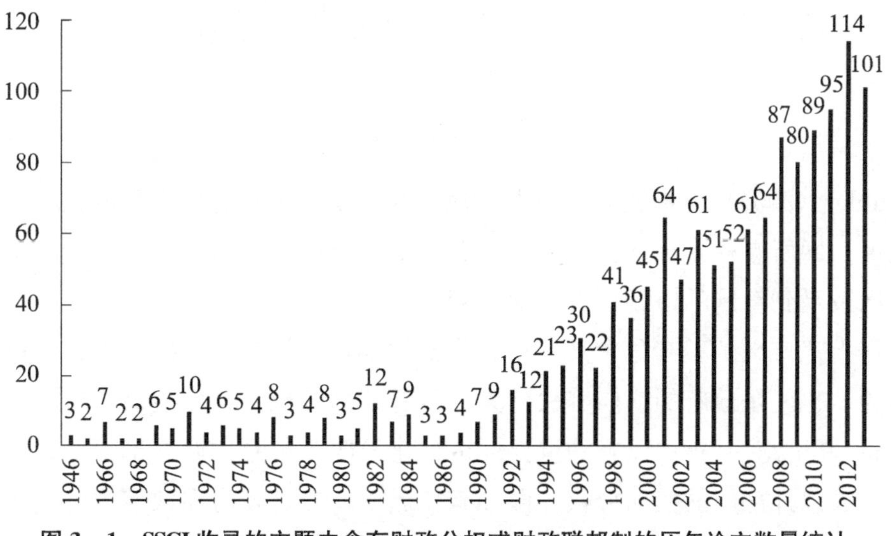

图 3—1　SSCI 收录的主题中含有财政分权或财政联邦制的历年论文数量统计

20 世纪 80 年代前后，以冷战的结束为标志，整个世界的政治经济格局发生了巨大变化。伴随着全球性的对市场经济管理体制的普遍认同，以市场化为导向的改革在各种类型国家的各个层面上展开。从不同的角度观察市场化，会有不同的理解。例如从国家经济的角度出发，市场化就可以分解为国内的经济自由化和国际间的经济全球化。两者互为表里，相辅相成。同样，若从政府经济职能的角度看，市场化则可以分解为政府横向经济分权的“私有化”与政府纵向经济分权的“财政分权化”。

在我国学术界，“私有化”常常被用作指称所有制从公有向私有的转变，因而具有较强的政治意味。但实际上，对“私有化”的理解可以广泛得多。Ramanadham（1989）指出，私有化指的绝不仅仅是谁拥有一家企业，而应从现实角度观察，在多大程度上，企业的运营受到市场因素的影响。因此，他从三个角度对私有化进行了描述，其中除了传统的所有权（ownership）角度外，还包括组织（organization）角度和运营（operation）角度，如图3—2所示。

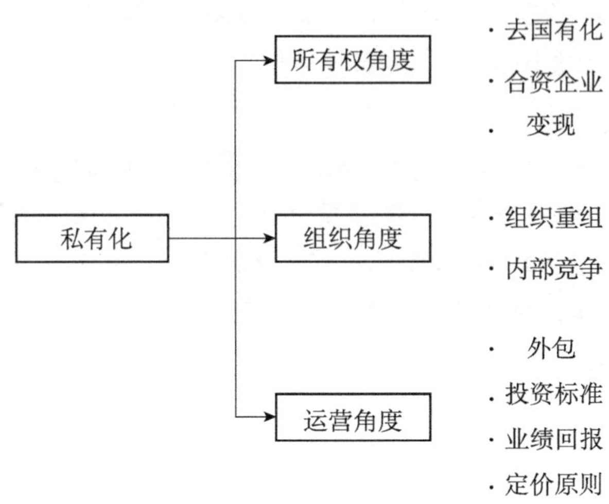

图3—2　私有化的三个角度

Mulder（2004）也持类似的观点，他认为衡量一国私有化进程的指标应当包括三个维度，即所有权是否从公有变为私有，垄断企业主导的市场是否变为竞争性的市场，以及受到管制的市场是否解除了管制。

根据上述广义的私有化含义，私有化指的实际上就是政府向政府以外的组织分权的行为，也就是政府的横向分权行为。既有横向分权，自然也就有纵向分权。因此可以将20世纪80年代以来的世界性市场化导向改革看作两个部分的综合，一是政府向政府以外部门的横向分权，即私有化运动；二是政府在政府内部自上而下的纵向分权，即财政分权运动。后者与前者是密不可分的一个整体。一方面，私有化运动意味着能够由市场配置的资源都应当交给市场，以防止政府垄断性拥有造成的低效率，但对于那些不宜交由市场配置的资源，如各类公共物品，出于同样的降低垄断性的考虑，交给相互存在竞争关系的地方政府掌握，要胜于被中央政府一家所控制，相应的，与此相关的财政收入收支权力，也须通过财政分权从中央政府转移给地方政府。另一方面，财政分权造成的地方政府竞相争夺流动性资源的局面，促使地方政府关注扶持本地企业、推动基础设施建设和提高服务意识，为私有化后市场能够有效运作创造了积极条件，并从制度上保证了私有化的结果很难被政府一时的政策所逆转。

20世纪80年代所出现的世界性的财政分权的普遍趋势，在历史上是从无先例的。Arzaghi，Mohammad 和 Henderson（2005）使用跨国数据对这一趋势做出了刻画。以 48 个 1990 年时人口在 1 000 万以上的国家为样本，他们所建立的联邦制程度指数[①]显示，自 20 世纪 80 年代以来，全球范围内出现了普遍的分权趋势。如图 3—3 所示，在 20 世纪 60 年代，世界各国的分权状况差别很大（在该指数体系中，分权程度以 0～4 的范围来刻画，数字越大分权程度越高），发展方向也不一致；但自 1975—1980 年之后，几乎所有这些国家都进行着分权导向的实践活动，导致世界平均的分权程度从 1975 年的 1.03 上升到了 1995 年的 1.94。

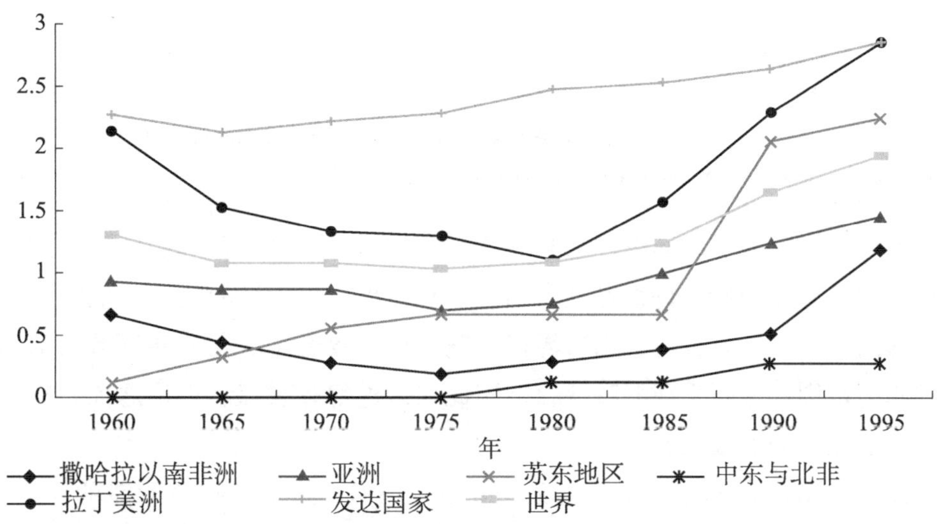

图 3—3　世界范围内的联邦制程度变化情况

资料来源：Arzaghi，Mohammad and Henderson（2005）。

这样一种分权趋势，明显体现在中央政府与地方政府在支出份额中的比重变化上。如图 3—4 所示，从 1975 年之后，上述国家中央政府占财政总支出的比例处于不断下降的状态。

3.1.2　财政联邦制理论及其变迁

1. Musgrave 的财政职能理论

如上所述，私有化与财政分权是两个相辅相成的现象，分别代表了政府的横向

① 联邦制程度的度量建立在地方政府具有的财政、政治和行政责任之上。它包括六个方面：（1）法定的政体结构是联邦制还是单一制；（2）区域（regional）行政机构是否选举产生；（3）地方（local）行政机构是否选举产生；（4）中央政府搁置或推翻较低层次政府决策的能力；（5）较低层次政府的自主收入权力是不存在的、有限的还是完全的；（6）是否存在收入分享。

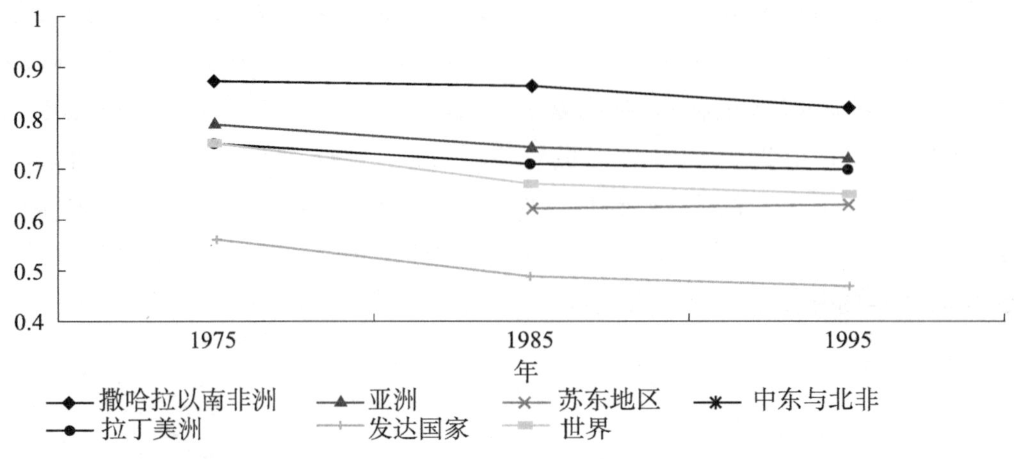

图 3—4　世界各国中央政府在全部财政支出中的份额变化情况

资料来源：Arzaghi，Mohammad and Henderson（2005）。

分权和纵向分权。在财政理论中，与之相对应的，分别是财政职能理论和财政联邦制理论。财政职能理论，特别是其中的公共物品理论，其目的就在于确定公共部门与私人部门的边界。只有在公私边界得到确定后，政府才能在公共领域内部划分政府间的职能范围，进而实现财政分权。因此在讨论财政联邦制理论之前，有必要介绍一下与之相关的财政职能理论。

1959 年 Musgrave 出版的《财政学原理》一书，给出了财政职能的经典定义，即经济稳定、收入再分配和资源配置。这三大职能的确立与当时的时代背景紧密相关。

把经济稳定作为财政活动追求的一个目标，在 1959 年提出时，具有里程碑式的含义，是当时凯恩斯主义的影响力达到巅峰的产物。Musgrave 特别强调，经济稳定是中央政府的职责所在。这在当时和现在都被许多人所认可，但近些年来对这一观点的怀疑正在逐渐增加。Buchanan（1977）的《赤字中的民主》一书，副标题即为“凯恩斯爵士的政治遗产”，他明确指出，民主政治下的财政集权对经济稳定是有破坏作用的。政治家们愿意扩大支出，因为支出能够为选民提供利益，从而为自己再次当选奠定了基础。基于同样的理由，政治家们不愿意增加税收，因为增税不得人心，会影响自己的政治前程。这就导致财政活动有不断增加赤字的倾向，最终扰乱国民经济的正常运转，造成通货膨胀和资源配置效率下降等不良后果。相对于财政集权来说，财政分权更有助于抑制政府的赤字倾向，因为政府间的竞争在一定程度上可以抑制预算规模的不断扩大。

收入再分配这一职能一般包含两方面的内容，一是对绝对贫困的救济，二是对基尼系数的改善。前者历史悠久，并且向来是地方政府的职责，因为提供救济的一个前提，就是区分出真正贫困者和冒领救济者，并了解他们的实际需要，这方面地方政府显然比中央政府有信息优势。地方政府也有更强烈的愿望去减少赤贫者对地方产生的负面影响。而对基尼系数的改善，则是较为晚近的事，以往根本不被重视。第二次世界大战之后，福利国家的兴起扩大了中央政府的权限。一方面，它把享有最基本的生活条件当作了公民的基本权利，从而使提供基本公共服务成为自己的职责，这种职责只能由中央政府来完成，因为地方政府既无权确立全国性的最低生活标准，也没有足够的收入来负担如此昂贵的服务。为了筹措资金，累进性的所得税和所谓中性的增值税成了福利国家的主要收入来源，这些税种在地方政府级次上都不可能正常运转。

政府的资源配置职能，也就是政府为了提供公共物品而从私人部门获得资源的行为。纯公共物品，如国防、全国的物质和制度性基础设施、司法、保护财产权、确保合同的履行等，都是中央政府的职责。在第二次世界大战后的恢复性建设和接踵而至的冷战时代中，这些公共物品的需求巨大，中央政府的重要性自然也比较突出。

一言以蔽之，Musgrave（1959）的财政职能理论，从当时西方国家的现实背景看，就是一种强调中央政府发挥作用的理论。由此所决定的财政分权理论，其政策含义也必定更倾向于财政集权，而不是分权。

2. 第一代财政分权理论

第一代财政分权理论始于 20 世纪 50 年代，其理论基础可称为 AMS 视角，即由 Samuelson（1954，1955）、Musgrave（1959）和 Arrow（1970）所构筑的对于公共部门性质的基本理解，这一视角是主流公共经济学的基本思路（Oates，2005）。根据这一视角，公共部门的主要职责是干预由于各种原因而失灵的市场，通过恰当的政策手段纠正这种失灵。它的一个潜在假设就是政府是公共利益的守护者，会尽一切可能实现社会福利的最大化。

在一个多层次政府体系中，各个层次的政府都致力于实现所辖区域的社会福利最大化。在存在地方性公共物品的情况下，由于各个地区居民的偏好不同，有所区别地由地方政府来提供地方性公共物品，显然比整齐划一地由中央政府统一提供地方性公共物品，更能够增加社会福利。中央政府因而应当赋予地方政府提供相应地方性公共物品的财政收支权力。这就是所谓的“分权定理”（Oates，1972）。[①]

① 当然，若是全国性公共物品的需要极其突出时，中央政府也同样可以依据这一定理增大自身的财政收支规模，所以在不同的背景下，将之称为“集权定理”也无不可。

在承认居民偏好差异的同时，也就产生了地方政府辖区与居民偏好不一致的可能。在这种情况下，某一地方政府所提供的公共物品就有了溢出（spillover）效应，即它所提供的某种地方性公共物品，不仅使本辖区居民受益，而且使其他地区具有相同偏好的居民也从中受益，从而导致该地方政府不愿足量提供该地方性公共物品。为了解决这个问题，中央政府就必须向该政府提供相应的与提供该类公共物品数量相关的补贴，以保证地方政府有足够的激励来提供公共物品。

这样一个框架为中央政府与地方政府的职能划分奠定了基础：地方政府负责地方性公共物品的提供；中央政府负责全国性公共物品的提供；此外，中央政府还要向地方政府提供足量的补贴，来确保溢出效应不会减少地方政府的公共物品供应。与此相关的一些重要结论还包括：由于地方经济的全国开放性和地方政府欠缺使用货币政策的手段，宏观经济稳定和收入再分配的职责应由中央政府承担；地方政府不能把具有高度流动性的生产要素作为自有税收收入的税基，以免引起此类生产要素在地区间的配置扭曲。

总的说来，第一代财政分权理论的重要理论贡献在于指出了中央与地方财政关系中的两个核心问题：偏好的地区间差异性和地方财政活动的地区间溢出效应。这在后来的第二代财政分权理论中仍是讨论的重点。但不同的是，新一代的理论较之以往更加重视财政分权的动态性特征。

3. Buchanan 的俱乐部物品理论

随着时间的推移，第二次世界大战后西方国家中央政府职能的扩张，在现实中产生了一系列的问题，因而在理论上也受到了越来越多的质疑。

Musgrave（1959）的财政职能理论的一个核心，就是 Samuelson（1954，1955）首先以规范形式加以表达的公共物品理论。他指出，“纯公共物品”包含两大特征：非竞争性和非排他性。前者指的是，一个人对公共物品的消费并不同时减少其他人可消费的数量。也就是说，每个人可得的消费量都等同于公共物品的供给总量。后者指的是，公共物品一旦被提供，除非不计成本，则任何人都不会被排除在该公共物品的消费之外。非竞争性意味着，市场上不会出现对纯公共物品的需求，因为既然任何人对公共物品的消费都意味着所有人对公共物品的消费，那就不会有人愿意在市场上出价购买公共物品。非排他性意味着，市场上不会出现纯公共物品的提供者，因为既然纯公共物品一旦被提供就被所有的人消费，提供者就不可能通过价格机制从中获得任何回报。因此，为了满足社会对纯公共物品的需要，政府就必须承担起这一职责。

但在现实中，纯粹的公共物品是很少有的，大量存在的是介于纯粹公共物品与纯粹私人物品之间的混合物品。它们要么竞争性较弱，要么排他性较弱，要么两者都较弱，结果导致市场供求曲线与私人物品供求曲线相比偏高或偏低，因此市场虽然可以提供一部分混合物品，但它们绝不可能像私人物品那样达到充分供给，不能完全满足社会的需要，因此需要政府介入，帮助提供不足的那部分数量。萨缪尔森自己也承认，纯公共物品是一种极端的情形，应用它来判断政府职能的合理性是困难的，诸如教育、公共安全、高速公路、警察与消防等，都存在某些“受益上的差别因素，使得某个市民以其他成员的损失为代价而获益”。因此，具有较强公共物品性质的混合物品的提供与定价这一更具现实的问题，才是学术界探讨公共物品问题的焦点所在，也是理论应用于实践中的难点。而 Samuelson（1954，1955）的理论对此缺乏指导意义。由于不能对混合物品的公共性质与私人性质进行区分，这一理论实际上成为政府统揽各类混合物品提供的理论基础。

Buchanan 对这一理论提出了批评，他指出，消费纯私人物品的利益在人际间完全可分，消费纯公共物品的利益在人际间完全不可分，而在两个极端之间，还有很多在消费上的不可分性程度居中的物品。具体到某一类物品，究竟由市场还是由政府提供，并不能够简单确定。他的理论可以用图 3—5 来进行阐释。图 3—5 中，横轴代表为了消费某一物品而进行协商的集团的规模，越向右规模越大，左边的极限情况可以认为是家庭或个人，右边的极限情况则是国家；纵轴代表物品消费上的不可分性的程度，越向下不可分性的程度越小，下方的极限情况是只在家庭或个人范围内具有不可分性的物品，上方的极限情况是在全国范围内都具有不可分性的物品。在图中，a 代表的是没有不可分性、在市场上能获得提供的纯私人物品，b 代表的是具有强烈的不可分性、必须由政府提供的纯公共物品，这和 Samuelson 的分析结论是一致的。但在 a、b 类物品之外，还存在其他的如 c、d、e 类的物品。c 指的是不可分性程度中等，经过小范围的协商后，通过市场能够提供的物品，如隔壁邻居的灭火器；d 指的是不可分性程度也是中等，但影响人群的范围非常大，因此需要经过政治程序、通过政府提供的物品，如传染病疫苗的注射；e 指的是只在一定范围内具有强烈不可分性、由特定组织所提供的物品，如俱乐部为其成员提供的服务。

通过将“俱乐部”这一大于家庭、小于国家的混合物品提供者引入经济学的理论分析，Buchanan 扩展了 Samuelson 的私人物品—公共物品两分法，展示出在市场提供和政府提供之间还存在广阔的其他组织形式的存在空间。[①]

① 对公共物品理论的回顾与总结，参见马珺（2005）。

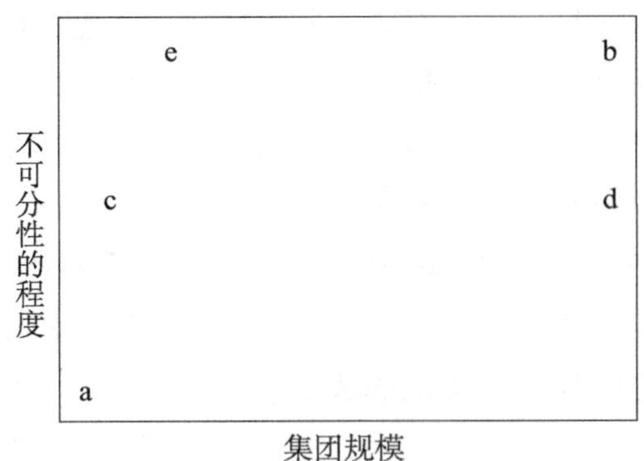

图 3—5 Buchanan 对物品的分类

4. 第二代财政分权理论

正是由于 Buchanan 突破了传统的公共物品思维模式，从理论上推动了世界各国公用事业民营化和中央政府向地方政府分权等重大政府改革，第二代财政联邦制理论才成为可能。

新一代分权理论文献中，越来越多地采用了不同于 AMS 视角的公共选择视角。AMS 视角中的政府行为都是基于社会福利最大化的考虑，中央政府与地方政府之所以要分权，仅仅是为了满足不同规模的社会群体偏好上的差异。但公共选择视角认为政府追求的是自身预算最大化，而不是社会福利最大化。因此如果不对政府的规模进行限制，政府就会不断增加对社会经济资源的榨取来扩大自身的规模，最终损害社会福利。但政府又是一个最大的垄断性机构，不存在比它更高的约束力量，因此唯一能够限制政府规模的办法就是在政府内部进行分权，通过政府内部各级政府间的竞争，创造出一种类似于市场的预算约束机制（Brennan and Buchanan，1980）。

公共选择视角下的分权，已不仅仅是经济问题，而一个复杂的政治经济问题。在 AMS 视角下，只要居民偏好不变，中央政府与地方政府间的分权关系一旦确定了就不会变化。但在公共选择视角下，即使居民偏好没有变化，但追求自身预算最大化的各级政府会不断地挑战现有分权规则，以便为自己争取更多的利益。因此，财政分权将是一个持续不断的利益再分配过程，这一过程的结果，很大程度上取决于各级政府间政治权力的配置情况。在较早的文献（Oates，1985，1989）中，由于忽视了对政府间政治关系的考察，财政分权状况对政府规模的约束力似乎得不到经验证据的支持。但后来的研究（Rodden，2003）显示，在一种特殊的政府财政关系结构中（即地方政府主要依靠自有税收融资的情况下），财政分权与政府规模减小之间确实存在着相关性。从而证明，政治结构对于财政分权的经济意义有着不可忽视的影响。

随着视角的变化，如何处理中央与地方关系也有了新的理解方式。

如前所述，在第一代理论中，核心的问题是地方政府的辖区与居民偏好不相符。作为政府财政体制设计的开创性论文，Tiebout（1956）指出只要居民具有充分流动性，以本辖区福利最大化为目标的地方政府，在拥有足够的提供地方性公共物品的财政收支能力的情况下，能够实现社会福利的最大化。因为追求自身效用最大化的居民会自动流向提供自己所需的地方性公共物品的地区，从而解决辖区与偏好不相符的问题。在这一模型中，中央政府与地方政府目标一致，仅是分工不同。

但第二代理论不再将各级政府视作利益一致的整体，由于注意到了政治结构对于分权效果的影响，因而更加强调信息不对称在财政分权理论中的核心意义。Seabright（1996）指出，地方政府掌握着一些上级政府或当地立法机构都不掌握的独特信息，在这种情况下，地方政府究竟会怎样行动对于地方居民的福利来说至关重要。集权的好处在于可以将地区间溢出效应内部化，分权的好处则在于可以促使地方政府更加关注当地居民的福利（accountability），因此究竟需要集权还是分权，取决于溢出效应内部化所产生的福利改进和增强地方政府对本辖区的关注程度所产生的福利改进之间的相对重要性。后者的意义即便是在政府辖区与偏好完全一致的情况下也是存在的，从而将第一代财政分权理论中的核心问题放到了一个相对次要的位置上。

从这一角度出发，越来越多的研究使用委托—代理模型来分析政府间结构。委托—代理模型最初是用来分析企业组织结构的理论，在企业中，股东、经理和员工等经济主体，由于各自拥有他人不具备的信息，在追求自身利益的驱动下，就有可能通过利用自己掌握的信息，在为自己谋利的同时损害他人的利益。为此作为委托人的一方，需要设计特别的激励机制，保证代理方的行为能够最好地符合自己的利益。应用类似的逻辑，在第二代财政分权理论中，民选的议会代表、中央政府、地方政府和各级官员等之间也构成了各种类型的委托—代理关系，需要建立制度激励机制来促进社会福利最大化的实现。

在此基础上，财政分权的优劣得到了广泛的讨论。Qian 和 Weingast（1997）提出分权有助于形成一种称之为“市场保护型”的财政联邦制，在这种体制下，中央政府与地方政府明确划分彼此的责权利，并由地方政府承担发展本地经济的主要责任。他们指出，这样一种体制能够形成一种有助于保护市场的财政竞争，那些过分扩张预算规模的地方政府，会由于干扰了市场的有效运转而导致经济发展滞后，相应的，对本地区经济发展负责的地方官员就会因此受到惩罚，从而促使地方政府强化对预算的硬约束。他们将 1978 年以来中国经济的成功，部分归因于这种体制。但另外一些学者（如 Goodspeed，2002；Rodden，Eskeland and Litvack，2003；Inman，2003；Rodden，2006）则提出，分权所产生的财政援助（bailout）问题，会极大地软化地方政府的预算约束。在地方政府拥有了与预算相关的大部分权力的情况下，考虑到中央政府不可能对它们可能陷入的财政困境置之不理（特别是经济发达、具有全国性溢出效应的地区），地方政府就会倾向于采取风险性更大的预算政策，如果因此而产生了地方财政危机，中央政府将不得不进行财政援助，从而使得地方政府财政平衡的要求形同虚设，最终危及全国的经济稳定。在这类论文中，往往以阿根廷为例，认为自 20 世纪 90 年代以来其出现的一系列经济不稳定情况，与其财政分权改革有着密切的联系。

尽管财政分权体制的设计问题在规范和实证研究两个方面都还存在许多争论，但和第一代理论相比，这类争论的出发点明显具有更强的现实意义。

3.2 我国分税制中的财政联邦制因素

3.2.1 我国政府间财政关系的发展及当前的主要问题

新中国建立后，政府间财政关系主要经历了三个阶段的演变：统收统支阶段（1950—1979 年）、包干阶段（1980—1993 年）和分税制阶段（1994 年至今）。这种变化的经济基础在于国有经济重要性的下降。在统收统支阶段，中央政府能够对国有企业进行集中的计划管理，地方政府因此在经济管理方面类似于中央政府的派出机构，缺乏独立性。在包干阶段，与经济"双轨制"改革相类似，国有企业被划分为中央国有企业和地方国有企业，地方国有企业的利税上交地方政府，从而为地方政府独立的经济管理创造了条件。在分税制阶段，国有经济部门在国民经济总产值中的份额大幅度下降，主要受地方政府管理的非国有经济部门成为主导性的经济力量，地方政府的经济管理因而也成为影响国民经济的关键。

随着地方政府经济管理职能的突出，地方政府与中央政府之间的利益冲突也日渐明显。所谓政府利益，是两种利益的综合。首先，政府的行为，反映着它作为一个组织所具有的自身利益。某个级次的政府能够支配的经济资源越多，能够管理的领域越广泛，其组织利益就越大。其次，政府的行为，代表着它所管辖下的民众的公共利益，政府施加给民众的财政负担越小，能提供给民众所需的公共物品越多，公共利益自然就越大。政府的自身利益和公共利益间，本身就存在一定程度的冲突，而这种冲突在多级次的政府结构中，就显得益发明显。比如说，在公共部门预算规模既定的情况下，中央政府获得的财政收入多，管理的事务多，地方政府的自身利益就会受损，进而会迫使地方政府放弃某些本地的公共利益，来补偿自身利益的损失。

在计划经济时代，上述中央—地方政府间的利益冲突，即便不是不存在，至少是不显著的。因为计划经济要求全部经济资源都通过中央计划来统一配置，无论是在观念上还是在实践中，地方政府都不允许有追逐自身利益的行为，而是必须服从"全国一盘棋"的要求。地方政府的财政收支，只是中央财政收支的代理机构：地方政府收入的方式与多寡由中央规定，地方政府的支出也必须以完成中央的任务为前提（林尚立，2006）。在这种局面下，地方政府由于没有自身的利益，也就不会出现政府间的利益冲突。但市场经济体制取代计划经济体制这一历史性的变化，彻底改变了上述状况。

改革开放之后，为了激发地方政府推动市场经济改革的积极性，在放权让利的口号下，中央政府开始大规模地向地方政府放权，从而形成了所谓"分灶吃饭"的财政体制。在这种体制下，地方政府有了属于自己的企业，可以从这些企业中获取利润收入，也有了征税和对税收收入进行分成的权利。正是由于有了被认可为合理的自身利益和地方公共利益，地方政府成为推动计划经济向市场经济转型的重要力量，无论是招商引资，发展私营工商业，还是兴建各种基础设施，追求自身利益都是其内在驱动力的一部分。

地方政府的自身利益，与其在本地所招的"商"、引的"资"、发展起来的工商业、承包基建项目的企事业单位，有着天然的一致性，但却未必有利于全国的利益与本地民众的利益。这表现在两个方面。首先，地方政府尽一切可能增加自己可支配的收入，不顾这种行为可能对全国利益造成的伤害。兴办各类可以提供地方利税的小企业，不管它们在规模上是多么不经济；为了使它们盈利，不惜封锁市场，不允许外地企业的产品进入本地区；在中央与地方的收入分成谈判中，隐瞒自己的真实收入，尽一切可能争取有利于自己的分成方法和比例。其次，在扶持本地企业的过程中，割裂了全国统一市场，不仅伤害全国的经济效率总水平，而且由于阻断竞争，使本地消费者必须支付较高的价格，也伤害了本地民众的利益。同时，为了避免中央分走过多的税收收入，地方政府倾向于选择使用预算外的收费来满足自己的支出需要，造成预算外收入剧增。由于这部分收入不在中央财政的监控范围之内，无法律依据的乱收费、乱摊派的现象愈演愈烈，令民众怨声载道（张卓元，1998）。

1993年之前，中央与地方间利益分配的天平，明显倾向于地方政府。在全国财政收入的分配比例中，中央政府的收入由改革开放之初的30%以上，减少到1993年的22%。中央财政在收支方面捉襟见肘，不得不采用透支中央银行、对银行贷款发放进行行政干预等方法来为自身的支出融资，而这些行为则导致或加重了恶性通货膨胀和金融部门效率低下等宏观经济恶果。

1994年之后，为了改善中央的财政收支状况，以及增强中央政府调控宏观经济的能力，中国的政府间关系发生了巨大的调整。通过对税收体制进行整体性的改革，政府获取税收收入的能力大大增强。同时，将分灶吃饭的财政体制转变为分级分税的财政体制，使中央政府在财政收入中所占的比例得到了巨大的提升，该比例在自1994年后一跃升至50%左右，并一直保持在这个水平上。与此同时，地方政府被赋予了自己的税种，具有了可自主支配的稳定收入来源。

收入比例的大幅缩减，迫使地方政府在自身利益和公共利益之间进行取舍。总的看来，政府间利益分配的天平向中央方面的倾斜，并未改变地方政府追逐自身利益的强度，但却对地方政府代表地方公共利益的能力产生了巨大的负面影响。一方面，地方政府通过基础设施建设和招商引资来增加本地收入的行为模式依旧，从而使得中国的经济增长始终无法从投资推动型的粗放型经济增长模式中摆脱出来（靳涛，2006）。另一方面，在收入相对减少的情况下，地方政府纷纷抛弃那些在可预见的将来不会产生大量收入的支出项目，首当其冲的，就是最基本的公共物品提供项目，如基础教育、公共卫生和环境保护（秦国柱，2008）。经济学上一般认为人们的实际收入由两部分构成，一部分来自于货币收入，另一部分来自于政府提供的公共物品所产生的服务。地方政府的减少或放弃提供基本公共物品的行为，在损害本地民众利益的同时，更加恶化了中国收入分配两极分化的趋势。

上述对改革开放30年来历史的简单回顾显示，尽管中央政府在1994年调整了中央政府与地方政府的利益边界，试图解决由于中央与地方政府利益抵触所产生的危害国计民生的各类问题，但效果并不显著。只要地方政府坚持自身的利益导向，中央政府的宏观政策意图就可能因不符合地方政府利益而受到或明或暗的抵制。同时，地方政府在自身利益和所代表的地方公共利益的取舍上，也有偏向于保护自身利益的倾向。这在20世纪90年代以来的土地问题上，表现得十分明显。1993—1997年间，中央政府连续下发文件，要求延长土地承包权，其目的是稳定现有制度，制止土地租用权的频繁变更。但地方政府的土地调整仍照常进行，以维护地方政府对土地资源的控制权。而在所谓的“新圈地运动”中，地方政府为了发展经济，推动城市化建设，将大量的农村土地转为非农建设用地，使许多农民失去了赖以生存的土地，并且没有给予他们公正合理的经济赔偿和相应的社会保障（胡传景等，2002）。

3.2.2　我国分税制中的财政联邦制因素

我国1994年分税制改革之后，国外一些学者（Montinola，Qian and Weingast，1995；Qian and Weingast，1997；Roland，2000）开始将中国的政府间财政关系称为“财政联邦制”。国内也出现了许多文献，使用“财政分权”这一概念探讨“财政联邦制”。在期刊网上搜索标题中含有“财政分权”的文献可知，建国后最早讨论财政分权的文献出现于1982年（王宗杰），在此后长达20年中，探讨者都寥寥无几，年均从未超过10篇。但自2002年后则出现了爆发性的增长。由于西方文献所使用的术语中，财政分权（fiscal decentralization）与财政联邦制（fiscal federalism）含义上并无大的不同，因此也有学者干脆就将分税制（或称分级分税预算管理体制）称为财政联邦制（陈共，2009）。

必须注意的是，第二代财政联邦制与第一代财政联邦制的政治含义有根本性的区别。第一代的财政联邦制只不过是一种政府间职能划分理论，其政治意义是中性的，不论是单一制国家还是联邦制国家都可以采用，而第二代财政联邦制的政治意义则强得多。第二代财政分权理论，视各级政府为自利的经济人，意味着为了最大化各自的利益，政府间将永远存在冲突，因此设计政府间财政关系的目的，就是在上级政府与下级政府的委托—代理关系中，尽可能地保证双方利益关系一致，以避免因彼此的冲突导致社会总福利的损失。这种看待政府及政府间关系的视角，暗指联邦制可能是市场经济中唯一合理的处理政府间关系的方式。如Weingast（1995）所指出的，市场经济所面临的一个核心问题就是“一个强的足以保护财产权利和监督合同履行的国家，也完全有能力夺取公民的财富”。因此必须创造出相互竞争利益的政府间关系，也就是联邦制，以遏制国家夺取财富的能力。特别的，他认为有一种“市场保护型联邦制”，最适合市场经济的需要。

Weingast（1995）扩展了联邦制的原有含义，将中央政府与地方政府间具有实质上的相互制约和职能划分作为界定联邦制的关键。Weingast指出，市场保护型的联邦制具有五个特征：第一，在相同的土地和居民之上，有至少两级政府，它们的权力范围不同，因此各级政府在清楚界定的政治权利领域中是自治的；第二，各级政府的自治必须得到能够自我实现的制度保障；第三，管理经济的基本权利属于地方政府；第四，确保共同市场的存在，以免地方政府利用它们的管理权力建立贸易壁垒，抵制来自其他地区的商品和服务；第五，地方政府必须面对预算硬约束，既不能印刷钞票，也不能无限借贷。只要这五个条件满足，一国不论是否其宪法结构如何，都可以称之为“市场保护型的联邦制”国家。

基于这一定义，Weingast（1995）将18世纪的英国、19世纪的美国和20世纪改革开放后的中国，都作为此类联邦制的代表。这其中除了美国之外，英国和中国都不是宪法意义上的联邦制国家。或许是考虑到中国长期被认为是一个集权型的国家，他们通常使用的概念是“市场保护型的财政联邦制”。然而，市场保护型联邦制本身就具有重“实质”轻“名义”的特点，而财政分权程度的高低（是否有征税权、发债权，事权范围大小等），正是决定中央政府与地方政府间是否实质上具有联邦关系的重要内容。“财政”这一前置限定词实际上并未缩小市场保护型联邦制的应用范围。故此，也有学者直接称中国为“实质上的联邦制（de facto federalism）”（Zhang，2007）。

随着财政联邦制理论在我国学界的日益流行，一些学者开始根据中国的传统与现实对其合理性进行反思。周黎安（2004）提出，财政联邦制仅仅是中国地方政府积极发展本地经济的条件之一，并且是一个重要性相对较弱的条件，更重要的因素是中央政府考评地方官员所采用的晋升锦标赛模式。晋升锦标赛，意味着地方官员必须相互竞争，唯有少数的优胜者，才能取得晋升的机会。中央政府采用不同的竞赛项目，就会导致地方官员采取不同的行为。例如，如果以对上级的“忠诚”作为竞赛项目，那么地方官员就会事事以完成上级指示为优先，不论结果如何，改革开放前的“大跃进”，导致众多无经济效益的项目上马，就是如此；但如果以“业绩”作为竞赛项目，那么地方官员就会为了确保业绩（如GDP）突出，不惜对上级的指示“阳奉阴违”，改革开放后，地方政府保护本地经济利益的贸易保护、税收优惠等行为屡禁不止，即是写照。财政联邦制为地方官员使用财税手段赢得GDP锦标赛创造了条件，但即使没有财政联邦制，只要GDP锦标赛仍然存在，地方政府就不会丧失促进本地经济发展的动力。1994年税制改革后，地方政府掌握的收入在全部财政收入中的比重大大下降，但地方政府的行为方式并未因此受到影响，就很好地证明了这一点。

Qian和Xu（1993）借鉴管理学中的组织结构理论，认为中国与苏联的经济区别，就在于中国在改革开放前，工业化程度不高，相应的计划能力较差，并且为了备战，赋予了地方各省较大的经济计划权，因此新中国一直以来都是一个多分支单位结构的组织（M型组织），而M型组织中的各个地方政府自然而然就会形成相互竞争的局面。Cai和Treisman（2006）针对这一观点指出，M型组织具有的地方政府间的相互竞争的特点，仅能说明中国改革开放后，具有某种先天禀赋，但并不能解释分权为什么一定会发生，因为即使在一个政治集权的经济中，M 型组织的特点一样可以发挥出来，地方政府间的竞争能够为中央政府考核地方官员的绩效提供依据，正如选民依据地方经济发展的程度选举地方官员一样。

上面这两种观点的理论意义在于，Cai 和 Treisman（2006）表明，政府间竞争不是联邦制独具的特点，所以中国的财政分权未必是“实质联邦制”的特征，倒可能是中央政府用来激励地方政府实现中央政府所希望的经济增长的手段，这就违背了市场保护型联邦制关于地方政府拥有管理经济的基本权利的论述。周黎安（2004）则指出中国分权中的一个基本特征，即地方官员对上负责而不是对下负责，这与联邦制关于“各级政府在清楚界定的政治权利领域中是自治的”这一要求也背道而驰。在西方的财政分权文献中，地方官员由当地居民选举产生是确保联邦制能够实现“偏好匹配”和“责任政府”这一两大主要优点的制度保障，但这恰好是中国的政治现实所不具备的特征。因此将中国过去 30 年中的财政分权现象描述为财政联邦制，在经验上和理论上都面临巨大的困难。

3.3　财政联邦制实践在中国的困境

3.3.1　制度“水土不服”

尽管有批评，但财政联邦制仍被越来越多的人接受为是中国政府间财政关系改革的指导方针。因而完善分税制的改革建议，大多意在使我国的分税制更趋近于真正的财政联邦制，如赋予地方政府（特别是省级政府）更多的财政自主权①。然而必须注意的是，西方国家财政联邦制的实现，是建立在特定的制度基础之上的，其中最重要的，就是“民选官员”这一程序对政府行为的约束。图 3—6 刻画了西方国家处理政府间财政关系的主要模式，从图中可以看到，在联邦制下政府间财政关系要想正常发挥作用，不仅取决于中央政府与地方政府的政府间的财政安排，还取决于地方民众与全国民众作为选民是否有能力通过选举制约各级政府的行为，以及地方政府的代表能否影响中央政府的决策，和中央政府能否通过政党关系协调地方与中央的行动。在不同的国家，上述四种关系的重要性有所不同，但民主选举无疑都是其中最重要的部分。因为选举不仅仅直接决定地方政府与中央政府的首脑，而

① 财政部 2013 年公布的《关于调整和完善县级基本财力保障机制的意见》中明确指出，“省以下财政体制主要由省级政府确定，实施县级基本财力保障机制的责任主体为省级政府。”

且还决定着谁作为地方政府的代表去影响中央政府决策，而执政党（中央政府）在通过党内协调影响作为该党党员的地方政府首脑时，其最有力的手段就是为其再次当选提供党内的支持。

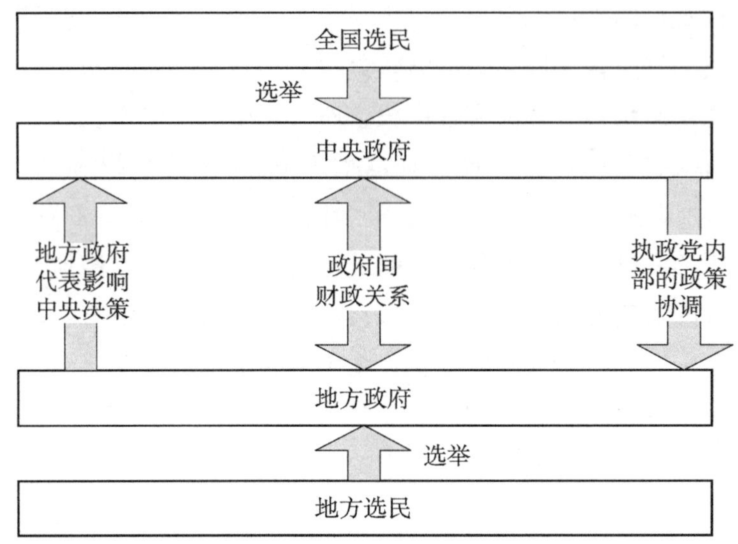

图 3—6　财政联邦制下政府间的财政关系

选举对于财政联邦制的重要性突出表现在以下两个方面。

首先，选举倾向于造成中央政府的决策低效率。在中央政府预算由地方代表审议决定的情况下，各地代表为了自己能够继续当选，会不遗余力地争夺对本地区有利的中央财政收支安排。由此形成的一系列博弈活动，很有可能产生低效率的结果。譬如说，集权程度越高，中央政府支出中包括的仅对一部分地区有利的项目就越多，在全国共同分担支出成本（税收）的情况下，无法从这些项目中受益的地区就会联合起来否决这些项目。最终结果很可能是，成本最高但回报率也最高的项目会落选，而成本低回报率也低的项目会得到批准（对此问题的详细分析，参见Lockwood，2006）。这就造成了公共部门资源配置的扭曲。在这种情况下，通过实行财政联邦制降低集权程度，有助于提高公共部门乃至国民经济的整体效率。

其次，选举会造成地方政府间的横向竞争。在地方政府首脑由地方选民直接选举产生的背景下，地方选民在考虑地方政府现任首脑是否应当连任时，会以周边地区的相关指标作为参照物，例如税收负担、公益项目、就业岗位等。这就迫使地方政府在这些指标上相互竞争，从而造成低成本（税收）高收益（福利）的优异绩效。集权程度越高，地方政府来自中央政府的收入就越多，中央政府安排在地方执行的支出项目就越多，从而削弱了地方政府行为与选民所重视的指标之间的关联性，使得政府间横向竞争的作用难以发挥。

由此可知，在选举制度完备的情况下，财政联邦制不失为一个增加社会福利的优良制度，但这恰恰不符合中国的国情。若是以财政联邦制思路对地方政府放权，即便只是下放财权，也会导致地方政府为追逐自身利益而不顾社会的总体福利。财政包干阶段地方政府的“诸侯经济”行为，以及分税制体制下地方政府的投资扩张冲动，都是明证。

3.3.2　时机“今非昔比”

如第 3.1 节所指出的，财政分权与私有化，分别代表了市场化改革的两个关键方面，两者可说是一个硬币的两面。在 1992 年邓小平“南方谈话”吹起的市场化改革的春风中，非国有部门的发展与地方政府经济管理职能的提升，相互作用，共同推动了中国经济的成长。如 Cao，Qian 和 Weingast（1999）在对中国私有化进程的描述中指出，地方政府是公有制经济部门私有化的主要推动者，而地方政府之所以能够发挥这样的作用，就在于财政包干与分税制的财政体制，“硬”化了地方政府的预算约束。因此他们得出结论，中国的私有化是中国财政分权的产物，即“中国式的财政联邦制推动了中国式的私有化”（from federalism，Chinese style to privatization，Chincsc stylc）。正是以此为背景，财政联邦制因素在分税制中主要发挥的是积极作用。然而，宏观经济格局目前已经发生了重大变化。无论是私有化还是财政分权，都必须受到相当的抑制。

从私有化的方面看，世界范围的私有化运动的动力正在逐渐消失。OECD 组织（2009）发表的报告指出，私有化运动在发达国家已经进入一个新的时代，整个企业出售式的私有化已经不再会大量出现。尚未被私有化的国有经济部门往往原本就受到大量管制，如网络产业，因此直接转让给私营部门困难重重。2008 年全球金融危机后，发达国家政府不得不进行大量的政府干预来挽救经济，更是抑制了私有化的进行。近年来美国政界围绕私有化国有电视台和改善医疗保险的激烈政策辩论，都显示出私有化很难再取得 20 世纪 90 年代一样的发展。

就我国的情况而言，关于“国进民退”的争论本身在一定程度上已经说明了问题。但更重要的对私有化趋势产生抑制的因素，并不在于企业领域，而是在于公共福利领域。自 1998 年之后，社会政策成为我国政府工作的重要议题。无论是作为治国方略的“社会主义和谐社会”理念，还是具体的平衡地区差异、改善城乡差距、营建社保网络的各项工作，都意味着中国进入了一个“社会化”的重要性超越

“市场化”的时代①。“社会化”，即是在医疗、教育、社保等民生领域实现一定程度的“去商品化”，这无疑会对私有化进程产生妨碍。可以预期，今后一段时期内，企业领域中的放松管制、引入民营资本的“私有化”趋势或许还将持续下去，但在公共福利领域，政府的介入无疑会大大增加，从而提高“国有化”的程度。这种此消彼长的变动方式，意味着私有化即使不会消退，也必将陷入一种发展的减速状态。

私有化如此，与其紧密关联的财政分权也应如此。第 3.1 节的理论分析指出，政府间财政关系的变动，对应着公共部门与私人部门边界的变动：私有化程度提高，则推进鼓励私人部门发展的财政分权；私有化程度下降，意味着政府职责扩大，则反向的财政集权势在必行。因此在当前情况下，我国现有分税制中的财政联邦制因素有必要有所削弱。

3.4 我国的郡县制传统

3.4.1 如何看待郡县制

财政联邦制以外，政府间财政关系改革是否还有其他思路？在中国的历史传统下，答案是肯定的，那就是郡县制。

中国的中央政府与地方政府的关系，自秦代以来，一向被笼统地称为郡县制。此后虽有王朝更替，但一些基本原则一直未变。清王朝的倾覆，国家制度被认为是中国积弱的重要原因，郡县制因而也受到批判与抵制。在清末民初的一段时期，改革家与革命家们热衷于讨论的，是如何建立一个联邦制的政府体系，康有为、孙中山、陈独秀、毛泽东等人，都是这一讨论中的重要参与者。不过在军阀割据的背景下，讨论联邦制无异于提倡国家分裂，因而建立联邦制国家的讨论最终不了了之。改革开放后，类似的主张又以财政联邦制或“市场保护型联邦制”的形式出现，前面对此已予以讨论，有鉴于中国目前的国情，这依旧不是恰当的选择。事实上，新中国成立后，郡县制的痕迹仍然十分明显，是中国能够遵循郡县制传统改革政府间财政关系的现实基础。但在此之前，首先需要澄清一些可能的认识误区。之所以很少有人将中国的郡县制传统和政府间财政关系改革联系在一起，原因主要有两个：第一，郡县制是古代中国实行的政府制度，与当今的政治经济社会不合；第二，郡

① 关于中国的市场化与社会化的双向运动，更详细的说明参见王绍光（2012）。

县制是一种促进中央集权的制度，与分权的世界潮流不合。笔者试图说明，这些不应成为忽视郡县制的理由。

在中国的历史上，郡县制是与封建制相对立的一种处理政府间关系的制度，从这一视角出发，中国的郡县制和西方的联邦制其实有相同的起源。波兰尼（2007）指出经济资源是通过互惠、再分配和交换三种方式加以整合的。如果将政府看作一个经济体系，那么在它的内部，也存在着如何整合经济资源的问题。封建制是一种以互惠为基础的政府资源整合方式，中央政府与地方政府之间根据血缘亲族关系联系起来，强调互相扶持，这构成了封建制的核心特征。无论是中国还是西欧国家，都经历过这样的时期。但在封建制遭到抛弃后，两者所产生的新制度则截然不同。中国出现的是秦代的郡县制，即一种以再分配作为主要资源整合方式的政府制度。中央政府是再分配活动的中心，地方政府向这个中心聚集资源，同时按照这个中心的意图使用资源。在欧洲，出现的则是英国1688年光荣革命后形成的“市场保护型联邦制”（Weingast，1995），中央与地方形成类似于市场交换的政府间关系，双方在各自的职能范围实行自治，通过法律与契约相互协调。

根据上述视角，郡县制与财政联邦制的区别不在于出现时间早晚而导致的落伍与先进，而在于整合政府内部资源的主导方式不同，一个强调再分配，一个强调交换。为什么会造成这种差别，需要进行专项的研究，但国家的大小可能是个重要原因。秦代人口约为3 000万，17世纪的英国人口大约为550万，差别很大。以再分配为中心的郡县制，由于消除了内部分裂的诱因，更容易实现政治稳定；而以交换为中心的联邦制，借助政府间竞争，则更容易实现经济繁荣。对于国家来说，随着人口的增加，稳定带来的边际收益有不断上升的趋势，一个恰当的低税率在降低民众的反抗情绪的同时，还能依旧保证国家收入的增加；而繁荣带来的边际收益却有下降的趋势，因为经济越是繁荣，地方政府与中央政府争夺利益的动机和能力也越强，发生内战（在总利益不变的情况下重新分配利益）或对外战争（在分配利益的方式不变的情况下增加总利益的规模）的可能性越大。这意味着大国和小国在制度选择上一开始可能就会有很大的不同。如果仅因为郡县制出现的时间早，联邦制出现的时间晚，就认为联邦制比郡县制先进，这样的判断无法令人信服。

认为郡县制是一种中央集权、不顾地方利益的制度，这一观点也需要具体分析。郡县制的特点是地方官员都由中央政府任命，意味着地方政府不能违背中央政府的意志，相对于联邦制的地方自治当然显得“集权”。但从中国的政治实践看，中央政府命令以外的行政事务的自由裁量权都在地方行政首长手中，而中央政府通常都给地方官员留下相当大的行为空间，因此很难说地方首长的权力因郡县制而受到了很大限制。周黎安（2008）指出，中国古代政府间关系的基本特征是“行政逐级发包”。也就是中央首先将行政和经济管理的具体事务全部发包给省一级政府，然后省政府再逐级往下发包给县乡级政府。发包内容和要求可以是显性的，如上解的赋税，也可以是隐性的，如维持地方治安。中央政府以下每一级“承包方”必须向作为“发包方”的上级政府负责，而每一级发包方都有义务监督所有后续的承包方的职责。这种格局下，中央政府为了保证地方政府有足够的能力完成任务，往往赋予地方行政首长极大的自由裁量权力。瞿同祖（2003）在描述清代地方政府时就指出，州县政府的所有职能都由州县官一人负责，州县官就是“一人政府”。正是因为基层政府具有巨大的自由裁量权，所以历朝历代都在监察方面下了极大的工夫。这些监察行为与其说反映了中央政府对地方政府的控制能力，不如说是中央政府担心地方权力失控的表现。因此，相对于利用地方选举制度制衡地方官员行为的西方联邦制，利用上下级政府的权力互相制衡的中国郡县制，很难用集权与分权这类术语来加以描摹。

3.4.2 郡县制的历史演变

政府间财政关系并不能独立运行，如图3—6所示，在联邦制条件下，它还需要选举制度、政党制度、立法制度等的配合才能正常运转。因此，描述一个国家的政府间财政关系，也不能仅仅考察其预算管理制度。中国传统的政府体制，虽然一直被称为郡县制，但其实历朝历代都有许多不同。本小节试图以政府间财政关系为中心，将与之有关的重要制度的基本特征做一说明。①

其一是官员选拔制度。郡县制超越封建制之处在于政府向社会开放，开放的政府用怎样的人来主政，决定了这个政府能用什么样的方法来激励官员。比如联邦制以民主选举确定官员，而没有政党背景的人很难当选，因此政党内部协调就成为影响官员行为以至于政府行为的重要因素。其二是官员考核制度。官员施政要面对各种利益的选择，考核可以看作是一种施政指南，决定了官员在行为时，到底以服从那种利益为准绳。比如联邦制下，官员当选取决于其政策是否符合中间选举人的偏好，因此官员会努力发现这种偏好，并制定相应的纲领。其三是政府级次。地方政府级次的多寡，一方面决定着官员升迁到高位的难易程度，另一方面决定不同级次

---

① 唐代杜佑的《通典》是我国讨论政治制度沿革的最早的著作之一，它将重要的政治制度归纳为九类。其中，“礼”、“乐”、“兵”、“刑”、“边防”这五类制度与本文的主题不直接相关，而“食货”所说明的主要是以土地制度为核心的经济制度，与财政的相关性主要体现在赋税方面。因此，与政府间关系相关性最强的是“选举”、“职官”和“州郡”三个制度，下文所强调的三类四个相关制度即据此传统提出。

官员的管辖区域和职能范围。其四是监察制度。郡县制下的官员是从社会中选拔而来的，并非与君主有血缘关系的皇亲国戚，因此无法保证他们与君主同心同德。另外，郡县制是从中央到地方垂直管理的模式，这就要求行政命令的上传下达和民情民意的下呈上报，都必须有通畅的管道。因此，必须存在一个监察部门，以保证中央政府的决策不会在地方走样，同时将地方出现的问题及时上报中央，以便决策。

1. 官员选拔制度

相对于封建制，郡县制的集权主要体现在一切官员皆为“朝廷命官”，也就是地方没有自己决定官员的权力，因此这些官员如何选拔出来就显得特别重要。汉代采用的是选举制，也就是选拔一些“贤良”到朝廷里去做官。没有固定的选拔机关，民意也可，官员推荐也可。其标准主要是道德，而非技能。后来出现了一种定期的选举制度，也就是孝廉举荐，而孝廉往往出身于太学生，从而使得知识分子成为官员的主体。汉代做官的知识分子，往往来自于豪门望族，即所谓的“士族”，因为没有相当的家庭背景很难得到推荐。唐代初期使用的九品中正制，采用门第为标准，也是对此的沿袭。但后来科举制度出现，突破了门第限制，寒门子弟一样可以通过考试获得官员的资格，然后再经吏部考察后决定分派到哪些岗位上去。从此，科举制成为中国沿用千年的最基本的官员选拔制度。与此同时，唐代开始出现了“官吏”分途的现象，即科举出身的政务官（官）和非科举出身的事务官（吏）待遇截然不同。这与现代行政部门中行政主管人员和专业人员的区分是类似的。因此政府官员实际上有两类，依靠选举或科举迈入仕途的官和依靠专业知识或技能为政府提供服务的吏。这是与科举制度相伴生的现象，即在经济社会发展的过程中，仅仅依靠少数的文化精英无法履行政府日益增加的职能。

从这一过程可知，中国的官员选拔制度有这样一个突出特点，即官员的选拔首先注重道德。不论是贤良、孝廉还是科举考试以“四书五经”为基础，都意在鼓励和培育有道德的官员，而知识与技能则在其次。而官吏分途也意味着对官与吏的考核要采用不同的形式，前者重“德”，后者重“能”。

2. 官员考核制度

官员资格取得后，胜任哪一级别的职位，取决于晋升制度。由于地方政府行为主要由行政首长决定，因此主要关注对“官”称职与否的考核。这种考核可以分成两类：一是“政绩”，即官员是否满足了上级政府对他提出的要求；二是“声誉”，即官员是否达到了地方民众对他的期望。既然地方官员全都是“朝廷命官”，官员自然应当以服从上级为准绳。特别是“回避制度”（即禁止官员在自己的家乡任职，以免地域、血缘等因素使官员与地方利益勾结起来，违背中央政府的意图）自汉代以来长期存在，更是强化了这种印象。但近年来谢宇和董慕达（2011）合作发表的一篇论文，依据大量史实，挑战了传统上对汉代郡县制的认识。他们认为汉代的官员选拔制度，尽管有中央集权的成分存在，但实际上也相当鼓励中央任命的地方官员对地方负责。这一体制将证明官员道德表率水平的证据作为官员任职的关键依据。在一个就职资格没有硬性标准的时代，官员要想获得崇高的道德声誉，就必须依靠所在地方本地人士的影响力，他们的认同对官员的升迁十分重要。这样的“政绩”与“声誉”的双重考核方式，迫使官员必须在中央命令和地方接受之间寻求平衡，单纯朝向一方都对自己的仕途不利。因此在郡县制设计之初，其本意并非要地方官员一切唯上级政府马首是瞻。但随着历史发展，后面王朝的中央集权越来越表现出“帝王集权”。汉唐两代，君权与相权并立，诏书要双方共同认可才能颁发；到了宋代，相权已在君权之下，宰相在朝廷上已不能坐着和皇帝议事；明清干脆就没有宰相了，君权独大。皇帝只有一个，官员成千上万，这就迫使君主在制度上力求以控制官员为第一要务，也就是官员必须服从命令听指挥。这就渐渐将“声誉”这一沟通政府与民众的纽带的考核指标的重要性削弱至可有可无了。

3. 地方政府制度

（1）政府级次。

顾名思义，郡县制在地方层次上只有郡县两级。县是最基层的政府，从历史演变上看，也是最稳定的政府，中国许多县的设置都可以追溯到千年之前。郡这一级政府，名称以及辖区变化很大，为免混乱，本文就将其称为统县的政府，如汉代的郡和唐代的州。汉代大约 100 个郡，每个郡平均管理 15 个县左右；而唐代（贞观十三年）全国有州 358 个，平均管理的县则降到了 4、5 个。统县的政府的数量大大增加，一方面使得中央政府的管理出现了困难，例如唐太宗就不得不把 300 多个州的太守的名字写在屏风上，日日观看，才能记得住；另一方面统县的政府的辖区太小，一旦遇到民变或战乱，往往没有足够的资源来应付危局。因此到了王朝中晚期的多事之秋，往往还要增加一级比统县的政府更高级次的政府，不妨称之为次高级政府，也就是仅次于中央级次的政府。例如东汉末年出现的州，平均统辖七八个郡，唐代安史之乱后出现的军政合一的道，管辖三四州至十州不等。次高级政府由于出现在战乱之时，不得不赋予其便宜行事的各种权力，从而严重削弱了中央政府对地方的管理。汉唐两代的次高级政府，最终都成了割据势力，而且祸延后世，汉代引发魏晋南北朝的长期战乱，唐代导致五代十国纷争不止。有鉴于此，宋代之初力求恢复州县两级的地方政府。面对国土广大难于管理的问题，创建了各种职能型政府[1]，也就是路。路有多种，如转输地方财富的转运使，负责治安边防的安抚使，负责检查、司法之职的提点刑狱公事，负责储备粮食平抑物价的提举常平公事，各有自己的路，辖区并不一致。因此尽管路的辖区比州大，但职能单一，不可能成为割据势力。然而，州县虚弱的弊病终究难以克服，最终无力对抗金与蒙古的战争压力。

元代是少数民族统治，内部不稳的局面一直存在，因此一开始就设置了行省这一次高级政府。其下再设置路、府、州、县等级次，导致地方政府体系极为复杂。这和元代统治不稳定，必须缩短层级间的距离，以便监察的考虑有关。但此后明清都沿用了省级政府的体制，从而将其规范化了，这是郡县制历史上的一大转折。此前，设立次高级政府都是为了弥补县级政府与统县的政府在治理上的缺陷，并且通常只存在于战乱时期，也就是重心在下。但元代以降则是先设立幅员辽阔的省，如明代十五省、清代十八省，为了使其能够正常运作，还在省以下设立专门的派出机构来检查下级政府，如行省（省）下设道，并且省以下各级政府只能层层向上奏事，不能越级，因而是重心在上。这样就把地方三级政府的格局确定了下来。

（2）监察制度。

郡县制的管理模式主要由决策、执行、监察三个部分构成。汉代之初，监察职能是由中央监察机关派出的刺史完成的。刺史俸只有六百石，却负责监察俸二千石的郡太守，取其“大小相制，内外相维”之意。也就是来自中央的小官，监察地方上的大员，各有高低，力量比较平衡。若是中央派出的大官，监察地方上的小官，则力量一边倒，容易产生问题。这一制度被后世交口称赞，认为在中央集权与地方分权问题上处理得比较恰当。但此后的历史表明，监察部门有成为一级政府的倾向。例如汉初的刺史，到了汉末成了州牧，统领若干郡；唐初的巡察使，到了唐中晚期，成了观察节度使，统领若干州。因而次高级政府往往是由监察功能和军事功能演变而来，元代的行省也是如此。

但元代吸取了前朝次高级政府成为割据势力的教训，除了监察权（行省可以设道监察下级政府）和军事权（管辖汉军和新附军）以外，其余权力都严格控制在中央政府手中。首先，中央与地方的财政收入分割比例高到 7∶3，延续了宋代财权尽归中央的政策。其次，人事权掌握在中书省和吏部手中，行省没有任命下级政府官员的权力，远比汉唐的次高级政府不如。第三，行省可以自行断遣罪行较轻的罪

① 职能型政府相对地域型政府而言，前者以履行特定职能为目标，后者以管理特定的地区为目标。职能型政府当然也可能有其履行职能的地域范围，但这个地域范围是为了履行职能方便而设的；地域型政府当然也可以履行各种各样的职能，但绝不会将职能范围延伸到所辖地域之外。

犯，但“重刑”则要咨请朝廷审查批准，因而没有专断的司法权。因此，元末孙作在谈及行省时指出，“昔之号令出于州司，今之庶务决于政府”，其中政府虽指的是行省，但不明言，也就是说，行省只是代朝廷行事的派出机构，因此昔日“州司”发号施令和庶务决策的权力，实际上收归给了中央。另外，尽管行省拥有军权，但行省的地理设置却按照“犬牙交错”的方式设置，即各省都无险可守，以防止叛乱。因此，有元一代，行省很少叛乱，基本解决了汉唐设立次高级政府的弊病。正因为如此，明清两代才会予以沿袭。

明代的省，权力被分散在都指挥使、布政司使和按察司使三者手中，吸收了宋代按职能设计政府的思路。其中布政使司是地域型政府，辖区与省一致，而都指挥使掌军权，按察司使掌监察权，其辖区与省并不一致。这种分立的后果，固然削弱了省的割据能力，但也和宋代一样，一旦出现危乱局面，则三司相互掣肘，还要派巡抚或总督去集中一省或数省的权力，结果到了明代后期，又出现了常设的比省更高的总督巡抚辖区。清代沿用明代的体制，将总督巡抚设置为固定官职，统领省级政区，将地方政府设置为比较规范的省—府—县三级，并在省下设道进行监察，即将监察权回归给了次高级政府。

3.4.3 郡县制的基本特征

郡县制是一种变化的制度，从上述回顾看，起源于汉代的很多制度后来都发生了改变。但即使是处在变动的过程中，依然可以看出一些基本原则。

（1）郡县制是一种自上而下的管理制度，决策权在中央，执行权在地方，两者之间以监察相联结。中国郡县制的历史上，除了动乱时期外，从没出现过如联邦制般的两级决策中心。

（2）郡县制是一种以公开考试为基础的开放型的政府，其选拔政务官的标准首先是“德”。为避免有“德”之士无施政之“能”，汉唐两代的做法是由吏部对其进行考核和培训（如先到各衙门做幕僚），而自隋唐开始，官吏分途出现，即以事务官来辅助政务官施政。

（3）郡县制可以是一种要求地方政府“对上负责”和“对下负责”兼顾的制度。这是汉代郡县制设计上的本意，虽然随着君权日益增强，“对下负责”的重要性在下降，但这至少说明，在郡县制中并非不能加入对下负责的制度设计。

（4）郡县制的地方政府级次以两级为宜。郡县制历史上县级政府极其稳定，但统县的政府却存在很大的问题。一是辖区小，往往无力应对动乱局面，二是数量大，管理不易，因此出现了次高级政府。汉唐时是临时手段，元以后则固定了下来。有了次高级政府后，统县的政府的存在意义大减，虽然由于中国地域广大而次高级政府数量太少，导致统县的政府仍长期存在，但由于与中央联系的职能被次高级政府所取代，其越来越像是次高级政府的派出机构。特别是省通常都设监察下级政府的道，统县的政府的存在依据就更加模糊了。

（5）郡县制的中央政府与县级政府之间，需要一级以监察为主要职能的政府。在次高级政府（省）的演变过程中，监察区往往是此类政府辖区的前身，此类政府成立后，监察也通常是其基本职能。这恐怕是因为监察是一种持续不懈的工作，中央政府偶尔为之尚可，长期执行则力有未逮。但监察职能又是联系上下级政府，保持政府信息通畅的重要纽带，如果执行监察权的政府具有许多其他职能，该级政府就有可能因这些职能而产生自身利益，进而妨害中央政府政令下达和县级政府反馈执行政策的后果。譬如元代的行省一直都没有充分的人事权与财政权，明代的省由三司分享权力，都是为了避免出现这种结果。清代最初也对督抚的权力有许多限制，如负责一省财政的布政使，直接对中央户部负责。但太平天国运动发生之后，布政使成了督抚的幕僚，自行筹集各种款项，由此导致地方政府尾大不掉，成为清政府覆灭的重要原因。因此在赋予次高级政府监察职能的同时，必须对其他职能予以相应的控制。

从这些特征来看，中国计划经济时代的政府间关系基本上延续了郡县制的传统。

首先，在选拔官员方面，虽然没有了科举考试，但从大学生毕业即为干部身份的做法看，高考实际上扮演着类似的作用。另外，在取消高考的一段时期，采用的是推举入学的“工农兵学员”制度，即各单位推荐品德优异的人进入大学深造，这与以“德”取士的传统也是一致的。

其次，在官员考核方面，强调“又红又专”。如 1979 年中组部颁发的《关于试行干部考核制度的意见》，提出的就是一个“德能勤绩”的考核体系。其中“德”位居第一位，但最难量化，很大程度上要取决于其声誉。

第三，在政府级次方面，在新中国成立后的大区制度取消后，省成为最高级次的地方政府。在省与县之间并没有“统县的政府”存在。虽然有类似于“统县的政府”的地委这一级，但它只是省级政府的派出机构。

第四，在监察制度方面，省政府虽然是管理一省的最高级政府，但人事权（中央政府可以下管省、地两级，省政府负责县、乡政府干部的任命，因此省不能单独决定下级官员的任免）和财政权（统收统支的财政体制下，省只能执行中央制定的收支计划）都受到很大限制，其主要职能仍然是通过监察保证中央决策的执行。

3.5 财政郡县制：可行性与框架设计

3.5.1 财政郡县制的可行性

改革开放后，市场化的推进以及财政联邦制思想的传入，对我国的政府间关系产生了巨大的影响。

与以“德”取士形成鲜明对比的，是在1988年和1989年中组部颁布的《县（市、区）党政领导干部年度工作考核方案（试行）》、《地方政府工作部门领导干部年度工作考核方案（试行）》中，把内容涉及18项量化指标的政绩[①]放在了考核的首要位置上，使得“绩”超越了“德”，成为官员考核的关键。Li和Zhou（2005）、周黎安等（2005）运用中国改革以来的省级水平的数据系统地验证了地方官员晋升与地方经济绩效的显著关联，为地方官员晋升激励的存在提供了一定的经验证据。强调政绩，也就是在鼓励官员出于私利（晋升）而执行公务。在联邦制的背景下，官员对于私利的追逐会受到选举制度的有力约束，然而在中国由于缺乏这种约束，导致对政绩的追求逐渐变成了对民生的忽视。中央政府向地方政府提供的转移支付的规模越来越大，累进程度越来越高，但却对无法改变地方政府的财政支出结构，政绩考核在其中发挥的作用是举足轻重的。这也再次证明了前面的观点，政府间财政关系的调整必须要在其他政府制度的配合下才能发挥作用。

省级政府在财政大包干、分税制改革以来，拥有了极大的财政权。同时随着下管两级的人事制度变为下管一级，又拥有了极大的人事权。虽然这与联邦制所要求的地方政府对本地经济发展负责一致，但却与元代以来省级政府功能的设置所背离。次高级政府一旦拥有大大超过监察的权力，就会成为中央以外的另一个决策中心，从而妨碍中央政府决策—县级政府执行—次高级政府监察这一模式的运转。

首先，省级政府会因为自身的利益反对或抵制中央政府的决策。自改革开放以来，不断观察到的一个现象，就是地方政府乐于配合中央政府的扩张性政策，但却对紧缩性政策持消极态度。因为从地方政府的角度看，既然GDP是政绩的主要表现，当然就只会欢迎有利于GDP增长的扩张性政策。在1998年之前，中国经济主

---

① 主要包括：国民生产总值、工业生产总值、农业生产总值、乡镇企业生产总值、人均国民收入、农村人均收入、上缴利税、财政收入国营和集体企业的劳动生产率、农副产品收购、商业零售总额、基础设施投资、人口自然增长率、粮食产量、地方预算收入、地方预算支出、育林面积以及九年义务教育完成率。参见杨雪冬：《市场发育、社会生长和公共权力建构》，148页，郑州，河南人民出版社，2002。

要受困于反复发生的经济过热，地方政府的“投资饥渴症”是重要的原因，1998年之后，内需不足成了中国经济的主要问题，但地方政府偏好投资的倾向依旧不改。例如 2004 年发生在江苏省的“铁本事件”，就是在中央政府考虑到经济过热的危险，要求退出积极财政政策之时，江苏省仍旧鼓励常州市政府“强行”将一个中等规模的民营钢铁厂短时间里变成一个超大型企业，并为此提供了一系列支持，包括项目审批、政府信贷担保和土地征用等。此项目经中央调查后予以终止，“铁本”董事长也锒铛入狱，但事件的背后却鲜明地体现出中央政府与省政府的意愿相互背离。

其次，省级政府会因为自身的利益干扰下级政府的运行。财政大包干与分税制，都主要解决的是中央政府与省级政府之间的职能划分问题，而省以下政府的职能划分则由省来决定。这就导致地方政府中出现了财权向上集中，事权向下集中的情况。也就是高级次的政府，将容易征收的大宗税源留给自己，而将难以处理的事务交给下级政府负责。在地委转变为地级市这一实体政府后，地方上出现了省、市、县、乡四级政府。省级政府侵夺市级政府收入，市级政府势必侵夺县级政府收入，各级政府依此办理，结果造成严重的县乡财政困难问题。作为执行政府的县乡级政府，陷入了难以正常开展工作的境地，农村的民生问题也因此日益严重。

综上所述，当前政府间财政关系中出现的问题，一定程度上是政府间关系在郡县制传统与联邦制改革的冲突中产生的结果。表 3—1 列出了两者的主要区别所在。

表 3—1　　郡县制与联邦制的主要区别

	郡县制	联邦制
政府架构	中央政府决策，省级政府监察，县市级政府执行（一级决策中心）	联邦政府与州政府在各自的职权范围内自行决策（两级决策中心）
地方政府行为倾向	对上负责	对下负责
中间级政府的职能	省级政府以监察职能为主，限制其他职能	州政府是地方决策中心，职能受到宪法的规定和保护

改革政府间财政关系，首先要明确改革所依据的制度框架是联邦制还是郡县制。特别是在省级政府这个问题上，若是依照联邦制，则中国的省应当如同美国的州，获得充分的财政自主权，并在宪法中规定省必须自求财政平衡，中央政府即使在省出现赤字的情况下也不能援助，否则财政收入与支出不相匹配，也不能实现真正的预算硬约束，财政联邦制的效率优势就体现不出来了。但财政权自主了，人事权怎么办？没有选举约束，仍然不是真正意义上的财政联邦制，但若将地方政府官员的人事任免权力交给地方选举机构，一是条件不具备，二是“党管干部”的原则被破坏。这使得实现一种真正意义上的财政联邦制，在现实上几乎没有可行性。

另一方面，郡县制与现行的制度冲突较小。如前所述，在计划经济体制中，包含了相当多的郡县制特征。中国的市场经济改革，在经济体制方面发生了天翻地覆的变化，但政治体制却比较稳定，因此为郡县制继续发挥作用提供了基础。对郡县制的回顾表明，郡县制是一种能够与时俱进、发生进化，在当前新的政治经济格局下，也可以设计出一套符合时代要求的继承了郡县制传统的制度安排。

3.5.2 财政郡县制的框架设计

基于郡县制的基本原则，笔者对于目前的政府间财政关系有如下改革建议：

第一，中央政府的职能增强。地方政府的经济管理职能应当予以保留，但具有重大社会影响的社会福利事务应在条件具备的情况下，逐渐转交中央政府直接负责，如基础教育、社会保险与环保等。这些职能由中央政府直接负责的话，一是避免这些公共事务支出被地方政府的其他支出所挤占，二是减轻了贫困地区地方政府在这些支出上的压力。

第二，政府级次重组。地方政府分为省与县（市）两级。省政府主要是监察的政府（直辖市除外），而不是负责地方一切事务的政府，县（市）级政府（目前的县级政府升格与地级市平级）则是执行的政府。因此，省级政府在监察权以外，不能拥有对下级政府完全的人事任免权，也不能对下级政府的财政收支进行大的调整。县（市）级政府作为执行的政府，必须拥有大宗税种，以便保证财政收支平衡，其财政绩效如何是省级政府对其监察的重要指标。在重大社会福利实务交给中央政府负责和拥有大宗税种后，地方政府的基本公共服务所需资金可望实现自给，若仍有不足的部分，通过中央政府的转移支付解决。

这一制度设计中，最重要的变动方向主要有三个：一是强化中央政府职能，即将重大社会福利事务从地方政府的职能中分离出来，交给中央；二是地方省县两级，即取消地级市政府和乡级政府，县市平级；三是省县职能差异化，即弱化省级政府对地方具体事务的管理，强化县级政府管理本地事务的职权。

强化中央政府职能后，由于这类服务大部分都具有全国性准公共物品的性质（如基础教育、大江大河的污染治理、养老保险的全国统筹等），摆脱地方政府对其的控制有助于提高供给效率。另外，这还使得自上而下的监察体系的效率得以提高。“晋升锦标赛”是推动地方政府关注本地经济发展的主要机制，但这一机制发挥作用是有若干前提条件的，其中之一就是锦标赛所针对的标的物是单一的和可量化的。如果地方政府有多个任务需要完成，并且其中包括一些难以客观度量的目标，那么上级政府在监察时就难以令其他参赛者信服的方式选出优胜者（晋升），从而导致整个机制失灵（周黎安，2004）。将重大社会福利事务从地方政府的职能中分离出来，有助于“晋升锦标赛”的继续开展。再有，这些重大社会福利事务对地域与城乡之间的差异影响巨大，通过中央政府获取稳定财源，并在全国范围内根据需要公平地运用，实际上就是进行了重大的有利于民生的再分配调整。

地方政府从省市县乡四级简化为两级，是要尽可能减少中间级次存在对政府监察、执行职能的妨害。周黎安（2008）指出，中国古代政府间关系的基本特征是“行政逐级发包”。也就是中央首先将行政和经济管理的具体事务全部发包给省一级政府，然后省政府再逐级往下发包给县级政府。县级政府作为最终的承包方，直接面对百姓大众，具体实施政府管理的各项事务，因此他们属于“父母官”或“亲民之官”，而介于中央和县乡之间的地方政府就是政府事务的中间“转包方”，主要履行监督之责，属于“治官之官”。从历史上看，“治官之官”一多，吏治就有混乱之虞，因为每一次“转包”，中间级次的政府不单只是转达中央的要求，而且还会加入自己的要求，如果中央的要求和自己的要求出现冲突，甚至还会扭曲中央的要求。所以顾炎武在总结明代衰亡时，指出“官多则乱”，“故自古及今，小官多者，其世盛；大官多者，其世衰，兴亡之途罔不由此。”（《日知录》卷八《乡亭之职》）。明末大儒王船山在其所著的《黄山》一书中，统计了当时大官多小官少的情况，如山东省六府十六个分司，山西省五府十三个分司，陕西省八府二十四个分司，四川省九府十七个分司。因此，县上有府，府上有分司，分司上还有省和司，造成管民的官远不及管官的官多。另外，汉代县令升一级就可以做郡太守，郡太守进京和九卿平级，九卿之上就是三公了。最高级和最低级官员之间的级次差距很短。而到了后世，中间级次不断增加，县级政府官员若要升迁到高位，可能性很小。因此周黎安（2004）认为，中国改革开放后地方政府之所以在经济发展中如此活跃，与政府级次多、晋升路径长是密切相关的。政府级次多，则中央政府的经济增长要求会逐级放大，如十一五规划中，中央计划的经济增长率为 7.5%，到了省级就变成了平均增长 10.1%。晋升路径长，则想要晋升低级次政府官员就必须在短时间内做出突出的政绩，才有可能在退休前升到高位，从而激发了推动经济增长的积极性。然而，与之对应的就是粗放型经济增长、政绩工程、忽视民生等一系列问题。正是古人所批判的官多所造成的乱象。因此，政府级次简化势在必行。

省县职能差异化，是要确保中央政府决策—省级政府监察—县级政府执行的完整链条，不会因省级政府过强而影响政令下达和民意反馈，也不会因县级政府缺乏能力而无法落实。若是省级政府完全拥有对县级政府的人事权和财政权，对县级政府的控制力固然大增，但也会造成省级政府自行其是，对下打压，对上欺瞒。一旦由此造成中央政府与县级政府脱节，整个政务链条就会趋于崩溃。因此，尽管要求省级政府监察县级政府，但县（市）级政府首脑的人事任免权仍应由中央政府控制，省级政府提供参考意见。同时，应在制度设计中确保县级政府的财政收支自主权和自给率尽可能地高，以减少省级政府利用分割税源或转移支付的手段干扰县级政府的政务执行。

上述基于郡县制传统的政府间财政关系改革建议，可以被认为是一种“财政郡县制”的框架设计。与财政联邦制的最核心区别，在于它试图在地方政府对上负责的现实基础上，寻求中央政府、地方政府和地方民众三方利益的平衡。

3.6 小 结

1994年分税制制度设计中所引入的财政联邦制原理，与我国的国情并不适合。财政联邦制运作所需要的一些基本的配套制度，在短期内我国都不大可能拥有，特别是通过选举迫使地方官员“对下负责”的制度。缺乏这一制度的支持，“对上负责”的地方政府，在中央政府利益、地方政府利益和地方公众利益三者间，就会倾向于牺牲地方公众利益。因此，仅仅依照财政联邦制的原则来区分我国中央政府与地方政府的利益边界是不够的。地方政府必须在制度上就被设计成一种在中央政府利益、地方政府利益和地方民众利益之间寻求平衡的组织。地方政府如果不能体现中央利益，政府作为一个整体就会分崩离析，无法履行最基本的国家职能；地方政府自身的利益如果不能加以重视，中央政府就丧失了在市场经济中有效激励地方政府的手段；地方民众的利益若不能成为地方政府的主要考虑因素，则政府的合法性就会受到质疑，并引发政治、经济和社会各个方面的不稳定。三种利益在地方政府的行为动机中，都是不可或缺的。从目前中国的情况看，延续自计划经济时代的干部任用的选拔委任制，保证了地方官员服从中央的指示，有助于维护中央利益；1994年后形成的分级分税预算管理体制，尽管尚不完善，但基本确立了地方政府自有的收入来源与事权职能，从而保证了地方政府的利益；但地方民众的利益，也就是地方政府为地方民众负责的机制，却不存在规范的制度形式。

如何在官员“对上负责”的同时，强化其对地方民众利益的关注？本章的建议是在制度设计上继承我国郡县制的一些优良传统，构建一种“财政郡县制”。自秦以郡县制立国以来，郡县制的具体形式虽然一变再变，但一些基本原则是稳定的。比如只有中央一级决策中心，而不像联邦制一样，强调中央、地方两级决策中心。又比如县级政府基本稳定，是真正的“治民之官”，拥有管理本地各项事务的权力。

即使在新中国建立之后，郡县制传统也一直对处理我国的政府间关系发挥着积极的作用。对它的背离，主要发生在改革开放之后。特别是对省级政府的“放权”，经分税制强化后，隐隐然已初具联邦制的雏形。省级政府不仅在经济管理上大权在握，还在很大程度上控制着省以下政府官员的人事任免权，并能有力地干预司法。然而，由于联邦制在中国近期内并没有生根的土壤，省级政府的权力集中就只会引发政府行为的进一步扭曲。本章借鉴郡县制传统提出的“财政郡县制”的框架设计方案，强调处理政府间财政关系，并非只有财政联邦制一途。只有破除这一思维上的盲区，才有可能设计出更适合我国国情、更符合当前国内国际形势的政府间财政关系。

第 4 章　分税制的经济激励机制：弹性分成*

分税制改革后，中国经济长达 20 年处于高速增长状态，对此，张五常（2009）发出疑问：以分成为主的分税制为什么会促进经济增长？本章研究认为，中国的分税制本质上是一个弹性的分成合同体系。中国的分税制是中央政府、地方政府、企业（或居民）这三类经济主体之间的关于剩余分配的各种子契约的组合。这些子契约可归为四种基本形式——代征合同、定额合同、分税合同和分成合同，并且它们之间具有很强的互补性，由此构成了一个富有弹性的分成合同体系。在信息不对称的条件下，这个激励体系能够有效地减少地方政府的机会主义行为，增强地方政府发展经济的激励。本章也可以说为中国经济增长之谜提供一个财政视角。

4.1　"张五常之问"与分税制契约选择

4.1.1　张五常之问：统一分成的分税制为什么会促进经济增长？

1994 年的分税制改革，是一个重新划分政府间权责边界的改革，由于客观条件的限制，改革的主要是税权和转移支付，在事权调整方面迈出的步伐很小。改革的主要做法是将营业税、企业所得税作为地方税，增值税实行中央与地方 75∶25 分成，消费税、关税作为中央税。我们知道，在市场交易中，产权明晰才能保证市场效率。那么，我们是否可以说，政府间财政关系如同市场交易关系一样，只有明晰各级政府间的权责边界，才能促使政府有效地发挥政府职能呢？

---

* 本章由吕冰洋教授执笔。

理论上似乎是这样，因为各级政府间的积极性发挥是建立在有稳定的预期结果基础上，如果政府间权责边界是模糊的，那么自然就不利于稳定当事人的预期，制度运行的效果一定会打折扣。例如，如果政府间财政分配规则是所产生的税收全额归当地政府，某地区引进投资项目的重要目的是项目所带来的税收收益，但是当项目产生收益后，上级政府又规定实行 5∶5 分成，这种事后带有机会主义的调整自然会挫伤地方政府积极性。如果这种事屡次发生，那么该地区在引进项目之前的经济激励就不足。

分税制统一了各类企业的适用税率，也统一了政府间税收分成比率，按理说稳定了企业和政府预期，应会产生有效率的结果。然而，张五常却不这么看，他在《中国的经济制度》(2009) 中写道：

> 一个地区或县的工业投资者要付百分之十七的产品增值税，而这个税率是全国一致的。县本身的分成，是此税的四分之一，也即是产品增值的百分之四点二五。另一方面，一间小企业可以选择支付百分之四至六的商业税（视乎企业的性质而定）来代替……增值税给政府带来最高的收入，县干部最关心此税。我们的分析集中在增值税：产出价值扣除原料与其他一些琐碎费用之后的百分之十七。问题是增值的百分之十七的抽取究竟是税，还是租呢？我认为是租而不是税。有两个理由。其一是任何投资者，只要用土地或房产从事生产的，都要付此税。其二是只要有产出，不管有没有利润，都要付此税。
>
> 这里提到的增值税，是分成租金，却是全国用上同一的税率。怎可以有经济效率呢？如果没有，中国的经济怎可以在这分成安排下加速增长？

张五常上述分析有两个关键点：一是增值税是分成租金，二是统一的分成比率应该不会促进经济增长？我们知道，中国分税制中，作为主要税种的增值税、企业所得税和个人所得税是共享税，即通过统一的分成比例来调节中央与地方财政关系。张五常的问题可归纳为一句话：统一分成的分税制为什么会促进经济增长？这个问题我们称为“张五常之问”，回答该问题有助于我们破解中国经济增长之谜。

“张五常之问”背后的理论基础是契约经济学的知识，在深入分析之前，我们有必要简单介绍一下各种契约形式的区别。

4.1.2　市场契约形态及效率差别

市场参与者之间有各种各样的利益分配，如地主与佃农之间、企业主与工人之间、合作者之间、董事长与经理之间都有大量的利益关系要处理。为分配这些利益就需要签订各种各样的合同，因此，著名的产权经济学家巴泽尔（2003）说："对合同的研究是产权研究的核心"。无论是正式合同还是非正式合同，都是签约方之间的权利的重新分配。产权经济学家发现，不管合同形式有多复杂，所有的合同都可归为四种基本合同。

以地方与佃农关系为例，合同有四种：一是工资合同，地主支付固定工资给佃农，土地产出完全归地主所有；二是定额合同（或称固定价格合同），佃农支付给地主定额租金，土地剩余完全归佃农所有；三是分成合同，地主和佃农就土地产出按一定比例分成；四是分占所有权合同，假设在某种力量强制安排下，地主和佃农分别拥有某块土地所有权，产出也完全归土地所有者所有，当然，这种情况下佃农的身份已变成地主了。分占所有权合同是一种特殊的合同，如果无外力推动，地主不可能让渡土地所有权给佃农，因此下面我们主要针对前三种合同进行分析。

各种合同产生的激励不同。经济学原理告诉我们，边际成本等于边际收益才符合最优原则。在工资合同下，由于佃农无论工作好坏，均能得到一个固定工资，土地产出与佃农工作努力程度完全无关；在定额合同下，佃农上交定额后能得到所有土地剩余，佃农的边际努力完全体现在边际剩余上；在分成合同下，佃农的边际努力只能按分得的比例获得边际收益。三种合同比较，只有定额合同才是最有效率的，分成合同效率比不上定额合同，因此马歇尔称分成合同是无效率的合同。

张五常（Cheung，1969）开创性的研究改变了这一论断。他发现，农业耕作面临的各种风险较大，完全采用定额合同会使得佃农抵抗风险能力变弱。如果采用分成合同，实际上是地主按分成比例分担了风险，分成合同仍是有效率的。巴泽尔（2003）进一步发现，如果地主对土地有投入，那么地主和佃农就应考虑相对投入及土地产权因素采用分成合同。总结而言，在地主分担投入或分担风险的情况下，分成合同是有效率的合同。

分析没有到此为止。如果地主有许多土地，土地彼此产出差异很大，地主要雇用更多的佃农耕作，假设佃农是同质的，并假设地主与佃农之间都采用分成合同，那么分成合同应如何安排呢？进行简单的思考就会发现，统一的分成合同是无效率的。因为佃农是同质的，各个佃农的分成后收入要平等，由于土地产量不同，那么统一的分成自然不会达到这个效果。合理的分成应是分成比例要根据土地的性质、地主的投入不同而调整，也就是说，在面对多个佃农时，地主应采用差异化分成合同，或称弹性分成合同。

以上是"张五常之问"的潜台词，在介绍了基本的契约理论之后，下面我们详细剖析分税制的契约性质、契约演变与契约的经济激励作用。

4.1.3　市场契约与政府税权契约的同异

分税制本质是纵向政府间税收分权问题，是政府间权利边界的界定契约，既然是契约，它同私人经济领域的产权分配一样，也离不开上述契约的分析范畴。研究政府间税权配置同私人经济领域的产权分配一样重要，私人部门产权配置不当会影响私人经济主体的利益，而如果国家税权配置出现问题，则会直接影响国家利益和社会公众利益。

一般而言，税权包括税收立法权、征管权、收益权三个部分。世界各国税收立法权一般集中于中央政府。各国政府普遍认识到，地方利用税收立法权所进行的机会主义行为必将削弱中央财政的实力，削弱中央对地方的制约能力，因此地方税收立法权归属中央的做法是十分必要的。[①] 征管权可采用集中和分散两种形式，前者由国税局统一征税，后者分设国税局和地税局分别征税。在这三种税权中，最核心的是收益权，因为各级政府最关心的是取得税收收益的多寡。

但是目前经济学界对税收分权契约研究得较少，其原因主要有两个，一是普遍认为彻底的分税制是有效率的税制。以税收分成合同为例，它与分税制相比，该合同使得税收边际努力小于税收边际收入，而在税收问题上一般不存在土地租佃市场上的风险和成本分担问题，因而税收分成合同仍被认为是“马歇尔无效率”的。如果把税收征管权和收益权分别对应于产权理论中的企业经营权和所有权，那么似乎分税制将是一个比税收分成更有效率的税制。二是在产权理论中，对各种合同形式已有详尽的分析。研究集中在比较分成合同（share contract）和固定租金合同（fixed rent contract）效率高低上，这方面张五常（Cheung，1969）进行了开创性的研究，之后研究者进一步考虑风险共担、成本分担、信息不对称等情况下各种合同的效率，形成了大量的研究文献。尽管对租佃合同的研究一般用佃农与地主关系进行说明，但是研究结论并不局限于土地租佃市场上，它可推广到更复杂的组织中，如劳动力市场上工资制定等问题。

但是，我们发现，尽管世界各国处理中央与地方关系时普遍采用分税制，但是真正实行彻底分税的很少，大多数国家税收分权形式是共享税，也就是说采用税收分成合同，这是一个值得注意的现象。那么，市场契约分析适不适合分析政府间税收分权契约呢？两者实际上有很大的区别。

---

① 俄罗斯在税收立法权下放方面有过失败的教训，1994 年俄罗斯曾以总统令的形式向联邦成员下放了一些税费立法权，结果导致政府收入秩序非常混乱，后于 1997 年下令取消了各地税费，并明确表示今后不再向地方下放这方面的立法权。

我们以地主与佃农签订的租佃合同为例说明税权契约与市场契约的区别：

(1) 税收努力可以通过税收检查进行验实，土地耕作努力很难验实；

(2) 土地性质随时间变化较小，如土地产量随时间变化较慢，而税源却是变化的，它随着经济规模的扩大而增长；

(3) 土地不可分割，即一块土地不能由地主和农民同时经营[①]，而税收可以通过实行分税制、分税率等形式进行分割；

(4) 租佃合同目标是使得委托方和代理方收入最大化，而税收分权合同还要考虑到满足政府财政收入需要、全社会税收收入最大化等目标。

因此，政府间税权契约与市场契约既存在相同之处，也有较大的差异，但是对其理论分析都可借鉴契约经济学的研究方法。下面我们剖析政府间税权契约的形式。

4.1.4 分税制的契约选择

我们认为，根据税收收益权的划分，分税制契约可采取以下四种形式，并各有利弊：

第一，定额合同。中央政府要求地方政府每年上交固定的税收收入，其余的全部留存地方支配使用。定额合同的特点是地方政府在上交给中央政府税收定额后，可以完全拥有税收的“剩余索取权”(residual claimant)，但是地方政府需要独自承担税收风险（如经济不景气时税源不足）。由于税收潜力随时间不断变化，定额合同要么使得中央政府丧失经济增长带来的税收收益，要么使得中央政府需要经常逐个与地方政府就税收定额额度进行讨价还价，这可能会使得订约成本很高。

第二，分成合同。中央政府将税收收入的一定比例留给地方政府，剩下的留给中央政府。分成合同使得中央政府和地方政府分别拥有部分税收“剩余索取权”，也承担部分税收风险。同时，为防止地方政府税收努力不够，中央政府也需要付出监督税收努力的成本。

第三，分税合同。这是彻底的分税制形式，中央政府和地方政府各自完全拥有某些税种的收益权。分税合同避免了中央政府对地方政府的税收激励和监督。

第四，工资合同。中央政府委托地方政府征税，税收收益权完全归中央政府所有，中央政府仅付给地方政府行政管理费（可视作工资）。工资合同最大的不足之

---

① 尽管地主在雇用农民耕作土地时，自己也可以参与劳作，但是地主借以取得的土地收益却并不是他参与经营这一事实，而是因为他拥有土地所有权，因此可以认为土地不可分割。

处在于，地方政府的税收边际收入与税收边际努力完全无关，因而税收激励程度在这四种合同形式中最低。事实上，这种工资合同现在已经很少见了，变相的形式是政府为借重税务部门强大的征收力量，让税务部门为其他部门代征部分规费，如我国地方税务局代征的文化事业建设费、水利基金、人防费、社保费等。

为便于比较，我们将四种税收分权的契约形式的效率优劣简述如下：

对地方政府的激励：分税合同＞定额合同＞分成合同＞工资合同

对中央政府的激励：工资合同、分税合同＞分成合同＞定额合同

监督地方政府税收努力成本：工资合同＞分成合同＞定额合同＞分税合同

与地方政府讨价还价成本：定额合同需随时间调整，其他契约一旦制订，可以维持相当长的一段时间。

从上面分析可以看到，以上这四种契约形式各有优劣，脱离了政府所处的历史背景和经济背景，抽象的理论分析并不能做出中央政府应采用何种契约形式的判断。

4.2　从财政包干到分税制的契约演变

一般认为，我国新中国成立以来财政体制变迁经历了三个大的阶段，1950—1979 年计划经济时代的统收统支阶段，1980—1993 年社会主义市场经济体系初步建立时期的财政包干（或称“分灶吃饭”）阶段，1994 年到现在的社会主义市场经济体系完善时期的分税制阶段。本节运用契约理论，剖析我国改革开放后财政体制变革中蕴含的契约性质。

4.2.1　财政包干制的契约性质

1. 1980—1984 年的划分收支、分级包干财政体制

1980 年 2 月，国务院颁发了《关于实行“划分收支、分级包干”财政管理体制的暂行规定》，决定从 1980 年起，实行“划分收支、分级包干”的财政管理体制（俗称“分灶吃饭”）。其中税收分权的改革内容主要有两点。

第一，明确划分中央和地方财政的收入责任范围。中央财政的固定收入包括：中央所属企事业的收入、关税收入和中央的其他收入。地方财政的固定收入包括：地方所属企事业的收入、盐税、农业税、工商所得税、地方税和地方的其他收入。体制确定后，因调整企业隶属关系，由地方上划给中央部门直接管理的企业，其收入作为固定比例分成收入，80%归中央，20%归地方。工商税作为中央和地方的调剂收入。

第二，地方财政收支包干基数，上交、留用比例和补助定额的确定。地方财政收支的包干基数，以 1979 年财政收支预计执行数为基数，经过适当调整后计算确定。一经确定，原则上五年不变，地方多收可以多支。地方财政上缴、留用比例和补助定额的确定具体有三种类型。一是固定比例分成，凡是地方固定收入和固定比例分成收入大于地方财政支出的，多余部分按一定的比例上缴中央财政，这类地区的调剂收入（工商税）则全部归中央财政；二是调剂收入分成，凡是地方固定收入和固定比例分成收入小于地方财政收入的，不足部分从调剂收入中划给一定的比例进行调剂；三是定额补助，凡地方固定收入、固定比例分成收入和调剂收入全部留归地方，收入仍然小于支出的，则由中央财政给予定额补助。

除此之外，京津沪三大直辖市仍然实行“总额分成、一年一定”体制，江苏省继续试行固定比例包干体制，广东、福建两省实行特殊体制，对民族自治区继续给予体制上的照顾，基本框架与“划分收支、分级包干”体制大体相同。1980 年确定的中央政府与地方政府间收入责任划分见表 4—1。

表 4—1　　1980 年全国财政收入责任划分

<table>
<tr><th>体制类型</th><th>实行地区</th><th>备注</th></tr>
<tr><td>固定比例包干</td><td>江苏省</td><td>一年后转为“划分收支、分级包干”</td></tr>
<tr><td>划分收支、定额上交</td><td>广东省</td><td rowspan="2">俗称“大包干”</td></tr>
<tr><td>划分收入、定额补助</td><td>福建省</td></tr>
<tr><td>总额分成、一年一定</td><td>京津沪等三个直辖市</td><td>维持原体制不变</td></tr>
<tr><td>划分收支、分级包干</td><td>其他 23 个省（区、市）</td><td></td></tr>
</table>

2. 1985—1987 年的“划分税种、核定收支、分级包干”财政体制

在“划分收支、分级包干”财政体制下，中央政府与地方政府分配关系大大倾向于地方政府，这使中央政府得自于企业利润的财力也日渐减少，导致中央财政困难。在这种客观现实下，提高政府特别是中央政府的财力成为改革必须要面对和解决的问题。同时，在两步利改税后，企业上缴国家的利润改为以所得税、调节税的形式上缴，国家与企业之间的财政分配形式已经发生了很大变化，各级财政收入分割也有了新的基础。根据中共十二届三中全会《关于经济体制改革的决定》的精神，国务院决定从 1985 年起对各省、自治区、直辖市实行“划分税种、核定收支、分级包干”的财政体制。主要内容如下：

（1）在第二步利改税的基础上，划分各级财政收入的范围。一类是中央固定收入和地方固定收入。另一类是中央和地方共享收入。共享收入主要以流转税类作为收入来源；财政支出，仍按中央、地方企业、事业的隶属关系划分。中央与地方政府税种及税收收入划分见表 4—2。

表 4—2　　**1985 年中央与地方政府税种及税收收入划分**

中央财政固定收入	产品税、增值税、营业税的 70%（石油部、电力部、石化总公司、有色金属工业总公司所属企业）；中央国营企业的所得税、调节税；海洋石油、外资、合资企业的工商税、所得税和矿区使用费；关税和海关代征工商税；铁路、民航、邮电部门和各银行总行、保险总公司的营业税；中央军工企业和包干企业收入；中央经营的外资企业亏损和粮食、棉花、油超购加价补贴；烧油特别税；国库券收入和国家能源交通重点建设基金和其他收入等。
地方财政固定收入	产品税、增值税、营业税的 30%（石油部、电力部、石化总公司、有色金属工业总公司所属企业）；地方国营企业的所得税、调节税；集体企业所得税；农（牧）业税；车船使用牌照税；城市房地产税；牲畜交易税；契税；地方企业包干收入；地方经营的粮食、供销企业亏损；税款滞纳金、补税罚款收入和其他收入等。
与地方共享收入	产品税、增值税、营业税（均不包括石油部、电力部、石化总公司、有色金属工业总公司所属企业以及各铁道部和各银行总行、保险总公司缴纳的部分）；外资和中外合资企业（不含海洋石油企业）缴纳的工商税、所得税；个人所得税；资源税；建筑税；盐税；国营企业奖金税等。

（2）各省、自治区、直辖市在按照规定划分收支范围以后，凡地方固定收入大于地方支出的，定额（或按比例）上解中央；地方固定收入小于地方支出的，从中央和地方共享收入中确定一个分成比例，留给地方；地方固定收入和中央与地方共享收入全部留给地方，还不足以其支出的，由中央定额补助。收入的分成比例或上解、补助的数额确定后，一定五年不变。地方多收可以多支，少收则少支，自求平衡。

3.1987 年后多种形式包干体制

农村“联产承包责任制”的极大成功鼓励了“包”字进城，1987 年起，全国绝大部分国有企业先后实行了承包经营责任制。在企业承包制成为国有企业改革的主流后，与之相适应的财政体制亦重新回到包干财政体制。从 1988 年实行的包干办法规定，全国 39 个省、自治区、直辖市和计划单列市，除广州、西安市财政关系仍然分别与广东、陕西两省联系外，对其他 37 个地区分别实行不同形式的包干办法。

（1）“收入递增包干”办法。

以 1987 年决算收入和地方应得的支出财力为基数，参照各地近几年的收入增长情况，确定地方收入递增率（环比）和留成、上解比例。在递增率以内的收入，按确定的留成、上解比例，实行中央与地方分成；超过递增率的收入，全部留给地方；收入达不到递增率，影响上解中央的部分，由地方用自有财力补足。实行这个办法的地区有 10 个，分别为：北京市、河北省、辽宁省（不包括沈阳市和大连市）、沈阳市、哈尔滨市、江苏省、浙江省（不包括宁波市）、宁波市 、河南省、重庆市。

（2）“总额分成”办法。

根据前两年的财政收支情况，核定收支基数，以地方支出占总收入的比重，确定地方的留成和上解中央比例。实行这个办法的地区有 3 个，分别为：天津市、山西省、安徽省。

（3）“总额分成加增长分成”办法。

在上述“总额分成”办法的基础上，收入比上年增长的部分，另定分成比例，即每年以上年实际收入为基数，基数部分按总额分成比例分成，增长部分除按总额分成比例分成外，另加“增长分成”比例。实行这个办法的地区有 3 个，分别为：大连市、青岛市、武汉市。

（4）“上解额递增包干”办法。

以 1987 年上解中央的收入为基数，每年按一定比例递增上缴。实行这个办法的有广东省和湖南省。

（5）“定额上解”办法。

按原来核定的收支基数，收大于支的部分，确定固定的上解数额。实行这个办法的地区有 3 个，分别为：上海市、山东省（不包括青岛市）、黑龙江省（不包括哈尔滨市）。

（6）“定额补助”办法。

按原来核定的收支基数，支大于收的部分，实行固定数额补助。实行这个办法的地区有 16 个，分别为：吉林省、江西省、福建省、陕西省、甘肃省、海南省、内蒙古自治区、广西壮族自治区、贵州省、云南省、西藏自治区、青海省、宁夏回族自治区、新疆维吾尔自治区；湖北省和四川省划出武汉、重庆两市后，由上解省变为补助省，其支出大于收入的差额，分别由两市从其收入中上缴省一部分，作为中央对地方的补助。

上述各省、自治区、直辖市和计划单列市的财政包干基数中，都不包括中央对地方的各种专项补助款，这部分资金在每年预算执行过程中，根据专款的用途和各地实际情况进行合理分配。

4. “分灶吃饭”体制下税收分权的契约性质

1980—1993 年是中国社会主义市场经济建立时期，财政体制简称为“分灶吃饭”。在这个时期，中央政府与地方政府之间财政关系变动大体分为三个阶段，政府间收入责任划分一变再变。根据前面对税收分权的契约性质归类，我们可以详细分析不同历史阶段下政府间税收分权契约的性质。

1980—1984 年财政体制总的特点是“划分收支、分级包干”，该体制对中央和地方财政收入责任进行明确划分。根据税收分权的契约特点判断：地方所属企事业的收入、盐税、农业税、工商所得税和地方税的收益权完全归地方政府所有，因此属于分税合同；关税的收益权和征管权归中央所有，因此也属于分税合同；尽管中央所属企事业的收入归中央政府所有，但是大多数企业的收入却是由地方政府代征，因此属于工资合同；针对江苏省实行的固定比例包干，针对京津沪等三个直辖市的“总额分成、一年一定”，地方政府财政收入大于支出按比例上缴中央政府部分均属于分成合同；针对广东省的“划分收支、定额上交”，针对福建省的“划分收支、定额补助”属于定额合同。

1985—1988 年财政体制的特点是“划分税种、核定收支、分级包干”，根据税收分权的契约特点判断：外资和中外合资企业（不含海洋石油企业）缴纳的工商税和所得税、个人所得税、资源税、建筑税、盐税、国营企业奖金税等的收益权归地方政府所有，属于分税合同；产品税、增值税、营业税按比例在中央和地方之间分成，属于分成合同；地方固定收入大于地方支出的按比例上解中央部分，属于分成合同；地方固定收入大于地方支出的定额上解部分，或地方固定收入小于地方支出的中央定额补助部分，属于定额合同。

1988—1993 年财政体制的特点是多种包干形式并存。中央政府针对各省不同情况，实行六种财政收支包干形式，根据税收分权的契约特点判断：“总额分成”、“总额分成加增长分成”属于分成合同；“收入递增包干”要求每年地方在收入递增率以内收入实行中央地方分成，递增率以外收入全部留给地方，因此也属于分成合同；“定额上解”、“定额补助”属于定额合同；“上解额递增包干”是以 1987 年上解中央的收入为基数，每年按一定比例递增上缴，上解定额虽然是可变的，但仍属于定额合同。

因此，总体判断，“分灶吃饭”体制下政府税收分权合同是分成合同和定额合同为主，见表 4—3。

表 4—3　“分灶吃饭”体制下税收分权的契约性质

税收分权契约	1980—1984 年财政体制	1985—1988 年财政体制	1988—1993 年财政体制
分成合同	固定比例包干 总额分成、一年一定	按比例上解 产品税、增值税、营业税	总额分成 总额分成加增长分成 收入递增包干
定额合同	划分收支、定额上交 划分收支、定额补助	定额上解 定额补助	定额上解 上解额递增包干 定额补助
分税合同	关税、地方所属企事业的收入、盐税、农业税、工商所得税、地方税	企业所得税、个人所得税、资源税、建筑税、盐税、国有企业奖金税等税种	
工资合同	中央所属企事业的收入		

4.2.2 分税制的契约性质

1. 分税制改革中关于税收分权的内容

1994年，为适应社会主义市场经济进一步改革的需要，我国对税收制度和管理体制进行了一次范围较大、程度较深的改革，即税制和分税改革，简称分税制改革。在划分中央与地方事权的基础上划分了中央和地方的财政支出；按税种分中央和地方收入，中央和地方分设税务机构，分别收税。具体划分如表4—4所示。

表4—4　　1994年中央与地方政府税种及税收收入划分

中央财政固定收入	消费税；海关代征的消费税和增值税；中央企业所得税；地方银行和外资银行及非银行金融企业所得税；关税；铁道部门、各银行总行、各保险总公司等集中交纳的收入（包括营业税、所得税、利润和城市维护建设税），中央企业上缴利润等。
地方财政固定收入	营业税（不含铁道部门、各银行总行、各保险总公司集中交纳的营业税）；地方企业所得税（不含地方银行和外资银行及非银行金融企业所得税）；个人所得税；地方企业上缴利润；城市维护建设税（不含铁道部门、各银行总行、各保险总公司集中交纳的部分）；城镇土地使用税；固定资产投资方向调节税*；房产税；车船使用税；印花税；屠宰税；耕地占用税；农（牧）业税；农业特产税；契税；土地增值税；遗产和赠予税；国有土地有偿使用收入等。
中央与地方共享收入	增值税（中央政府分享75%，地方政府分享25%）；资源税（其中海洋石油资源税归中央，其他资源税全部归地方）；证券交易税（中央政府分享50%，地方政府分享50%）。

*1999年7月1日减半征收，2000年1月1日起停止征收。

关于外贸企业出口退税，原规定除1993年地方已经负担的20%部分列入地方上缴中央基数外，以后发生的出口退税全部由中央财政负担。2003年10月对出口退税机制进行改革，改革后从2004年开始出口退税将由中央和地方共同负担，办法是以2003年出口退税实退指标为基数，对超基数部分的应退税额，由中央与地方按75∶25的比例分别承担。

1994年分税制改革也明确规定了中央财政对地方税收返还数额。按1994年制定的政府间收入划分办法，原来属于地方支柱财源的消费税全部和增值税的75%上划给中央，如果不采取适当的补偿措施，将造成地方财力不足，增加改革的阻力。为保护地方既得利益格局，中央采取"维持存量、调整增量"，逐步达到改革目的的方针，为此制定了中央对地方的税收返还方法。税收返还的计算方法是：以1993年为基期，按分税后地方上划中央的净收入数额（消费税+75%的增值税－中央下划收入），作为中央对地方税收返还的基数，基数部分全部返还地方。同时，为了确保地方的既得利益，不仅税收返还基数全部返还给地方，而且决定 1994 年以后的税收返还数额还要有一定的增长。增长办法是：将税收返还与各地区当年上缴中央金库的“两税”增长率的 1∶0.3 系数确定，即各地区的“两税”每增长 1%，税收返还增长 0.3%。此外，还规定如果 1994 年以后上划中央的“两税”收入达不到 1993 年的基数，相应扣减税收返还数额。

2. 所得税收入分享改革内容

2002 年，国务院从 2002 年 1 月 1 日起实施所得税收入分享改革，这是对中央财政与地方财政之间税收收益权划分又做了一次重大调整。《所得税收入分享改革方案》规定：除少数特殊行业或企业外，对其他企业所得税和个人所得税收入实行中央与地方按比例分享。中央保证各地区 2001 年地方实际的所得税收入基数，实施增量分成。

（1）分享范围。

除铁路运输、国家邮政、中国工商银行、中国农业银行、中国银行、中国建设银行、国家开发银行、中国农业发展银行、中国进出口银行以及海洋石油天然气企业缴纳的所得税继续作为中央收入外，其他企业所得税和个人所得税收入由中央与地方按比例分享。

（2）分享比例。

2002 年所得税收入中央分享 50%，地方分享 50%；2003 年所得税收入中央分享 60%，地方分享 40%；2003 年以后年份的分享比例根据实际收入情况再行考虑。

（3）基数计算。

以 2001 年为基期，按改革方案确定的分享范围和比例计算，地方分享的所得税收入，如果小于地方实际所得税收入，差额部分由中央作为基数返还地方；如果大于地方实际所得税收入，差额部分由地方作为基数上解中央。

3. 分税制下税收分权的契约性质

1994 年的分税制改革是对中央政府和地方政府财政收入分配格局的一次重大调整，根据这次改革，将易管理、实施宏观调控所必需的税种划为中央税或共享税，将适合地方征管的税种划为地方税。这次改革，按契约性质分析，应主要属于分税合同，一小部分属于分成合同（共享税），见表 4—5。我们注意到，从征管难易角度分析，中央财政所享有的收入大都是易征税种，这样，中央政府尽力避免了与地方政府相比的信息劣势。

表 4—5　分税制的契约性质

时间	财政体制	契约形式	契约形式
1994—2001 年	分税制	分成合同：增值税（75%） 证券交易税（50%）	分税合同：除增值税和证券交易税外其他税种
2002 年以后	分税制	分成合同：增值税（75%） 证券交易税（97%） 企业所得税（增量 60%） 个人所得税（增量 60%）	分税合同：除增值税、证券交易税和所得税外其他税种

2002 年，我国开始实行所得税收入分享改革，将原来属于地方财政收入的企业所得税和个人所得税实行中央和地方分享，显然，该方案主体属于分成合同，2002 年所得税分享改革实质是为了加强财政收入集中向分成合同转变。

通过以上分税制契约演变的分析，可以做出这样的判断，1994 年分税制改革确立的政府间税收分权契约性质是以分税合同为主、分成合同为辅，之后逐渐增加分成成分，目前分税制的契约是以分成合同为主、分税合同为辅。

4.3　分税制的弹性分成契约性质

现在我们回到“张五常之问”：以统一分成合同为主的分税制为什么会促进中国经济增长？

我们打个比方，一个地主有 1 000 亩地，土地性质差异较大，地主需要聘请 10 个佃农来耕种土地，每个佃农耕作 100 亩，假定地主与佃农关于土地收成实行分成合同。同时假定佃农间彼此生产力水平是相同的，这意味着佃农要取得同样的报酬。在这些假定下，我们会发现统一的分成合同无法执行下去。例如，如果地主和佃农间实行 5∶5 分成，在付出同样努力情况下，佃农甲耕作的肥田可获得粮食10 万斤，分成后得到 5 万斤粮食；佃农乙耕作的旱田可获得粮食 4 万斤，分成后得到 2 万斤粮食。明显地，佃农甲和佃农乙的收入产生差异，从一开始佃农乙就不会接受该合同，统一的分成合同失去了效率。如果地主改变契约形式，分别让佃农甲和佃农乙完全拥有 50 亩土地收入，即实行“分税”合同，因为土地性质的差异，佃农甲和佃农乙的收入也会产生差异，该合同对佃农乙也会失去吸引力。

在这个例子中，我们将地主类比中央政府，佃农类比地方政府，税收类比土地收入，它来自地方政府对税源的培养和征税努力。显然，由于各地区经济情况差异很大，实行统一的税收分配合同，如同实行统一的土地收入分配合同一样，是一种缺乏效率的合同。那么，现实中，分税制产生效率的原因是什么呢？

我们认为，尽管分税制表面上采用的统一税权分配契约，但是整个契约仍然保留了足够的弹性来适应各省的经济发展水平和税负，进而使得分税制实行成为有弹性的分成合同体系。下面我们从政府与企业、中央政府与省级政府、上下级地方政府三个关系角度进行剖析。

4.3.1　政府与企业间的收入分成：税收与地价、税收返还的结合

从契约角度看，税收可以说是政府与企业之间订立的分成合同，分成的确定标准依据税收形式而定：企业所得税是按固定税率针对投资者利润征税，营业税是按固定税率针对投资者的毛收入征税，增值税是按固定税率针对投资者的生产增值额征税，因此这三种税均可视作是分成合同，只不过分成的对象有差异。如果是这样，在存在中央政府、地方政府和企业三方博弈主体的情况下，我们马上就可以发现其中存在两种目标的冲突：对中央政府而言，税率的高低不仅牵涉到地方政府的利益，也牵涉到中央政府的利益，在信息不对称的条件下，中央政府最好的做法就是禁止地方政府与企业就税率进行谈判，以便杜绝地方政府和企业合谋的空间，因此要保持全国税率的统一；但是对地方政府而言，由于地方经济社会发展水平差异较大，并且地方政府常常可以通过隐性形式参与企业投资，如给予土地出让价款优惠，帮助企业实行拆迁，甚至替投资者建造厂房和招募工人等，因此统一税率不会产生有效率的结果。于是，一个有趣的问题随之产生，在地区间经济社会发展水平差异较大，地方政府对企业进行隐性投资情况下，如何能保持统一税率的效率呢？换句话说，无弹性的分成合同如何具有效率呢？答案在于以土地出让收入和税收返还为代表的定额合同参与。

企业需要向地方政府上缴税收，属于分成比例固定的分成合同，而土地出让收入和税收返还属于可以进行讨价还价的定额合同，可变定额与固定分成相结合，形成弹性分成合同，它允许地方政府可以调整给予企业的固定部分，使得企业的参与约束和激励相容约束条件得以满足。在现实中，地方政府可以通过调整对投资者征收的土地出让收入、为投资者提供各种服务（如平整土地、帮助拆迁、提供公共服务）等来调节实际的税收分成比例。

以土地出让收入为例，《宪法修正案》和《土地管理法》等法律法规赋予地方政府成为本地区唯一的土地出让方。地方政府出让的土地包括两类：一类是商业用地，地方政府一般采用“招拍挂”的方式出让，看中的往往是其出让收入规模；另

一类是工业用地，地方政府一般通过协议方式出让，看中的往往是招商引资的效果。不论是商业用地还是工业用地，投资者交纳的土地出让收入是一次性的，相当于向地方政府支付的固定价格。就工业用地而言，由于是协议出让，因此工业用地价格是可以在讨价还价的基础上调整的。①它与税收的分成合同结合，使得地方政府可以根据当地经济状况与投资者灵活地谈判收益分成比例，由此提高了政府与企业合作效率，进而推动了经济增长。

在现实中，除了土地出让收入，地方政府往往用自有财力给予企业一定的税收返还，用于调整当地政府和企业之间的利益分配关系。税收返还有的是采用分成办法，如上缴地方政府的企业所得税会按一定比例返还给企业；有的是采用一次性返还办法，如给予企业奖励。前者属于地方政府能主导的，有充分弹性的分成合同，后者属于定额合同。这样，分成合同和定额合同这两种税收契约的结合保证税收契约的效率。

4.3.2 中央政府与省级政府的收入分配：税收与转移支付的结合

中央政府与省级政府间的税收分配是一个契约体系。属于分成合同性质的有增值税、企业所得税和个人所得税，其他基本属于分税合同，如营业税、土地增值税等属于地方税，消费税、关税等属于中央税，由于增值税和所得税占国内税收收入达 53.9%（2012 年数据），因此分税制整体上以分成合同为主。中央政府和省级政府间的税收契约是全国统一的，因此可以说是无弹性的契约。这就碰上了前面的地主与佃农关系例子，各地区经济发展差异较大，如何保证统一的分税制具有效率呢？我们认为答案在转移支付上。

在 1994 年实行分税制之后，中央政府的财力大大加强。中央财政收入占全国财政收入的比例从 1993 年的 22%迅速增加到 1994 年的 55.7%，直到 2012 年仍高达 52.1%，而中央财政支出的占比则从 1993 年的 28.3%一直下降到 2012 年的 14.9%。中央政府财政收入集中度高与财政支出比例低，自然使得中央政府有强大的财力对地方政府进行转移支付。目前我国转移支付由一般性转移支付与专项转移支付组成，规模庞大，项目繁多，不少转移支付项目和规模实际上是中央政府与地方政府逐个谈判的结果②，体现出定额合同的性质，它是弹性比较充分的契约。因

① 张五常（2009）指出，县级政府的土地出让金可以作为调节固定的增值税税率的一种手段。

② 社会形象地称之为“跑部钱进”。贾晓俊、岳希明（2012）发现，转移支付制度中唯一按一般公式分配资金的一般性转移支付，未按一般公式分配资金，其子项目多达十余个，其规模在大多数年份仅约占转移支付规模的一半，并且反而起到扩大地区财力差距的作用。

此，我们可以把中央政府与省级政府间的契约看作是一个由互补的多个子契约组成的激励体系，该契约组合从整体上看是具有弹性的。

4.3.3　上下级地方政府之间的收入分配：多种合同组合

现实中，尽管中央政府确定的中央政府与省级政府税收分成比例是固定的，但是实际上各个省内上下级地方政府之间存在着各种各样的税收契约形式。以县级政府为例，其分享的增值税可能还要与地市级政府分成，地市级政府的税收收入可能还要与省级政府分成。然而这些分成比例不是全国统一规定的，往往是上下级政府之间讨价还价的结果。表 4—6 归纳了省级以下政府间税收收入划分办法，该表显示我国省以下政府间收入责任划分并不是固定的，有的按税种划分，有的按行业划分，有的按企业隶属关系划分。其中，按比例分享的属于分成合同，市县独享、按税种和行业完全划分收入的属于分税合同，需要向上级政府上交定额的属于定额合同，因此省以下政府间税收分配的契约是分成合同、定额合同和分税合同的结合，省以下政府间税收契约是具有充分弹性的，这保证了税收契约可以满足代理人的参与约束和激励相容约束条件。

表 4—6　　省以下政府间税收收入划分概况

收入稳定且规模较大的税种一般由省与市县按比例分享	北京、天津、河北、山西、内蒙古、辽宁、吉林、上海、河南、海南、重庆、四川、陕西、西藏、青海等大部分省区采用了这种模式。目前，省与市县共享收入税种主要为增值税（25%部分）、营业税、企业所得税和个人所得税（40%部分）、城镇土地使用税、资源税等。省与市县共享收入的划分比例主要有“五五”、“四六”、“三七”等，多数省级分享比例略低于市县分享比例，体现了财力向下倾斜的原则。
收入较少的税种一般由市县独享	主要有城建税、房产税、车船使用和牌照税、耕地占用税、印花税、契税、土地增值税等，这些税种收入规模相对较小，易于地方征管。
按照税种和行业相结合的方式划分	浙江、黑龙江、江苏、安徽、福建、山东、江西、湖北、湖南、广东、广西、云南、贵州、甘肃、宁夏、新疆等省区在按照以税种方式划分收入的同时，规定主要行业、支柱产业或重点企业的税收收入由省级独享。此外，还有九个省市将金融保险营业税全部作为省级固定收入。

资料来源：李萍：《财政体制简明图解》，北京，中国财政经济出版社，2010。

表 4—7 显示了几个代表性省份内部的税收分配状况，可以看出，在采用分成办法的税种中，其税收分成比例各不相同，说明税收分权契约的确是弹性的。

表 4—7 代表性省份税收分配

省份(自治区)	现行体制颁布时间	是否按税种分税	主要税种的省级分成税种	增值税省级分成比例	营业税省级分成比例	企业所得税省级分成比例	个人所得税省级分成比例	其他税或费
山东	2005	是	营业税、企业所得税、个人所得税	—	20%	8%	15%	新增土地出让收入 5%
广东	1995	是	营业税、企业所得税、个人所得税、土地增值税	—	40%	16%	16%	土地增值税 40%
辽宁	2003	是	增值税、营业税、企业所得税、个人所得税、房产税	10%	30%	20%	15%	房产税 50%
山西	2002	是	增值税、营业税、企业所得税、个人所得税、资源税、城镇土地使用税	8.75%	35%	14%	14%	资源税 35%、城镇土地使用税 35%
河南	2004	是	营业税、企业所得税、个人所得税增量省级分成	—	增量分成 20%	增量分成 20%	增量分成 20%	

资料来源：张立承：《省对下财政体制研究》，北京，经济科学出版社，2011。

通过形式多样的税收分税合同，一方面保证了上级政府对下级政府的财力控制，另一方面又兼顾了下级政府的利益，通过贯彻“多劳多得”这一原则来激发地方政府发展经济和培育税源的努力。从现实中我们也容易证明这一点，如房地产业交纳的税收主要是营业税，该税全归地方政府所有，因此地方政府竭力推动房地产业快速发展；工业在制造环节交纳的增值税多，地方政府也千方百计吸引工业到本地投资。

4.3.4 分税制的弹性分成合同总结

根据以上分析，我们可以总结一下分税制的契约体系：税收是投资者与政府之间的无弹性分成合同，土地出让收入是可变的定额合同，税收返还属于有弹性的分成合同或定额合同，它们结合在一起，成为有弹性的税收契约；省级以下地方政府存在多种形式的税收契约，建立在上下级政府讨价还价基础上的税收契约也具有弹性；中央政府与地方政府之间，增值税和企业所得税属于无弹性的分成合同，营业税属于分税合同，转移支付属于可变的定额合同，这些契约组合在一起成为有弹性的契约集合。这些形形色色的子契约结合在一起，构成了一个激励体系，使得分税制整体上呈现弹性分成性质（图 4—1）。

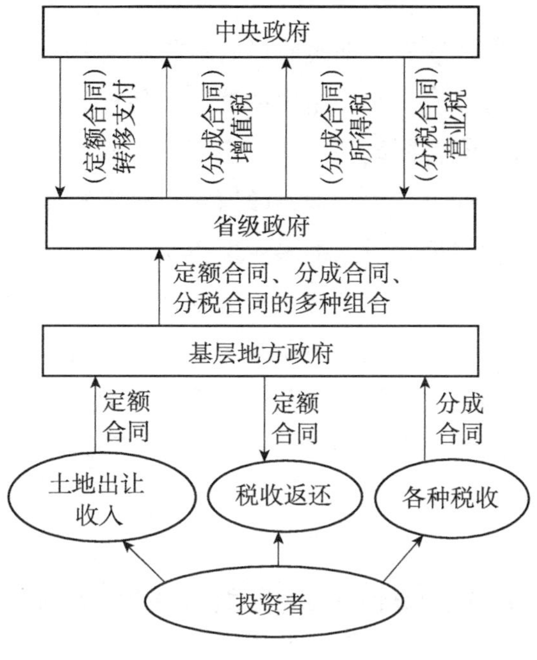

图 4—1 分税制的弹性分成合同体系

4.3.5 弹性分成的实施条件

弹性分成合同给予了地方政府很强的税收增收激励，保证了地方政府的财政利益，而税收来自于税源扩大，因此弹性分成合同又会促使地方政府采用种种手段推动经济发展。我们认为，这是分税制改革后中国能够保持长期经济增长的重要原因。那么，一定要通过弹性分成合同才能产生这样的效果吗？毕竟在世界范围内，像中国这样广泛实行上下级政府间、政府与企业间的弹性分成合同不具有普遍性。这需要我们了解弹性分成合同有效率的实施条件是什么。

我们认为，弹性税收契约有效率的前提条件是，中国经济增长严重依赖政府主导。政府主导经济发展体现在两方面，一是以政府投资为代表的政府生产性支出迅速增长，如在 2008 年中国政府启动了第二次积极财政政策，其主要内容是进行 4 万亿元大规模投资，其中中央财政预算内投资高达 1.18 万亿元，其余 2.82 万亿元配套资金也不少来自地方财政预算和地方债资金；二是虽然政府没有进行直接投资，表面上投资资金来源于民营、外资等企业投资和银行信贷资金，但这些投资行为和项目都与政府的发展目标和意图紧紧相连。由于政府以多种形式主导经济建设，政府势必要根据政府显性或隐性投入的程度而争取与之相当的剩余索取权，统一的无弹性税收契约就不会产生有效率的结果。

为进一步说明这个道理，我们将主导经济建设的政府与“守夜人”式的政府做比较。如果是“守夜人”式政府，即政府没有对投资者进行任何投入，那么各种税收契约的分成比例完全可以统一：一是税率统一，使得企业与政府间的利益划分固定化；二是政府间税权分配合同统一，使得上下级政府间的利益划分固定化。但是在政府主导经济建设的情况下，由于地方政府对投资者提供了种种支持，当投资产生收益时，地方政府有权根据它投入的多少取得利益分成。而要做到这一点，其途径有二：一是在税率固定的背景下，通过调整收费和土地出让价款来调整政府与企业间的利益分配关系；二是在全国整体税收契约固定的背景下，通过政府间有弹性的税收利益分配办法来调整政府间利益分配关系。因此，我们认为，分税制改革后中国经济保持长期高速增长，尽管有多种力量推动，但灵活的税收契约的作用是不容低估的。

4.4　弹性分成契约的经济激励

如果说，1985 年国营企业“利改税”改革实质上是处理政府与企业之间的关系，以分成合同替代工资合同的契约改变的话，那么，1994 年分税制改革实质上是处理中央政府与地方政府之间关系，以分成和分税合同为主契约替代财政包干制下分成和定额合同为主契约，这降低了地方政府讨价还价的可能，也就降低了由此产生的交易费用，而灵活的税收契约安排又使得地方政府在处理经济问题时有较大自主性，由此对经济运行产生多方面影响，本节对此展开分析。

4.4.1　弹性分成的经济竞争效应

1. 张五常的发现

分税制改革是一个以重新划分政府间税权边界为主的改革，我们知道，在市场交易中，产权明晰才能达到市场效率最大化，我们可以把政府间的合作和分配比拟市场交易，只有明晰政府间的权责边界，政府的行政效率提高才是可能的。正如市场界定产权是通过价格机制，而价格的发现是通过交易双方讨价还价完成的一样，政府间界定税权边界也是通过上下级政府间充分讨价还价完成的。我们运用税收分权理论，剖析我国无处不在的税收分权契约，会发现正是这些契约推动中国长期经济增长。

张五常（2009）敏锐地发现了这一点，在《中国的经济制度》中，他写道：

> 一九九四年全面引进的产品增值税，又再火上加油。那是佃农分成。我早期的论著指出，在佃农制度下，地主关心农户的操作履行比固定租金为甚，因为地主的收入如何要看佃农的工作表现。一个鲜明的例子可以示范县与县之间的热烈竞争。那是购物商场。一个县可以视作一个庞大的购物商场，由一家企业管理。租用这商场的客户可比作县的投资者。商场租客交一个固定的最低租金（等于投资者付一个固定的地价），加一个分成租金（等于政府收的增值税），而我们知道因为有分成，商场的大业主会小心地选择租客，多方面给租客提供服务。也正如商场给予有号召力的客户不少优惠条件，县对有号召力的投资者也提供不少优惠了。如果整个国家满是这样的购物商场，做类同的生意但每个商场是独立经营的，他们竞争的激烈可以断言。
>
> 比起上述假设的购物商场，县的制度对鼓励竞争犹有过之。这是因为县要对上层作交代或报告。上层不仅鼓励竞争——他们强迫这竞争的出现。说到底，百分之七十五的增值税是上层收的。这是层层承包促进竞争激烈性的原因。

张五常认为他的分析破解了中国经济制度之谜。在张五常开创的佃农理论中，证明了分成合同是一种有效率的契约形式。但是正如我们提出的，税收分权契约与土地契约既有类似性，也有较大的差异。最大差异在于地主不可能让渡所有权给佃农，从而通过分耕土地获得收益最大化。而在税收分权中，却是可以采用分税合同达到税收收益最大化。我们沿着张五常的思路，进一步详细剖析税收分权契约的经济影响。

2. 政府与企业间分成合同的经济激励

地方政府（一般是县级政府）在向投资者征税时，实际上是采取了多种收益划分合同组合：企业所得税是按固定税率针对投资者利润征税，营业税是按固定税率针对投资者的毛收入征税，增值税是按固定税率针对投资者的生产增值额征税，因此这三种税均可视作是分成合同，只不过分成的对象有差异。

但是由于税率由税法确定，因此这些分成合同的分成比例却是固定的。按照佃农理论，分成合同的分成比例只有可以调整的情况下才是有效率的，张五常（2009）发现，是土地在其中发挥了调节分成租金作用。地方政府可以通过调整对投资者征收的土地出让收入、为投资者提供各种服务（如平整土地、帮助拆迁、提供公共服务）等来调节“租金”分成比例。以土地出让收入为例，投资者交纳的土地出让收入是一次性的，相当于同地方政府签订定额合同，而由于定额是可以在讨价还价基础上调整的，因此定额合同与分成合同一起，使得分成合同成了分成比例实际上可灵活调整的合同。

那么，土地出让收入规模是否足以与税收匹配，形成一个投资者与地方政府之间可调整的分成合同呢？图 4—2 显示，进入 21 世纪以来，随着中国工业化和城市化进程的提速，土地出让收入迅速增长，在许多地区，土地出让收入成为地方政府预算外收入的重要来源。很多地方政府成立土地储备中心，垄断城市土地一级市场，通过限制商住用地的供应并以“招拍挂”的竞争性方式出让土地来取得出让金收入。近十年来，城市建成区扩张、地方基础设施建设扩大、土地开发出让和转让高潮的出现，均是地方政府在分税制约束下主动寻求的一些行为模式，土地出让金已成为地方政府“第二财政”。由于土地出让收入的庞大规模，已足以使地方政府利用土地出让收入的可调整的定额合同性质，与税收的分成合同结合，使得地方政府可以根据当地经济状况与投资者灵活谈判收益分成比例，由此提高了政府与企业合作效率，进而推动了经济增长。

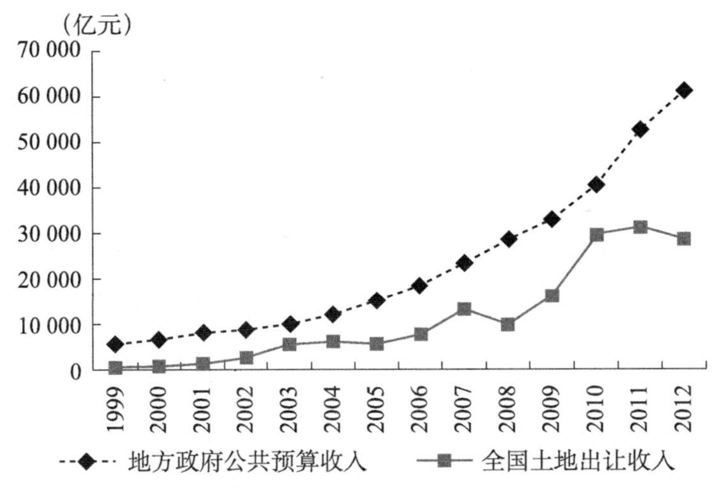

图 4—2　全国地方公共预算收入与土地出让收入比较

资料来源：历年《中国国土资源公报》与《中国财政年鉴》。

3. 政府间分税合同和分成合同的经济激励

分税制改革确立的地方主体税种是营业税、增值税和企业所得税，营业税收入基本归地方政府，因此它属于分税合同；增值税按 75∶25 的比例在中央和地方政府之间分成，因此它属于分成合同；企业所得税原属于地方政府收入，2002 年《所得税收入分享方案》改革后，规定 2003 年后中央与地方政府的分成比例为 60∶

40，因此它也属于分成合同。

尽管分成合同规定的分成比例是固定的，但是实际上各个地区上下级地方政府之间存在着各种各样税收分权合同，分成比例实际是可变的。以县级政府为例，分享的增值税可能还要与地市级政府分成，地市级政府税收收入可能还要与省级政府分成，而这些分成比例不是全国统一规定的，往往是上下级政府之间讨价还价的结果。因此它仍会达到一个有效率的契约安排。

在我们的理论分析中，说明了对促进税收收入增长而言，分税合同和分成合同优于定额合同。在税率固定的情况下，税收收入增长意味着相关产业发展，因此分税合同和分成合同的实施，又会推动相关产业发展。从经济现实中我们也容易看到这一点，如房地产业交纳的税收主要是营业税，该税全归地方政府所有，因此地方政府竭力推动房地产业快速发展；工业在制造环节交纳的增值税多，地方政府也千方百计吸引工业到本地投资。因此，我们认为，分税制改革后中国经济保持长期高速增长，尽管有多种力量推动，但清晰而又灵活的财政分权制度的作用是不容忽视的。

4.4.2　弹性分成的财政汲取能力效应

1994 年以分税合同为主的税收分权改革，激发了地方政府财税部门的活力，导致政府财政汲取能力大幅度提高，这主要体现在财政收入规模扩张与政府间财政收入分配稳定上。

1. 财政收入规模扩张

在分灶吃饭制度下，税收分权以分成合同与定额合同为主，税收分权契约极不稳定，地方政府机会主义倾向浓厚，因此税收收入增长缓慢。图 4—3 显示了全国税收收入占 GDP 的比重变化，可以看出，自 1985 年“利改税”导致税收比重迅速上升外，到 1994 年分税制改革之前，税收比率之后一直处于下滑趋势。

分税制下的税收分权与分灶吃饭下的税收分权相比，税收分权契约形式使得税收风险和收益基本由双方自己承担，税收激励比较明显（吕冰洋、郭庆旺，2011）。同时，又由于在实行财政包干制期间，财政体制退让预留下很大的税收征管提高空间（高培勇，2006），因而税收努力上升的空间较大，带动了税收收入保持长期高速增长，这是分税制改革以来税收连年超 GDP 增长的制度原因，也由此彻底扭转了财政困难的局面。而税收的监督成本明显减少，其结果就是自上而下的“财税大检查”的形式在 2000 年得以取消。

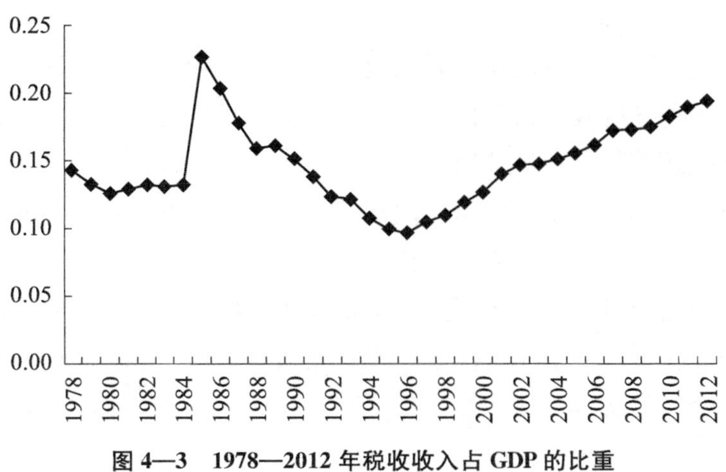

图 4—3 1978—2012 年税收收入占 GDP 的比重

资料来源：历年《中国统计年鉴》，北京，中国统计出版社。

税收快速增长不仅使得中央政府有足够的财力应对各种经济挑战，也使得地方政府有更多的财力支持经济发展，特别是在这一时期，我国正处于工业化和城市化加速阶段，大量的基础设施建设及民生支出需要政府足够的财政支持。从 1995 年到 2013 年，如果没有长期的税收高速增长，那么各种财政政策目标的实施效果势必会打很大折扣。

2. 政府间财政收入分配稳定

分税制改革以分税合同为主，在中央政府和地方政府税权边界相对清晰的情况下，1994—2001 年，中央财政收入比重和地方财政收入比重基本保持稳定。2002 年后，由于《所得税收入分享方案》的出台，中央政府从地方政府那里取得了一部分所得税收入，这使得中央财政收入的比重又开始上升。

图 4—4 显示了 1978—2012 年中央财政收入和地方财政收入占国家财政收入比重的变化趋势。从图中可看出，两级政府财政收入比重变化可明显分为 3 个区间：第一，1978—1984 年，中央财政收入比重不断上升，地方财政收入比重不断下降；第二，1985—1993 年，中央财政收入比重不断下降，地方财政收入比重不断上升；第三，1994—2012 年，中央财政收入和地方收入比重在 1994 年有了大幅度调整，之后两者的比重保持相对稳定，但是在 2002 年前后有一定的波动。

中央财政收入集中度变化的重要原因在于税收分权的契约性质变化。“分灶吃饭”体制下税收分权契约以分成合同和定额合同为主，定额合同使得中央政府不能根据经济增长获得更多的税收定额，自然会导致财政集中度下降。1984 年前中央财政集中度上升的原因是两项制度外因素在起作用，一是中央向地方借款而后没有

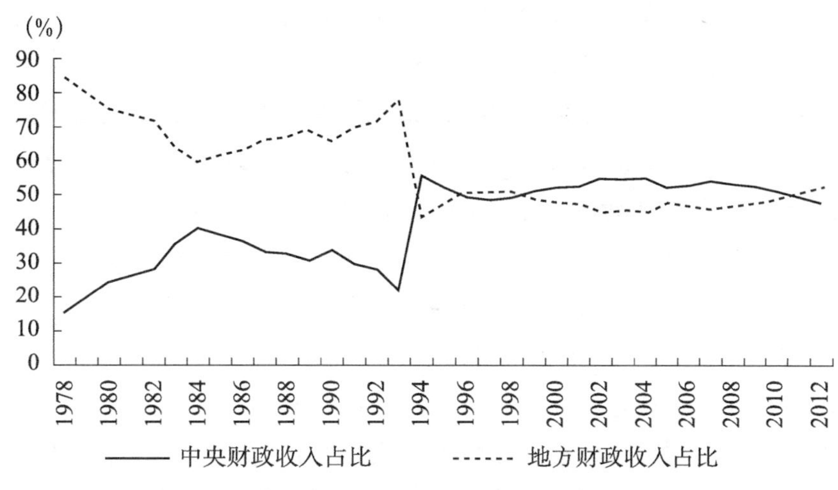

图 4—4　中央和地方财政收入占国家财政收入的比重

资料来源：历年《中国统计年鉴》，北京，中国统计出版社。

偿还，二是开征能源交通重点建设基金和预算调节基金。

1994 年的分税制改革以分税合同为主，中央与地方税权边界比较清楚，税收激励作用比较明显，并且税收监督成本较小，在中央政府和地方政府各自拥有税种的大部分征管权和收益权情况下，1994—2001 年，中央财政收入比重和地方财政收入比重基本保持稳定。2002 年后，由于《所得税分享方案》的出台，中央政府从地方政府那里取得了一部分所得税收入，这使得中央财政收入的比重又开始上升。

综合分析，图 4—4 中中央和地方财政收入比重发生趋势性变化时刻，也正是财政预算管理体制出现重大改革的时刻，中央政府和地方政府关于税收分权的契约形式改变，无疑是中央和地方财政收入比重发生改变的重要原因（吕冰洋，2009）。

4.5　小　结

本章从契约理论的角度，分析分税制的契约性质及经济影响。主要结论为：

第一，政府间税权划分的契约有四种形式：分成合同、分税合同、定额合同和工资合同。财政包干制的税权划分契约以定额合同和分成合同为主，分税制的改革实质是采用分税合同和分成合同的结合。税权划分契约的改革使得政府间利益边界更为清晰，稳定了中央与地方的税收预期，有利于激发各级政府发展经济积极性。

第二，从经济学原理上看，在分税制的分成合同（共享税）和分税合同（独享税）下，全国所有地区都执行一个统一的税收政策，而全国各地区在经济发展水平、税基和财政收支方面千差万别，统一的税收分配契约会有较大的效率损失。

第三，尽管分税制表面上采用的统一税权分配契约，但是整个契约仍然保留了足够的弹性来适应各省的经济发展水平和税负，进而使得分税制实行成为有弹性的分成合同。具体来说，政府与企业间的分配是税收与地价、税收返还的结合，中央政府与省级政府间的分配税收与转移支付的结合，省级以下政府间的分配是多种税权划分合同组合，因此分税制可看作是中央政府、地方政府、企业或居民三者之间的一个总契约，其中包括了多种形式的分成合同、分税合同和定额合同，它们共同构成了一个弹性分成合同体系。这种契约能够在信息不对称条件下有效地激发地方政府和企业的努力水平，促进经济增长。

但是，尽管分税制具有较强的经济激励，正如我们在第 2 章指出，以财政收入和经济增长为导向的激励目标会扭曲地方政府行为，造成粗放式经济增长方式形成与社会分配不平等。未来分税制改革方向应是明晰政府间事权与支出责任边界，逐步完善分税合同的实施条件，以相对彻底的分税合同替代分成合同，在此基础上，对转移支付、省以下财政关系、地方债等一系列制度进行改革。

第 5 章　政府间税收划分：分税为主*

现行分税制在处理中央与地方税权关系上，大量采用分成办法。本章研究认为，在稳定政府间事权与支出责任划分的前提下，分税优于分成，分税制改革的思路应是分税为主、分成为辅。改革方案是大幅度降低增值税税率并归为中央税，在商品消费环节开征零售税并作为地方税，取消营业税。由此确定的中央政府主体税种是增值税、企业所得税和消费税，省级政府主体税种是个人所得税，县级政府的主体税种是零售税。

5.1　分税的理论基础和原则

处理中央与地方财权关系无非三种：分税、分成和转移支付。那么，哪种模式较好呢？我们需要结合相关理论和现实国情进行分析。

5.1.1　分税与分成的取舍：契约理论下的分析

契约经济学所分析的市场经济有四种契约：工资合同、定额合同、分成合同、分权合同。在第 4 章中，我们论述了政府间税权分配也有四种：工资合同、定额合同、分成合同和分税合同。同时我们也论述了，考虑到税收特点和税收激励因素，在政府间税权分配中，工资合同和定额合同是低效的契约安排。因此，分税制可选择的契约只有分税与分成两种。那么，分税与分成哪个更好呢？

分税的好处是政府间权力边界非常清晰，符合税收边际努力和税收边际收

---

① 本章由吕冰洋教授执笔。

益相等的经济学原理。这里，税收努力不应仅看成税务部门的征税努力，还包括政府维护市场运行、推动经济发展、提供良好公共服务等所付出的努力。如果实行合理的分税，例如增值税和企业所得税为中央税，房产税为地方税，那么有利于中央政府实施维护统一市场、调控宏观经济运行的职能，有利于地方政府实施提供良好公共服务的职能，也就是说，有利于发挥中央政府和地方政府两个积极性。

根据契约经济学分析，如果契约双方没有共同付出和共担风险的情况，那么分成合同是低效率的契约安排。就税收分成而言，如果在税收征管、税源培植方面存在共同付出情况，或在税收收入波动存在共担风险情况，那么契约双方要根据相对付出和担当风险的比例来安排分成比例，此时，实行税收分成是有效率的。

那么，根据我国经济运行实际，中央政府和地方政府存在共同付出和共担风险的情况吗？我们认为，不论哪个税种，税收征管权都应统一，税收征管不存在共同付出情况。尽管税源培植有可能存在共同付出情况，税收收入波动也略微存在共担风险情况（如税收增长下滑会影响政府活动），但是此两点理由均不足以说明一定要实施税收分成的办法。原因一是政府间财政关系调整的手段较多，可以通过转移支付形式（配套转移支付就是一种分成合同），也可以通过分割支出责任形式来分担；二是即使是存在共同付出和共担风险的情况，也很难确定契约双方各自分成比例。

因此，综合分析，在政府间事权与支出责任比较稳定的前提下，分税优于分成。因此，分税制改革的思路应是分税为主、分成为辅。

5.1.2 分税的方向：税收分权理论下的分析

分税制在采用分税合同情况下，如何实行分税呢？这主要有两种理论分析框架，其答案正好相反。

一是传统的财政联邦主义分析框架或称传统的财政分权理论（Musgrave，1959；Oates，1972）。在该框架下，最优税收分权应与各级政府的财政职能密切相关，财政职能分为资源配置、收入再分配、经济发展三类，由于收入再分配和经济发展具有很大的辖区溢出效应，因此这两项职能应交由中央政府实现，而地方政府主要完成资源配置职能。根据这种划分标准，个人所得税和企业所得税对收入分配、经济增长和经济稳定均有很大的影响，因此税权应集中于中央政府。房产税的税基大小往往与地方政府提供的公共服务密切相关，体现出明显的受益性质，因此税权应集中于地方政府。除此之外，地方税应满足的标准有：一是地方政府应对非流动的税基或资产征税，以防税收竞争和税收扭曲；二是各地区的税基应分布相对均匀，以防止横向财政不平衡的产生；三是各地区应该针对收益相对稳定的税基征税，确保政府支出计划不受影响（Ambrosiano and Bordignon，2006）。

二是公共选择分析框架（Brennan and Buchanan，1980）。在该框架下，政府并非是以社会福利最大化为目标，政治家表现得像“利维坦”（Leviathan）① 那样，税收是用来最大限度地从私人部门攫取收入的工具，这样政治家和官僚能够最大化他们的支出权力。为此，公共选择理论强调地方政府间税收竞争的积极作用，以此作为约束税制设计和预算规模的力量之一。在该理论下，地方政府应对流动要素征税，这样可引发税收竞争机制来限制“利维坦”的贪婪，也就是说，商品税和所得税可以作为地方税的主体税种。

在这两种分析框架中，财政联邦主义分析框架是主流。公共选择分析框架下提出的利维坦模型存在诸多批评，一方面，在现实世界中，各国政府并不像模型强调的那样垄断，另一方面，将流动性税基赋予地方政府可能引起严重的资源配置扭曲。事实上，关于利维坦政府假说的实证结果并没有得出明确的结论（Edwards and Keen，1996）。

总结上述两种理论，尽管结论差异较大，但是其核心点就是税权划分要避免税收扭曲。为此，应将维护统一市场、有利于宏观调控的税种归为中央税，将辖区居民享受到服务与税收联系在一起的税种（即受益税）归为地方税。

根据这种划分标准，增值税、企业所得税应作为中央税。增值税不能作为地方税的理由是：增值税通过发票抵扣来征税，而发票管理涉及信息收集、比对、稽核等内容，它适合全国统一管理；增值税作为地方税易导致差别管理或差别税率，会影响不同地区间的贸易；增值税适合根据生产地原则征收，作为地方税会造成税负地区转移问题。企业所得税不能作为地方税的理由是：资本是流动的，地区间税率的不同会影响公司经济活动的选址，继而扭曲资源配置；在企业跨地区经营的情况下，税收收入的实现地点会存在诸多争议；企业所得税收入受经济周期性波动影响较大，不能保证下级政府的财政收入稳定。

房地产税是良好的地方税的理由是：房地产属于不流动税基，不同辖区之间税率和税收管理程度差别对税源影响较少；房地产税收来自房地产评估价值，而后者又与政府提供的公共服务密切相关，会激励地方政府为辖区居民提

① “利维坦”源出于希伯来文，是《圣经》中威力巨大无比的怪兽名，西方政治学和经济学用它来象征不受制约的国家权力。

供良好的公共服务；房地产税的收入相对稳定和可以预测，不会影响地方政府的支出计划。

除了房地产税属于受益性税种外，常被忽视的是，个人所得税和一般销售税也具有受益税的性质。因为个人所得税与个人收入相关，个人收入提高又往往与政府创造的就业环境、提供的公共服务相关；一般销售税与消费规模有关，政府可在很大程度上影响消费环境（如食品监管得力与否）和消费基础设施（如商业区规划）。

Shah（1994）从各税种的特征出发，总结了具体税种的税收归属，见表5—1。分析结果认为，关税、公司所得税、资源税、个人所得税、资本课税、多环节课税（增值税）一般归属中央政府，工薪税、单环节课税归属中央政府或州级政府，对汽车课税、营业税归属州政府，特种消费税、消费税归属州级政府或县级政府，财产和土地税一般归属县级政府。

表5—1　　若干税种的主要特征及一般归属

税种	主要特征	归属主体
关税	对国际贸易课税	F
公司所得税	税源的流动性较大，是促进稳定的工具	F
资源税	税基分布不均衡	F
个人所得税	税源的流动性较大，是进行收入再分配和促进稳定的工具	F
资本课税	具有收入再分配的特征	F
工薪税	受益性和专用性税种	F，S
多环节课税（增值税）	区际间贸易课税，可由联邦政府进行协调，潜在的促进稳定的工具	F
单环节课税（制造、批发、零售）	区际间贸易课税	F，S
特种消费税		S，L
对汽车课税	地方性较强	S
营业税	省、州级政府的职责	S
消费税	受益性税种	S，L
财产和土地税	与居住地有密切关系	L
用户收费	税源的流动性较差，受益性税种服务性收费	F，S，L

注：表中F代表联邦政府，S代表州政府，L代表地方政府。

资料来源：Anwar Shah，The Reform of Intergovernment Fiscal Relations in Developing and Emerging Market Economies，Policy and Research Series，the World Bank，1994，pp. 19.

另外，调整政府间财政关系还有一种办法是减少分税的规模，代之以中央政府集中征税，然后通过大规模转移支付来弥补地方财力不足。在第7章，我们将详细论证，考虑到我国采用自上而下官员任命制为主的行政管理体制，以及纵向政府间信息不对称程度较高的国情，我们应降低对转移支付的依赖，并在转移支付中扩大分类转移支付的比重。

总结而言，中国作为一个疆域广大的国家，广大经济和社会事务要交给地方政府完成，地方政府官员又以上级政府任命为主，这种情况下通过大规模转移支付来调整地方财力与事权不匹配的问题实非上策，必须考虑建设一个稳定的地方税系问题，也必须考虑到不同税系对地方政府行为目标的激励问题。

5.1.3　分税的三个原则

总结以上分析，我们认为，中国未来政府间财权关系调整应坚持分税的方向。考虑到中国地方政府具有强大的辖区资源动员能力，并主导辖区大量经济社会事务建设，在此背景下，完善地方税系应坚持三个原则。

1. 基本满足地方政府经常性支出的财力需要

世界上不少国家通过大规模转移支付来解决中央与地方政府财力分配问题，这在单一制国家表现得最为明显，如英国和法国，但是中国尽管也是单一制国家，却不能过分依赖转移支付来解决地方财力短缺问题，转移支付在中国的定位应是拾遗补阙的作用。在减少对转移支付资金依赖的情况下，地方政府需要拥有的税收应基本满足地方政府经常性支出需要。对具有未来收益的资本性支出（如地铁），应适度允许地方政府发行市政债来筹资；社区公共物品（如社区管理）的提供可适度通过收费来筹资；对如环境综合治理这样跨区域的公共项目，可采取上级转移支付与地方政府财政支出相结合的办法来筹资。

2. 有利于经济增长方式的转变

由于中国地方政府具有强大的动用辖区行政和资金资源的能力，因此从某种意义上讲，调控宏观经济运行就是调控地方政府行为。地方税系的建设与地方政府的利益密切相关，如果地方税系设置不科学，影响的不仅是财政收入，还会在很大程度、很大范围上影响到地方政府的行为。在财政包干制时期的产品税，分税制时期的增值税和营业税，其对地方政府的影响无不证明了这一点。其他小税种如资源税、耕地占用税等地方税尽管收入规模小，也对地方经济行为产生很大的影响。因此，地方税系的设置应尽量促使它对经济增长方式产生良性影响。

3. 避免税收秩序混乱

在市场经济条件下，辖区间税收竞争既有好的一面，也有坏的一面。在这方面我国有深刻的教训，上个世纪80年代产品税是地方政府重要税收来源，结果促使地方政府鼓励辖区价高税多的企业发展，对外来商品则采取地区贸易保护主义，一个典型事例是当时各县争相办自己的酒厂。在现今分税制情况下，各地区政府采用“引税”、“买税”等措施也很常见。我们要认识到无论如何设置地方税系，辖区间税收竞争都是不可避免的现象。地方税系的建设应尽量做到抑制负面的税收竞争，而鼓励良性的税收竞争。

5.2 地方主体税种选择的困境

5.2.1 营改增对地方财政收入的冲击

我国现行地方税系由14个税种组成，其中11个是地方税种，营业税是主体税种。增值税、企业所得税和个人所得税是共享税，增值税分享比例为75∶25，两个所得税分享比例为60∶40。按税收收入规模大小排序，分别为营业税、企业所得税、增值税和个人所得税，其中营业税占比达到36.3%，见图5—1。

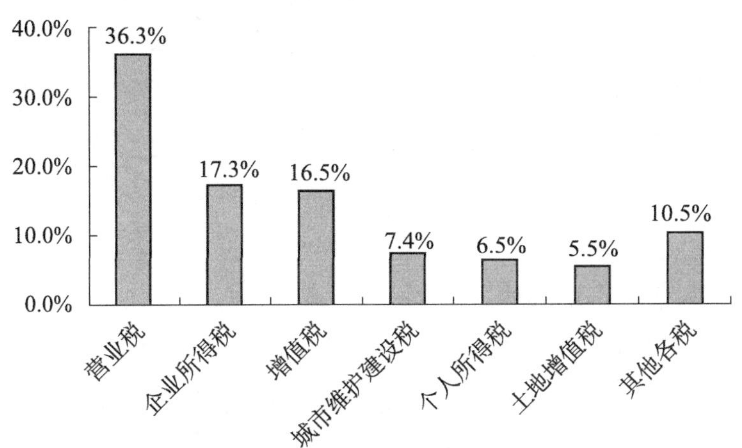

图5—1 我国地方税收中主要税种收入占比（2012年）

资料来源：《中国统计年鉴2013》，北京，中国统计出版社，2013。

营改增是当下重要的税制改革，由于营业税是地方政府第一大主体税种，营改增后马上使地方政府面临财力短缺问题。为此采取的暂时办法是将适用营改增的行业税收收入仍归地方政府所有，如交通运输业营改增之后，交通运输业的增值税由国税局征收，税款完全归地方政府所有，通过这种办法保证地方政府财力不致大幅下滑。

但是这种办法却是不可持续的。随着营改增的范围不断扩大甚至最终取消营业税，这种解决办法逐渐演化为按行业分配增值税收入，如交通运输业、服务业等的增值税为地方税，工业的增值税为中央税。可以预想，在中国地方政府具有强大能力支配辖区行政和经济资源的背景下，这种办法极易引发恶性纵向税收竞争，例如，某新办的工业企业在登记注册时，地方政府会“引导”该企业增加部分服务业（或其他属于地方税的行业）经营项目，从而在名义上转变企业的经营性质，造成对中央税税基的侵蚀。因此，营改增后以增值税维持地方政府财力的办法，只能是体制过渡时期的一种暂时性安排。

那么，如果将营改增步伐停下来，仍将营业税作为地方税主体税种可行吗？从2014年1月1日起，营改增的范围是“2＋7”，即交通运输业、铁路运输业这两个行业和7个现代服务业，现代服务业涵盖范围包括：研发和技术服务、信息技术服务、文化创意服务、物流辅助服务、鉴证咨询服务、有形动产租赁、广播影视服务。从税收收入规模看，这些行业的原先营业税收入占营业税总收入不足10%，营改增尚不足以对地方财力造成很大冲击。从行业性质看，营改增的这些行业属于生产性服务业，营改增有助于减少重复征税，并促进产业分工的发展。剩下的行业要么属于消费性服务业，如住宿餐饮，要么属于难以适应增值税发票抵扣制度的行业，如金融业、建筑业。因此，学界有呼声希望营改增步伐停止，这样基本还维持现行分税制的格局不变。营改增改革之前2010年营业税各行业税收见图5—2，可看出现在营改增改革所属行业税收约为营业税的10%左右，尚未对营业税地位造成过大的冲击。

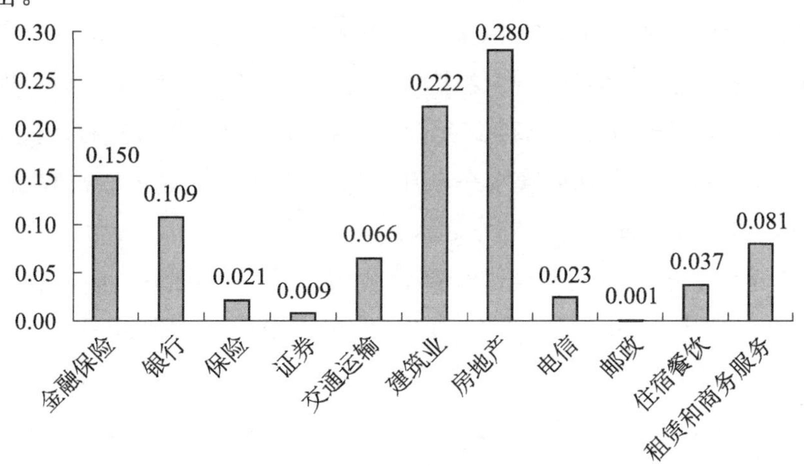

图5—2　营改增之前营业税各税目收入占比

资料来源：《中国税务年鉴2011》，北京，中国税务出版社，2011。

然而，现行地方税系格局本身就是不合理的，它是过渡期的体制安排。这种不合理之处主要体现为两点：一是将企业所得税作为共享税不合理，企业所得税是对流动资本征税，将之作为地方政府主要税源很容易引发恶性税收竞争；二是对建筑业和销售不动产业征营业税并作为地方税不合理，因为这两个行业营业税占营业税总收入一半左右，对地方政府财力至关重要，税收归为地方易刺激地方政府推动房地产投资，导致房地产市场泡沫化。因此，合理的分税制改革应是将企业所得税作为中央税，建筑业和销售不动产业实行营改增并作为中央税。但是，如果这样做，会进一步加剧地方财力窘境。

因此，营改增改革实际上使得地方税系建设变得非常迫切，其中关键点在于寻找一个可作为地方主要财力支柱的主体税种。

5.2.2 房地产税难以担当地方税主体税种

理论上，房地产税是优良的地方税。因为房地产税的计税依据来自房地产评估价值，而房地产价值与地方政府提供的公共服务密切相关，因此它体现较强的受益税性质。将房地产税作为地方税的好处是促使地方政府提供好的公共服务，征税也易取得辖区居民支持。由此之故，不少国家基层政府的主体税种是房地产税，中国也正在讨论针对居民房产征收房地产税，但是，从中国国情看，房地产税能担当起地方税主体税种的重任吗？

从中国现实情况看，如果开征房地产税，其设计特点一般是税率低、免征范围大，在相当长的一段时间内充当不了主体税种。如据中国指数研究院测算，2010年城镇住宅总价约50万亿元，若以上海试点方案为参考，免除第一套房子的税收负担，假设城镇住宅1/3为房地产税课税范围，按1%税率计算，则房地产税收入为1 670亿元，相当于2010年894亿元房地产税收入的1.9倍左右，仅占地方财政收入的4.1%。[①] 考虑到实际征管水平，开征房地产税所能筹集的税收会非常有限，但是所要投入的税收征管力量会非常之大。

图5—3显示了各国房地产税占全部税收收入比重，美国、英国和加拿大比较高，不过整个OECD组织平均水平仅为3.287%，由此可大致判断，中国若开征房地产税，短期内其比重绝对不会高于3%。房地产税征管机制的建设、纳税人意识的提高需要较长时间，我们判断，至少在二三十年内房地产税仍处于完善阶段，不足以充当地方主体税种。

---

① http：//industry. soufun. com/Survey/SurveyReport. aspx。

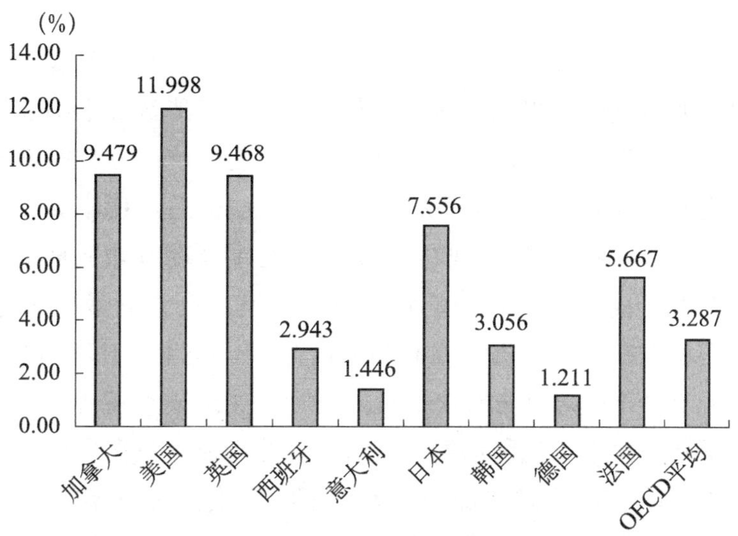

图 5—3　2010 年各国房地产税占税收收入的比重

资料来源：http：//stats. oecd. org。

5.2.3　消费税不宜作为地方税

近期，有一种观点认为，可将现行消费税改为零售环节课征并作为地方税。我们认为，这种做法是不可取的。

理论上讲，消费税分为选择性消费税和一般性消费税，前者选择某些特定商品征税，如烟酒、奢侈品、燃油等，后者是对大部分消费商品征税，如超市买的商品。两者的功能定位是完全不同的，不可不细细辨明。选择性消费税的功能定位是调节，包括：调节居民间税负分配，让高收入者承担更多的税，如对奢侈品征税；调节人们的消费行为，让人们少消费某些对健康有害的商品，如对烟草征税；调节资源合理利用，如对高耗能、高污染产品征税。一般性消费税由于对大多数商品征税，因此它的功能定位是筹集财政收入。一般性消费税的税基来源于当地居民消费，而居民消费又与地方政府提供的消费基础设施有密切关系，因而一般性消费税又体现受益税的性质。我们知道，受益性税种最适合作为地方税，由此之故，世界不少国家用一般性消费税充当地方税，如美国、日本和加拿大。

总结而言，选择性消费税和一般性消费税的区别是：前者体现调节功能，后者体现筹集财政收入功能；前者适合在生产环节征收，后者适合在零售环节征收；前者适用多档税率，后者适用统一税率；前者适合作为中央税，后者适合作为地方税。因此两者看似接近，实则差异极大。

我国的消费税是典型的选择性消费税，根据以上分析，它不宜作为地方税，主要有如下理由：第一，消费税归为地方税后，它与地方政府财政收入密切相关，将激励地方政府采取措施刺激当地奢侈品消费，这与开征消费税来调节消费行为的政策意图相反；第二，消费税的适用税率很高，极可能促使地方政府通过执行低税率来吸引税源，引发横向恶性税收竞争；第三，消费税的适用税率高，导致商品出厂价与零售价差异很大，逃税产生的收益很大，改在零售环节课征将刺激厂家销售采用直销模式，在电子商务发展较快的背景下，此模式将会刺激更多逃税行为的产生；第四，消费税的征税范围集中在有限的商品上，在生产环节征税的成本很低，将之作为中央税不会产生对地方政府的负向激励，如果改为零售环节课征，无疑将大大增加征管成本；第五，我国消费税与增值税并行征收，在出厂环节征消费税问题不大，但是如果改在零售环节课征，大量未纳入增值税发票管理的小规模纳税人，一样难以纳入消费税管理范围，这将刺激小商户通过不缴消费税并低价销售消费品来赚取利润；第六，即使将消费税归为地方税，仍不足以起到替代营业税的作用。我国 2012 年营业税占税收总收入的比重为 15.6%，而国内消费税占税收总收入比重为 7.8%，仅占营业税一半左右。

综合分析，现行消费税既不适合改为零售环节课征，也不适合变为地方税。

另外，一些研究者认为可以将特种消费税、资源税和车船税作为地方税的主体税种，本章认为这几个方案仍不可行：特种消费税、资源税的税基地区分布差异较大，作为地方税易扩大地区财力差距，也易引发恶性横向税收竞争[①]；车船税规模太小，不足全部税收收入的 1%，且不够稳定。各个改革方案利弊见表 5—2，从各方案比较来看，其改革成本超过改革收益，均非确立地方主体税种（或主要财力来源）的上策。

表 5—2　　地方主体税种（或主要财力来源）的各种方案比较

方案	措施	改革收益	改革成本
消费税	消费税改在零售环节课征，仍是选择性消费税	可部分弥补营改增造成的地方政府财力缺口；在零售环节课征避免负向经济激励，并体现部分受益税的性质	零售环节与增值税叠加易刺激逃税；加大征管成本；税收仅为营业税一半左右；烟酒如果不专营，仍须归为中央税。
房地产税	针对不动产开征房地产保有税	房地产税有受益税性质；未来税收增长潜力强；有利于促进地方政府职能转变	征管成本很高；产权问题须明晰；免税部分存在很大争议

① 上个世纪 80 年代中后期的恶性横向税收竞争就是一个教训，当时产品税是地方政府财政收入重要来源，酒类产品价高税多，各个县域地方政府倾向办自己的酒厂，并实行地方保护主义阻碍外地酒类产品进入本地市场，造成严重的市场分割。

续前表

方案	措施	改革收益	改革成本
转移支付	地方政府财力缺口通过转移支付解决	增加中央政府控制力；可调节地区财力差距	不利于发挥中央与地方两个积极性；在官员任命制和信息不对称情况下，转移支付会产生资源错配
资源税和车船税	资源税和车船税作为地方税	可部分弥补营改增造成的地方政府财力缺口；有利于缩小东西部财力差距	税收有限；税基分布不均衡；税收不够稳定
企业所得税	企业所得税由“四六”分成改为全额归地方	税收充沛；激励地方政府发展经济	易产生横向经济竞争；不利于统一市场的形成
营业税	营改增在“7＋1”方案改革后，停止下一步改革	地方政府财力不会受较大影响	原有分税体制的问题仍未消除

由于上述各种方案的缺陷，分税制改革就产生了困境：为稳定政府间财政关系和缓解现行分税制所产生的问题，中国迫切寻找主体税种来建设地方税系，但是现实中却难以找到合适的税种满足这种要求。如何走出这个困境呢？

5.3　增值税与零售税联动改革思路

5.3.1　分税改革应从商品税入手

分税改革的关键是确立地方主体税种。根据财政分权理论，地方税的税基不能选择流动性税基，因为这样容易引发恶性税收竞争问题。流动性税基主要包括两种，一是流动性商品和服务，二是流动性生产要素。针对流动性商品和服务征税的税种主要是增值税、营业税、消费税等流转税，针对流动性生产要素征税的税种主要是企业所得税（属于对资本征税）、个人所得税（属于对资本和劳动征税）。根据财政分权理论，这几种税均不适宜作为地方税。从世界范围看，的确很少有国家将流动性税基作为地方税的税基，不少国家地方税的主体税种设为房产税。

但是，从我国现实看，我国尚未对居民房产全面开征房产税，地方政府不具备以受益性税种为主要筹资手段的条件。即使针对居民房产开征房产税，在中国现在经济社会运行背景下，新房产税的设计一定是低税率和较大免征范围的结合，在相当长时间内不能充当主体税种。在这种情况下，地方政府税源从何处寻求呢？

客观地分析中国经济运行状况和税收征管能力状况，我国的税制结构在很长一段时间仍以商品税为主，因此不论是中央政府还是地方政府，税收的主要来源仍是商品税。商品税属于间接税，具有较强的累退性，因而学术界一直呼吁要提高直接税的比重。不过，如果我们剖析直接税的结构，就会发现提高直接税比重是一件较困难的事情。直接税主要由企业所得税、个人所得税和财产税组成，目前企业所得税税率为25%，税率已然不低，提高企业所得税空间不大；财产税主要是房产税，它需要长时间的制度建设，远水难解近渴；个人所得税有可能增长较快，不过目前占税收比重仅为5%，是排名较靠后的税种。商品税的税基是商品和服务的流动额，经济的发展首先体现为贸易的扩大和消费的增长，随着大众消费时代的到来，商品税在税收收入的比重应进一步提高。

5.3.2 零售税作为地方主体税种的理论依据

传统认为，商品税不适合作为地方税。这是因为：差别管理或税率会影响不同地区间的贸易，引发恶性税收竞争；如果根据目的地原则征税易造成逃税问题，如纳税人在甲地购买低税商品用于乙地；如果根据生产地原则征收，导致纳税人和负税人不一致，会造成税负地区转移问题（中国现行增值税就是如此）；商品税适合统一管理，由地方管理会造成管理成本和纳税遵从成本升高等问题（Keen，2000）。因此，世界各国一般做法是将大宗商品税归为中央税，只是零星地选择部分行业、部分商品的税种归为地方税，在Levin（1991）统计的30个国家税收收益权划分中，中央政府享有的商品税平均高达83.9%。从中国改革开放以来财政体制运行实践看，将产品税、增值税、营业税等收入归入地方政府易促进地方政府追求生产数量扩张，对宏观经济稳定和增长方式转变都不利。

但是，该理论并非概括商品税的全貌。如果我们进一步分析，可以发现商品的销售分为两个环节：生产环节和消费环节。顾名思义，生产环节销售的商品（如钢铁、机器）用于生产，消费环节销售的商品（如衣服、食品）用于消费。生产环节商品的销售方是生产企业，购买该商品的是下游企业，销售规模取决于投资需求；消费环节商品的销售方是零售商，购买该商品的是消费者，销售规模取决于消费需求。由于这两者的区别，对生产环节商品征税和对消费环节商品征税的效果也不同：前者更易造成税负的地区转移；地方政府更易影响前者的纳税人行为。恶性税收竞争之所以能够产生，根源在于地方政府可以影响纳税人的行为。纳税人分为企业和个人，在中国现实背景下，地方政府能够影响的主要是企业而非个人。那么，如果将消费环节商品的税归为地方税，不就是既可以满足地方政府财力需要，又可以达到缓解将流动性税基作为地方税所产生的问题吗？

实际上，已有部分研究对此进行了探索。我们知道，欧盟各国普遍采用增值税，由此产生欧盟内部的税收执行和税率不统一问题，为解决这一问题，Keen 和 Smith（1998）、Bird 和 Gendron（2000）等提出不同的增值税改造思路，使之既能够保持欧盟税率统一，也能体现各国差异，兼容欧盟整体与各国利益。如果把欧盟看作一个国家，欧盟各国看作各地方政府，那么可以把这套思路移到中央税与地方税协调上。他们认为有三种类型的增值税设计可使之可成为下级政府的重要税种：一是整合性增值税（viable integrated VAT，简称 VIVAT），二是补偿性增值税（compensating VAT，简称 CVAT），三是双重性增值税（dual VAT，简称 DVAT）。

VIVAT 的设计方案是将商品销售对象分为两部分，一是针对登记注册商户，二是针对未登记注册商户和家庭。针对前者的销售适用全国统一的税率，税率由中央政府确定；针对后者销售的税率可以有地区差别，相应的税收收入归属地方政府所有。CVAT 设计的方案是对下级政府辖区内购买者（包括登记注册的商户、家庭和非登记注册的商户）的销售可征收地方增值税，但是对辖区外购买者的销售征税将归中央政府所有。DVAT 的设计是由不同级政府对同一税基征税，但是各级政府可以选择自己的税率。不论是 CVAT 模式还是 VIVAT 模式，都要求对某一地区出口所征收的税能在其他地区的应纳税款中扣除或返还。这样就需要引入结算体系，保证某一地区对出口所征收的税收能够抵补其他地区所要求的抵扣或者返还额。

Bird 和 Gendron（2000）总结了 DVAT、CVAT 和 VIVAT 三种模式的优缺点，见表 5—3。

表 5—3　DVAT、CVAT 和 VIVAT 体制的优点和缺点

	DVAT	CVAT	VIVAT
税率自治	是	部分	部分
中央税率设定	否	部分	部分
征税激励	部分	不清楚	不清楚
行政费用	低	较高	最高?
区别购买者类型	否	是	是
信用跟踪	否	否	是
所需行政能力	高	低	高

资料来源：Bird，R. M. and Gendron，P.，“CVAT，VIVAT，and Dual VAT：Vertical ‘Sharing’ and Interstate Trade”，*International Tax and Public Finance*，2000，7，753 - 61.

受此思路启发，我们认为可以改革增值税使之兼容中央政府与地方政府利益。

5.3.3 增值税和零售税联动改革方案

增值税和零售税联动改革方案为：第一，继续开征增值税，同时降低增值税税率，增值税全额作为中央税；第二，在商品进入零售环节之后，按商品价格的一定比例征收零售税，并将零售税全额作为地方税[①]；第三，彻底改革并取消营业税，将营业税改征增值税扩大到全行业；第四，个人所得税全额作为地方税，企业所得税全额作为中央税。零售税和增值税并行的做法类似加拿大税制，加拿大联邦政府开征商品和劳务税，该税属增值税性质，税率为6%，为中央税；部分州政府开征销售税，税率为5%～10%，为地方税。

设定零售税税率应综合考虑提高地方政府财力和避免逃税因素，本章认为零售税税率应在3%～10%之间，以5%比较合适，这样也与目前营业税中服务业的税率持平，与增值税小规模纳税人适用的3%税率差异不大。零售税的税基基本为社会消费品零售总额，2012年该总额为207 167亿元，如果零售税税率设为5%，大体可实现10 358.35亿元税收。开征零售税后，势必加重居民生活负担，为此应将现行增值税税率由17%调低为13%。

需说明的是，零售税是税收增长潜力非常大的税种。零售税的税源来自居民消费，我国近二十年来在各种因素作用下，居民消费占GDP的比重持续下降，2011年仅为34.9%，而世界上大多数国家该比重在60%～70%之间。随着居民收入增长和社会保障体系的完善，可以预计，中国居民消费会在不长的时间内迅速攀升，届时零售税会随之大幅增长。加上个人所得税也是成长性非常好的税种，零售税和个人所得税一起，完全可以共同成为地方政府主体性税种。

以上关于税率的假设建立在保持现行政府间事权分配和转移支付规模不变的基础上，从改革的趋势看，应该是事权逐渐上移，这样地方政府的财政压力会缩小，与之相应，增值税和零售税税率也要调整。当然，将零售税付诸政策实践前，对各种税收要素需进行大量的研究。

---

① 吕冰洋（2010，2011，2013）提出开征零售税作为地方税的思路，楼继伟（2013）提出近似的设想，并命名为“地方销售税”。该税本质上是对消费环节的商品和服务按全值额征税，对应的英文术语一般为“excise tax”，美国表述为“sales tax”，国内译法不统一，有消费税、销售税、营业税、零售税等多种译法。考虑到我国已有消费税和营业税，其属性与本章设想的零售税差异较大，而命名为“销售税”又不能直观地显示征税环节，因此这里将该税统一表述为“零售税”。在吕冰洋（2011，2013）的设计中，更多借鉴VIVAT的设计思路，即将增值税生产环节和销售环节剥离出来，生产环节征收增值税，销售环节征收零售税。后者我们经仔细推敲，认为现在不少企业针对消费者的销售采用专卖店形式，剥离增值税征税环节易促使企业通过压低对专卖店的销售价格、提高专卖店针对消费者的销售价格来避税，因此，增值税征税环节仍须包括从生产环节到最终消费环节的整个过程。

针对零售税的管理不必过多依赖发票管理。从以往征管经验看，增值税采用环环相扣的制度设计，发票管理是必不可少的。但是营业税是针对营业收入征税，通过发票来核查企业营业收入反而会激发避税行为，我们看到，在现实中有大量企业提供服务后不开发票。对此，应普及售货或服务的机控票据，不论商店规模大小，销售商品或服务的行为必须提供机打票据才能完成收款，票据中自动注明税款，税务部门通过机打票据来核实企业销售收入和税收，发票的作用只限于购买方报销之用，目前日本销售税管理就采用这种方法。

伴随着电子商务的迅速发展，电子商务征税问题开始备受关注。无论开征零售税与否，该问题总是存在和总是要解决的。解决该问题的主要措施是明确电子商务环境下常设机构认定标准、明确数字化商品在线交易的性质、建立电子发票制度和第三方信息报告制度等，这些措施在增值税和零售税制度下均需要采取。在此基础上，我们可以认定商家对商家的电子商务（B2B 模式）缴纳增值税，商家对消费者的电子商务（B2C 模式）缴纳零售税，至于消费者对消费者的电子商务（C2C 模式），可以给予免税待遇。

5.3.4　改革方案的优点

我们认为，实行增值税和零售税联动改革具有七个方面较大的优势。

第一，完善地方税系，破解了分税制改革困境。开征零售税使得地方政府从此具有了稳定的税源，迈出完善地方税系重要一步，在此基础上，顺势可推出转移支付制度改革、政府间事权调整、地方债管理等系列改革。

第二，降低改革阻力。改革要取得共识，一般要使得被改革对象的利益得到一定程度的保护，开征零售税也是如此。从现行设计看，它兼顾了政府整体、中央政府和地方政府的利益，改革阻力降低。

第三，有利于经济增长方式转变。改革后，增值税和企业所得税作为中央税，原营业税中的建筑业和销售不动产业税收也归中央政府所有，企业规模的外延式扩张不再会给地方政府带来税收，原有体制对经济增长方式不良影响降低。楼继伟（2013）指出，在原有体制下，“地方政府分享比例过高，不利于有效遏制地方追求数量型经济增长的冲动”，财税体制的改革从根本上克服了维持地方政府财力需要和抑制粗放型经济增长的这一对矛盾。

第四，有助于转变地方政府职能。由于零售税的税源主要来自辖区居民的消费，这会促使地方政府完善消费基础设施，从更多维护厂商利益转向更多维护消费者利益（实际上也是为辖区居民负责），也推动国内消费需求的增长。

第五，有助于调节居民税负分配公平。我国税制结构以商品税为主，我们知道商品税一般具有累退性，会导致居民税负分配不公平，这是我国税制饱受诟病之处。为降低商品税累退性，现行做法是在基本税率外设置低档税率，适用范围是粮食、暖气、图书、农产品等与民生相关较密切的商品。但是这种减税做法未必使得居民得到全部好处，因为这些商品也有可能是下一环节生产投入，减税的好处实际上是给了企业，例如，购买粮食的企业可能用于酿酒，购买暖气、天然气、自来水等的主体可能是制造企业。另外，对企业来说，由于企业形态各异，增值税设置多档税率会产生“高征低扣”、“低征高扣”的税负分配不均问题。开征零售税后，可能尽量统一增值税税率，通过调整零售税税率来调节居民税负分配，如对食品可以实行低档税率。由于零售税是在商品销售的终端环节课征，减税可以保证基本降低居民的税收负担。也就是说，零售税调节居民税负分配比增值税更加灵活有效。

第六，有助于缩小地区财力差距。我们比较一下各地区零售税额与现行增值税额的变异系数，发现前者为 0.836，后者为 0.963，说明开征零售税的确起到缩小地区财力差距的作用。其中原因在于，一个地区可以没有工业（不能提供相应的增值税），但是不能没有商业，我国地区之间商业发展程度的差异远小于工业发展程度的差异。

第七，税收增长潜力强。我国主体税种是增值税和营业税，两税的税基同时包括资本和消费，对资本存在明显的重复征税，使得两税对资本的征税强度大大高于对消费的征税强度。我国传统经济增长方式以投资驱动，因而投资增长会带动两税高速增长，这也是我国分税制改革后十多年时间税收保持超 GDP 增长的重要原因（吕冰洋、郭庆旺，2011）。不过，随着增值税改革推进，投资扩张对税收的带动作用会减弱，未来税收增长前景堪忧。从经济发展整体趋势和中国文化特点看，随着人均收入水平的提高，大众消费时代会很快到来，调整税制结构，使整体税基减少对资本征税比例，增加对消费征税比例，会使得税收增长保持一定速度，从而减轻财政压力。

从改革的政治策略看，为避免开征新税引起人们的反感，可不用零售税这一名称，仍用“营业税”一词代替，但是新的营业税与旧的营业税是完全不一样的税种。

当然，从中国的历史经验看，新税设立初期总会引发或多或少的征管问题，如 1994 年增值税改为发票管理时就在很长一段时间内出现大量虚开增值税发票案件。改革总是存在风险的，开征零售税会不可避免地出现一些未预料的征管问题，但是我们需要从大处着眼，不能因为某些征管问题的存在就止步不前。

5.4　分税设计的基本框架

5.4.1　省级政府主体税种：个人所得税

根据传统的财政分权理论，个人所得税一般作为中央税，其理由主要有两点：一是个人是流动的，将之作为地方税易产生不好的横向税收竞争；二是个人所得税具有实现收入再分配和稳定宏观经济的功能，将之作为地方税不能很好地实现该功能。

但是从我国现实看，这两个理由均很微弱，在相当长的一段时间内，个人所得税可作为省级主体税种，主要理由有三。

1. 分类个人所得税产生的横向税收扭曲小

个人所得税的典型模式有三种：一是综合所得税，对纳税人个人的各种应税所得综合征收；二是分类所得税，纳税人不同类别（或来源）的所得适用不同的税率；三是综合与分类相结合所得税，先按分类所得税课征，然后再对个人总所得超过规定数额以上的部分综合计税。从调节收入分配角度看，综合所得税远强于分类所得税；从税收管理难度看，分类所得税远易于综合所得税。

我国现行个人所得税实行分类征收办法，这种征收办法虽然简便，但是不利于调节收入分配。早在 1996 年起，八届人大四次会议《国民经济和社会发展“九五”计划和 2010 年远景目标纲要》就提出：“建立覆盖全部个人收入的分类与综合相结合的个人所得税制”。之后历次全国人大会议纲要不断提出这一目标，但是迄今为止，我国个人所得税仍严重依赖分类征收办法，2012 年 61.6%来自对工资薪金所得征税，由此被社会各界讥为“工薪税”。之所以如此，是因为如果要对个人所得实行综合征收，需要一系列重要基础制度建设，如全面建立税务代码制度、落实个人资产实名登记制、推行现金管理制度、构建全国联网的个人涉税信息平台等，这些制度建设非一日之功。只要这些基础制度建设没跟上，我国个人所得税仍不得不实行分类征收办法。

在分类所得税模式下，将个人所得税作为地方税不会产生税收扭曲。财政分权理论强调的个人所得税不能作为地方税的原因是，流动性较强的个人可以为了少缴税而离开高税率地区，这刺激地方政府通过降低实际执行税率来吸引税源，由此会扭曲政府和个人的行为。但是就我国现实看，分类个人所得税的各类别收入的适用税率全国统一，普遍采用源泉扣缴的方法，地方政府没有空间操纵执行税率的高低。况且，在我国个人所得税占居民可支配收入仅为2%左右的情况下[①]，纳税人工作地点的选择极少考虑到税收因素。

即使未来个人所得税进行综合与分类相结合转变，在中国特色的户籍制度背景下，个人所得税纳税人仍可以通过与户籍挂钩办法由地方政府来征收。况且，从我国个人所得税特点看，它迈出改革的第一步极可能是对工资薪金所得与劳务报酬所得综合计征，对其他所得仍实行分类计征。如果是这样，在劳务报酬所得实行个人单一银行账户结算情况下，由地税局征税不会有更大的效率损失。

2. 个人所得税调节经济和分配的功能弱

发达国家的个人所得税一般有两个特点：一是个人所得税是重要主体税种，OECD国家个人所得税占总税收比重平均为24%；二是从征管模式看，个人所得税要么实行综合征税办法，要么实行综合与分类相结合征税办法。个人所得税收入高可使得它能够体现较强的调节经济运行功能，如当经济萧条时，可通过减税来刺激人们劳动或投资。实行较大范围的综合征收可使得它体现较强的调节分配功能，因为综合所得更能反映居民之间的收入差距，对此按累进税率征税有利于调节居民收入差距。可见，个人所得税能起到调节经济运行和收入分配功能，其前提是税收规模大和实行较大范围的综合征收。

但是我国个人所得税既不是主体税种，也没有实行大范围的综合征收，这两个特点限制它的调节功能的发挥。我国个人所得税比重相当低，2012年占税收总收入的比重仅为5.2%，只相当于发达国家平均水平的1/5，见图5—4。从纳税人规模看，我国目前的个人所得税还不是普及性税种，特别是提高了免征额后，纳税人大量减少。我国个人所得税实行分类征收，这使得它调节收入分配功能非常微弱，如据岳希明等（2012）测算，我国个人所得税的调节功能仅是使得基尼系数下降0.007 6。

从可见的未来看，我国个人所得税仍难以发挥调节经济和分配的作用，其功能应主要体现为筹集财政收入上。既然如此，就不能拘泥于财政分权理论，一定要将个人所得税作为中央税。

3. 将个人所得税作为省级主体税种有利于发挥地方积极性

个人所得税该作为中央税还是地方税，不仅要考虑其功能作用，还要考虑到个人收入信息收集和税务局征收激励问题。如果将个人所得税作为中央税并由国

① 用历年全国个人所得税总额除以居民可支配总收入测算，其中居民可支配总收入来自《中国统计年鉴》中“资金流量表”。

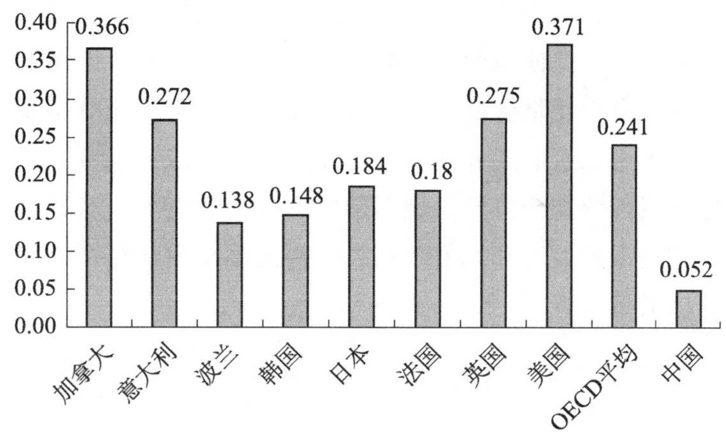

图 5—4　各国个人所得税占税收收入的比

资料来源：http：//stats. oecd. org。

税局征管，那么按税收收入规模排序，个人所得税在国税局的税收重要性应排在增值税、企业所得税和消费税之后。从税收征管投入看，个人所得税实行综合征收的范围越广，征管成本越高。高征管成本与低税收收入规模，一定会使得国税局的税收努力不足，至少会低于对增值税、企业所得税和消费税的税收努力，这是我们可预见的结果。而如果个人所得税仍实行分类征收模式，或者仅是将工资薪金所得与劳动报酬所得综合计税，那么由于征税简单，将之作为中央税并无特别的优势。

反之，将个人所得税归为省级地方税则有利于发挥地方积极性。我国省级政府管辖区域很大，大多数省份面积相当于一个中等规模的国家，在这种情况下，将个人所得税作为省级地方税从征管便利、受益性、征税激励等角度看均有较大优势。

一是从征管便利角度看，大多数个人活动区域一般在一省之内，地方政府对辖区居民的信息收集成本一般会低于中央政府。即使个人有跨省收入（如劳务报酬所得、股息所得），其信息也可通过统一的纳税登记号、统一纳税账户来归集，如规定劳务报酬所得必须通过纳税账户来结算。

二是从受益性看，个人所得税具有一定的受益税性质（Ambrosiano and Bordignon，2006）。原因在于个人收入与政府提供的基础设施、创造的就业环境有密切关系，并且地方政府差异化公共服务（如教育、社区服务、医疗护理等）往往与差异化个人收入相对应，既然如此，按财政分权理论，地方政府就可享有个人所得税收益权。

三是从征税激励看，将个人所得税作为省级政府主体税种将产生较强征税激励。如果省级政府财政主要来源于个人所得税，那么就有利于激励省级政府推动个人所得税征管一系列配套措施的完善，如信息联网、减少现金交易、实行统一纳税账户和纳税登记号等，并促使地税局提高征税能力和税收努力。而这些措施如果由中央政府推动的话，由于管辖区域过大，各省条件不一，个人所得税的税收重要性低等原因，个人所得税征管制度和能力的建设会大大延缓前进步伐。

总之，考虑到目前分类个人所得税调节收入分配功能弱、对经济稳定影响小的特点，也从科学调动中央政府和地方政府积极性角度出发，将个人所得税作为省级政府主体税是较优的选择。

5.4.2 县级政府主体税：零售税和房地产税

前面分析，开征零售税并作为地方政府主体税是有诸多优势的，从零售税的受益范围、政府激励、征管效率等角度考虑，零售税更适合作为辖区较小地方政府的主体税，即适合作为县级政府主体税。

同时，应尽快推动《房地产税》立法，对居民住宅开征房产税。针对居民房产征收房产税（以下简称开征房产税）并作为地方税是大势所趋，但是房产税的开征涉及民众切身利益，社会影响较大。要想让房产税落地生根，开征房产税应坚持三个原则：一是先采用低税率和较大免征范围的政策组合，纳税人局限在少数房产较多群体；二是严格遵循税收法定主义原则，税改方案理应付诸民众讨论，充分吸纳民意，税基和税率的确定必须由人大制定条款或经人大常委会审议；三是开征房产税要与地方财政预算制度改革联系起来，重点在促进财政预算的公开透明，并加强财政预算执行的监督。这样，在民众的广泛参与下，针对居民住宅开征房产税才能取得全民共识。

5.4.3 分税的基本框架

根据以上分析结果，我们提出分税的基本框架，这就是：中央税的主体税种是增值税、企业所得税、消费税、关税；省级政府的主体税种是个人所得税；市级政府在取消之前，无主体税种，财力缺口通过上级政府转移支付解决；县级政府的主体税种是零售税和房产税，其他零散税种作为辅助性税种。分税的基本框架见表5—4。

表5—4　分税的基本框架

	税种划分	征管划分
中央政府	增值税、企业所得税、消费税、关税	国税局
省级政府	个人所得税	地税局
县级政府	零售税、房产税、车船税等其他税种	地税局

总结一下，上述分税框架的好处在于：零售税、房产税均是具有较强受益税性质的税种，作为县级政府地方税有利于推动政府职能转变；削弱省级政府财权的同时激励省级政府发挥积极性，且有助于维护中央权威；增值税、企业所得税为中央税，有助于抑制税收扭曲和规范税收秩序。

分税改革还涉及税收征管权划分，在上述分税框架下，可以考虑仍保持现行税收征管体制不变，国税局负责中央税征管，地税局负责省以下地方税征管。

5.4.4　增值税分成的替代方案

在上述改革方案中，难度最大的是开征零售税，问题不是由于征管技术的难题，而是大规模开征新税受到的制约因素较多，易引发社会各界强烈抵制。对此，在条件不成熟时，我们可以寻求一个过渡的、改革力度较小的替代方案。该方案的核心做法是改变增值税分享办法，将原先中央与地方关于增值税的 75∶25 的分享比例改为 60∶40，对此措施是：增值税汇总到中央政府后，中央政府统一调配，总计要拿出 40%部分划归地方政府；地方政府取得增值税的分享收入不是依据当地实现的增值税收入，而是依据当地社会消费品总额占全国社会消费品的比例（也可用人口比例）来确定。其他企业所得税、个人所得税分税调整方式仍不改变。

该替代方案的思路与开征零售税是一致的，即将地方政府主要税源建立于辖区居民消费上，由此降低原先分税体制对经济增长方式的不良影响，缩小地方财力差距，促进地方政府职能转变。

该方案存在的问题是要详细统计当地社会商品零售额数据，地方政府有可能干预数据统计。对此，还可借鉴补偿性增值税（compensating VAT，简称 CVAT）思路，CVAT 设计的方案是对下级政府辖区内购买者（包括登记注册的商户、家庭和非登记注册的商户）的销售可征收地方增值税，但是对辖区外购买者的销售征税将归中央政府所有。我们考虑中国的国情，可以反其道而行之，根据增值税发票信息来确定中央政府与地方政府分税比例，将商品销售分为辖区内销售和辖区外销售两部分，根据两者比值分割增值税，前者为中央税，后者为地方税。该方案的优点是地方税收来自辖区外经营活动，地方政府难以干预经济运行，不会产生税收扭曲。目前增值税“金税工程”管理很容易区分不同区域所产生的增值税规模，技术上不是问题。

不论是哪种方案，其焦点均放在增值税改革上，三种方案的比较见表 5—5。不过，我们认为，该方案只是过渡期方案选择，从长远看仍须坚持分税方向，有必要开征零售税。

表 5—5　　增值税改革方案比较

方案	步骤		
方案一：开征零售税	1. 原营业税中建筑业和销售不动产业转型为增值税，属中央税；企业所得税属中央税；个人所得税属省级地方税；开征房地产税并作为县级地方税。	2. 开征零售税并作为县级地方税，税率为 5%。	3. 增值税税率降为 13%。
方案二：根据消费额确定增值税分成比例	1. 同上。	2. 中央政府将总增值税收入 40% 用于分享。	3. 依据当地社会消费品总额占比实行增值税分享。
方案三：根据销售对象确定增值税分成比例	1. 同上。	2. 增值税按辖区内外销售分割中央税和地方税。	

5.5　小　结

本章研究政府间税收划分方案，主要结论为：

第一，处理中央与地方财权关系有分税、分成和转移支付三种，三者比较：如果没有政府共同付出和共担风险情况，分税优于分成；如果上下级信息不对称明显，辖区政府的偏好不能充分反映居民需要，那么转移支付的效率变低。综合考虑，未来分税制改革的方向是以分税为主。

第二，考虑到中国地方政府具有强大的辖区资源动员能力，并主导辖区大量经济社会事务建设，在此背景下，完善地方税系应坚持三个原则：基本满足地方政府经常性支出的财力需要；有利于经济增长方式的转变；避免税收秩序混乱。

第三，在既有的分税制框架下，地方政府面临无税可分的困境。为此，可考虑开征零售税带动分税制改革，即在商品进入零售环节之后，按商品价格的一定比例征收零售税，并将零售税全额作为地方税。同时，降低增值税税率，并全额作为中央税，营业税转轨为零售税。开征零售税会产生有利于经济增长方式转变、有利于稳定各级政府利益、有利于地方政府职能转变等良性结果。

第四，综合考虑居民活动区域、税收功能、征管便利等因素，个人所得税可作为省级主体税。

第五，分税的基本框架为：中央税的主体税种是增值税、企业所得税、消费税、关税；省级政府的主体税种是个人所得税；市级政府在取消之前，无主体税种，财力缺口通过上级政府转移支付解决；县级政府的主体税种是零售税和房产税，其他零散税种作为辅助性税种。考虑到改革的政治压力，我们还提出以增值税分成带动改革的两套备选方案。

第六，实施以上分税改革的好处在于：零售税、房产税均是具有较强受益税性质的税种，作为县级政府地方税有利于推动政府职能转变；削弱省级政府财权的同时激励省级政府发挥积极性，且有助于维护中央权威；增值税、企业所得税为中央税，有助于抑制税收扭曲和规范税收秩序。

第 6 章　政府间支出责任安排：在简政放权中优化*

在世界上几乎所有国家，都设有中央和地方政府，大国还会普遍设立多级地方政府。多级政府存在最重要的一个目的在于，公共物品的提供需要由各层级政府发挥各自的比较优势，分工协作提供。作为一个地域广袤和人口众多的大国，中国设有中央、省、市、县、乡五个层级的政府。那么，政府的各项支出责任应该如何在各个层级政府间划分？

根据经济学的基本理论，这取决于不同类型公共物品的信息复杂性、外部性、规模经济等特征，以及不同层级政府在提供各项公共物品上的比较优势，同时还要考虑各级政府在提供相应公共物品上是否满足激励相容的条件。在现实当中，除了这些基本原则之外，政府间支出责任划分还受到其他因素的影响，例如历史路径依赖、政治体制、行政体制、财政收入划分等。其中一些因素会导致政府间支出责任划分偏离最优原则，从而造成公共物品提供效率和社会福利的损失。那么，在中国的现实背景下，政府间支出责任的划分多大程度上满足了上述原则？哪些支出责任的安排偏离了最优原则？改革的方向应该是什么？

为了回答这些问题，我们首先综合利用相关统计资料，对中国政府间支出责任安排的轮廓进行梳理，探寻当前政府间支出责任划分存在的问题，在此基础上，对下一步的改革进行展望。

6.1　政府间支出责任安排的基本原则

根据经济学的基本理论，政府间支出责任安排充分考虑如下原则：

* 本章由马光荣讲师执笔。

一是信息优势原则。政府在各地提供公共物品时需要充分了解当地的实际情况，例如需要知道各地居民的实际偏好、公共物品提供的成本、公共物品的管理和监督等等，这些都属于“地方信息”（局部信息）。如果政府在提供公共物品时，没有充分采集这些地方信息（例如没有满足各个辖区居民的实际偏好），就会导致福利损失。“地方信息”这一概念最早是由哈耶克 1945 年发表在《美国经济评论》上的著名论文“The Use of Local Knowledge in Society ”中提出的。而且，哈耶克认为地方政府在获取地方信息上具有天然的优势，而且信息在向上传递的过程中会因各种噪音而产生失真。因此，按照这一逻辑，信息复杂性越高的公共物品，越应该由地方政府去提供。一般认为，在各种公共物品中，基础教育、城乡社区事务、公共安全、本地基础设施等公共物品都具有较强的信息复杂性，因此更适合由地方政府去提供。不同地区异质性的大小，也会直接影响公共物品的信息复杂性。例如，如果一个国家各地之间在居民偏好上存在更大的差异性，公共物品的信息复杂性就会提高。在现实当中，不同地区间异质性通常与各地区间经济发展水平、城市化水平、民族构成的差异有关。如果这些差异较大，公共物品就更适合由地方政府去提供。

二是外部性原则。公共物品一般都具有正外部性，但每项公共物品外部性辐射的地域范围存在差异。很多公共物品外部性辐射范围会跨越较大地域，如果这一公共物品交由地方政府负责支出，公共物品的提供量将会低于对全社会来说最优的水平。从这个角度看，外部性辐射地域范围较大的公共物品，交由更高层级的政府提供更为有效率。

三是规模经济原则。公共物品的提供需要考虑提供成本的大小。很多公共物品的生产具有明显的规模经济属性，即生产量越大时，单位成本会越低。对于外交、国防这样的事项，由整个国家去提供具有明显的规模经济优势，因此适合由中央政府提供。公共物品的外部性与规模经济两个属性在很多情况下是密不可分的，对于存在跨地域正外部性的公共物品来说，即使其在提供成本上不具有规模经济优势，但在“效益”上也是存在规模经济优势的。

最后是激励优势原则。公共物品的分权和集权提供具有各自的激励优势。传统的财政分权理论认为，公共物品分权提供具有得天独厚的优势。第一，根据 Tiebout（1956）提出的“用脚投票”机制，由地方政府负责提供公共物品会鼓励地方政府间相互竞争，从而激励地方政府更有动机提供符合本地区居民偏好的公共物品，因此会提升公共物品提供的效率。按照这一逻辑，不同地区间居民偏好差异越大或公共物品的信息复杂性越强，公共物品交由地方政府提供会显现出越强的激励优势。第二，第二代财政分权理论认为，分权还能约束地方政府的自利行为，使得地方政府有激励去“维护市场体制”（Qian and Weingast，1996）。

但是，公共物品的分权提供也有其劣势。首先，地方政府间“避高就低”（race to the bottom）[①] 也可能导致公共物品支出数量和支出结构偏离本地居民的偏好。其次，有很多研究表明，当一个国家的政治制度不健全时，财政分权可能导致地方官员俘获个人利益，反而财政集权能够缓解这些问题（Bardhan，2012）。最后，当公共物品的提供存在跨地区正外部性时，分权提供会导致地方政府没有激励提供这种公共物品，从而产生激励不相容问题。

在中国的现实背景下，中国式的财政分权体制激励了地方政府展开对资本的竞争，竞相改善本地区的基础设施和营商环境，这成为缔造中国经济增长奇迹的一个关键性制度。在财政激励之外，地方政府同时面临的一个重要政治激励是上级政府的“任命制”，这可能会导致地方政府的财政支出结构可能无法反映居民的偏好。特别是，上级以GDP增长为主的官员考核机制会导致地方政府偏好生产性支出，而在民生性支出上不足（Jia，Guo and Zhang，2014；尹恒、朱虹，2011；傅勇、张晏，2007）。因此，在不改革官员考核制度下，将民生性支出安排完全交由地方政府支出，就会因激励不相容问题导致地方政府没有激励扩大这些支出，从而产生社会福利的损失。

总结来看，在上述原则中，一方面，公共物品的信息复杂性使得地方政府在提供公共物品上更有天然的优势，如果不同地区间的异质性越大，分权的优势将越加显现，另一方面，公共物品存在的跨地区外部性和规模经济又制约了地方政府的优势，中央政府在提供跨地区外部性和规模经济较强的公共物品上有其优势。因此，每一项公共物品应该交由哪一层级的政府负责提供，需要同时权衡这些因素，发挥每一层级政府自身的比较优势，从而实现全社会福利的最大化。与此同时，公共物品由地方政府提供还是中央政府提供，还需要同时考虑集权和分权各自的激励优势，尤其是特定政治体制下是否符合激励相容原则（见图6—1）。

---

① “race to the bottom”是指辖区政府通过采取较低的工人工资和社会保障标准、环境保护标准或是较低的税率水平以吸引和留住辖区内的经济资源的现象（Schram，2000）。这一现象最早出现在19世纪末和20世纪初的美国（Berle and Means，1932），而美国高级法院法官Louis Brandeis在1933年提交的公司法案“Ligget Co. v. Lee”中正式使用了“race to the bottom”这一术语。Carey（1974）主张通过制定公司治理的全国统一标准来避免这一现象。关于“race to the bottom”较为详细的介绍，请参阅维基百科（www.wikipedia.org）。目前，国内有学者将这一术语译作“竞相到底”、“打到底线”和“竞次”等。鉴于“race to the bottom”主要是指通过采取低标准而避开高标准来争夺稀缺资源，因此我们将其译为“避高就低”。

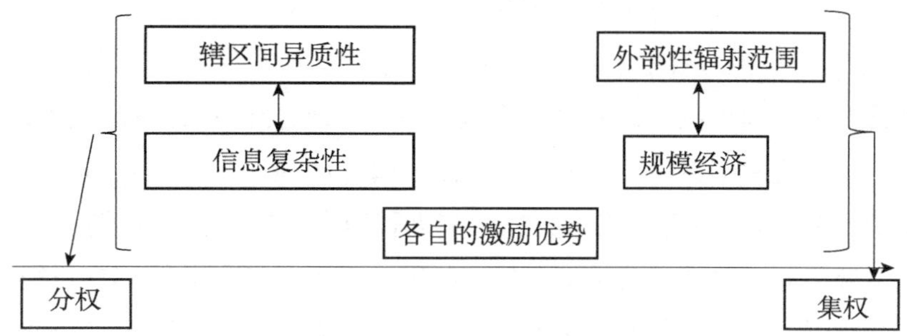

图 6—1 公共物品分权与集权提供的决定因素

6.2 中央与地方间的总体支出责任划分

6.2.1 预算内财政支出的划分：2000 年后地方支出占比不断上升

首先，我们关注中央和地方政府的总支出数额划分，这反映了中央和地方间支出责任划分的总体情况。图 6—2 是 1985—2012 年地方预算内财政支出和收入占全国的比重，从中可见，中央和地方间的总体支出责任划分情况呈现出如下分阶段的特征：

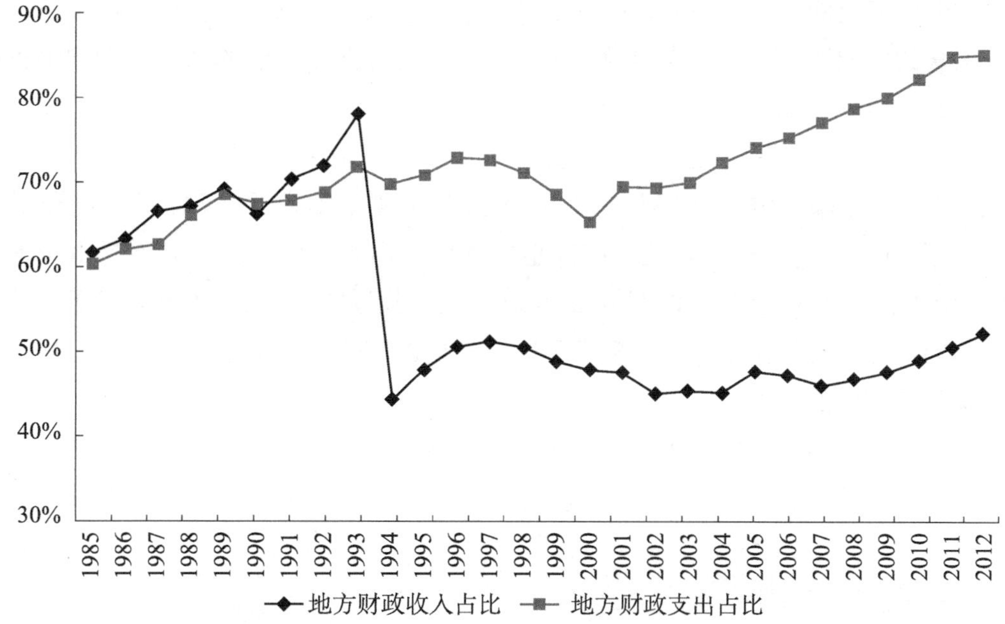

图 6—2 1985—2012 年地方财政支出和收入占全国的比重

资料来源：《中国统计年鉴 2013》，北京，中国统计出版社，2013。

第一，1985—1993年：地方财政支出占比从60%不断上升到72%，显示地方承担的支出责任在不断增加。从图6—2看出，这一时期地方财政支出占比的上升与财政收入占比的上升几乎是同步的。1985年，我国实施了“划分税收、核定收支、分级包干”的财政体制改革，之后中央财政收入占比不断下降，而地方财政收入占比逐步上升（从62%上升到78%）。这一时期，法律法规对中央和地方间的具体事权划分并没有明确的划定，但在财政体制近乎“以收定支”的安排下，中央对地方的转移支付很少，财政支出划分几乎是由财政收入划分所决定的，或者说，有多少财力就能干多少事情。

第二，1994—2000年：为了解决中央财政收入占比不断下降和全国财政收入占GDP比重不断下降的问题，中国在1994年实施了分税制改革。这一改革带有明显的收入集权性质，使地方财政收入占比从78%大幅度下降到44%。分税制改革以制度化的形式明确了中央和地方在财政收入上的划分，但并没有明确中央和地方的支出责任安排。由于支出责任安排的惯性，加之受公共物品的信息复杂性、外部性、规模经济以及各地差异性等因素的制约，中央政府尽管集中了更多的收入，但并不能承担起很多事权。因此，1994—1997年，地方政府支出占比仍然大体维持在1993年分税制改革前的水平。为了弥补地方财政收入远低于支出责任的缺口，中央财政对地方实施了巨大的转移支付和税收返还。一个有意思的现象是，1998—2000年间地方支出占比出现了短暂的下降。这主要是由于，为应对亚洲金融危机和国内经济衰退的压力，中央政府在宏观调控中采取了一系列扩张性财政政策，发行了大量的国债用于扩大中央财政支出。因此，政府支出责任的划分会受到中央政府短期政策目标（如宏观调控）的影响。

第三，2000年以后：这一时期，地方财政支出占比在不断上升，从2000年最低点时的65%提高到了2012年的85%，但是同时期，地方的财政收入占比仍然大体保持原先的水平①。因此，这一时期地方财政支出责任的上升，并不是由于地方本级财政收入占比的上升，也不是因为法律法规明确规定了地方政府承担更多的事权。我们认为，这种在既定行政框架下中央和地方实际支出责任的“悄然变化”来源于如下三方面的原因：

（1）分税制改革之后，中国又实施了若干项财政收入集权化的改革，其中最主要的是2002年开始实施的所得税分享改革，这使中央财政收入占比一直维持在较高水平②。与此同时，最近十年来，我国财政总收入增长速度远远快于GDP增长速

① 地方财政收入占比直到2011年和2012年才出现了小幅度上升。

② 除此之外还包括：2003年实施的出口退税负担机制改革、2008年的成品油税费改革和多次的印花税分享比例改革。

度（郭庆旺、吕冰洋，2011）。因此，从绝对数额上看，中央财力的上升速度非常快。但是中央政府并没有足够的优势去直接扩大自身公共物品的提供，这主要是受两个方面因素的制约：首先是路径依赖因素，公共物品提供需要有具体负责执行的行政部门，但由于行政体制的惯性，中央政府并没有在各地设有派出性质的行政机构去负责公共物品的提供。因此，中央政府扩大公共物品提供的目标不得不依赖于地方政府去提供。其次，也是更重要的，由于公共物品的信息复杂性因素，在很多公共物品项目上，中央政府并没有比较优势去提供，因此也只能依赖于由地方政府提供。因此，中央快速增长财力的并无法用于本级财政的直接支出，而只能通过给予地方政府转移支付的形式，由地方政府负责支出。因此地方财政支出占比的增加中很大一部分来自中央的转移支付[①]（见图 6—3）。

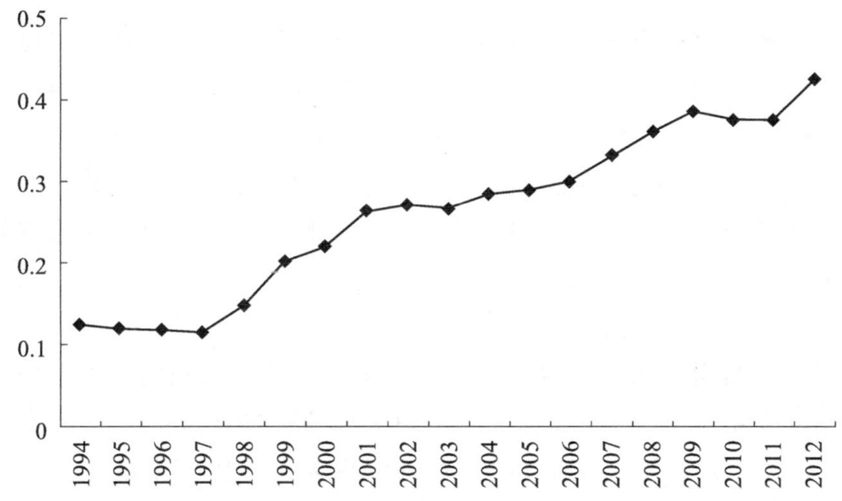

图 6—3 中央转移支付占地方政府全部财力的比重：1994—2012 年

注：地方全部财力的计算方法如下：地方全部财力＝地方本级财政收入＋中央对地方的税收返还和转移支付－地方对中央的上解。

资料来源：《中国财政年鉴（1995—2012）》，北京，中国财政经济出版社；《地方财政统计资料（1994—2009）》，北京，经济科学出版社。

（2）2000 年之后，中央政府的政策目标更加注重民生，提出了科学发展观、构建社会主义和谐社会等目标，并不断增加教育、社会保障、医疗、农林、水利等民生性支出。地方政府在提供大部分这些公共物品方面更具有信息优势，而且这些支出之前都是地方政府在负责，因此中央财政增加民生性支出主要还是通过给予地方转移支付，由地方负责这些民生性支出。而中央财政仍然主要集中于外交、国防、

① 2000 年，对地方转移支付和税收返还占中央本级财政收入的比重为 57%，而到 2012 年这一比重上升到了 82%。

武警、科技等支出上。

(3) 随着地区间经济发展差距的日益扩大，2000 年之后，中央政府的政策目标开始更多地体现“平衡”的导向。为了平衡地区间的经济发展差距，促进公共服务提供的均等化，中央政府给予了经济落后地区更多的财力支出。而这也不是通过中央本级直接在经济落后地区提供更多公共物品，而是给予它们更多的财力性转移支付（2009 年之后改称“一般性转移支付”），由地方政府负责支出。与此同时，中央政府在这一时期实施的西部大开发（1999 年开始）、振兴东北（2003 年开始）和中部崛起（2004 年开始）等政策，也增加了对这些地区的专项转移支付，进一步导致了地方支出比重的上升。

6.2.2 预算外财政支出的划分

上面是根据预算内财政支出数额衡量中央和地方的支出责任，但没有包含预算外资金。预算外资金包括行政事业性收入、政府性基金收入、乡镇自筹统筹资金、国有企业和主管部门收入等。预算外资金的收入和支出口径经过多次调整。[①] 从 2011 年起，预算外收支全部纳入预算内管理。中央和地方预算外支出与预算内支出的比值变化也较大。从图 6—4 可见，1993 年之前，中央和地方的预算外支出数额都非常大，中央预算外支出甚至超过了预算内支出，地方预算外支出数额达到预算内支出的 80%。这主要是因为“国有企业和主管部门收入”缴纳了预算外资金的绝大部分（占 75%以上）。1993 年之后的预算外资金改革极大地降低了预算外资金的数额，从 1997 年之后，中央和地方的预算外资金支出占比都不断下降。到 2010 年，中央和地方的预算外资金与预算内资金的比例分别降到了只有 2%和 7%。

接下来，我们将预算外支出跟预算内支出合并在一起，考察全口径下的中央和地方的支出责任。从图 6—5 可见，预算内财政中地方支出的比重跟全口径下的地方支出比重趋势基本一致，差别主要在于，1986—1992 年间全口径地方支出占比的上升趋势要低于预算内口径下的地方支出占比上升趋势。[②]

---

① 1993—1996 年预算外资金支出范围经历了大幅调整。从 1997 年起，预算外资金支出不包括纳入预算内管理的政府性基金（收费）。从 2004 年起，预算外资金支出为财政预算外专户支出，但却不包含政府性基金支出。

② 当然，在预算内支出和预算外支出外，各级政府还存在大量的体制外资金支出。自从 1993 年之后，我国不断清理体制外资金，相关资金逐步列入政府性基金，并纳入预算管理。近年来，政府性基金预算中，地方政府依托土地出让金而进行的支出占了相当大的比重。地方政府还借助地方融资平台来负债进行城市建设支出。中央政府所属的部门，尤其是原铁道部，也通过大量外部融资进行铁路建设支出。中央和地方这些支出均不在公共财政预算之内，数据难以获得，因此本章没有对此进行考虑。

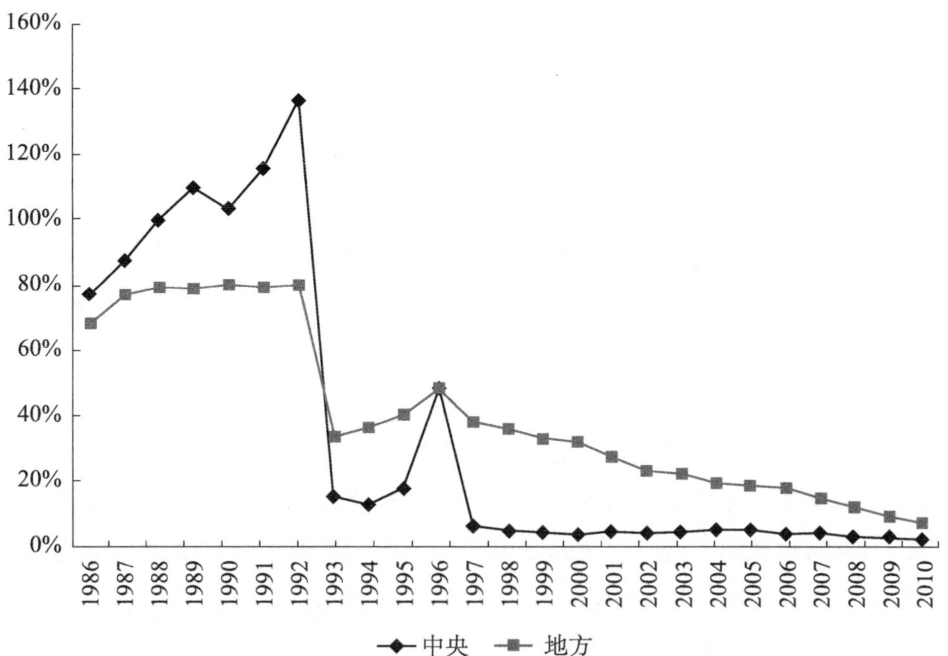

图 6—4 中央和地方预算外财政支出与预算内财政支出的比例

资料来源：《中国统计年鉴 2013》，北京，中国统计出版社，2013。

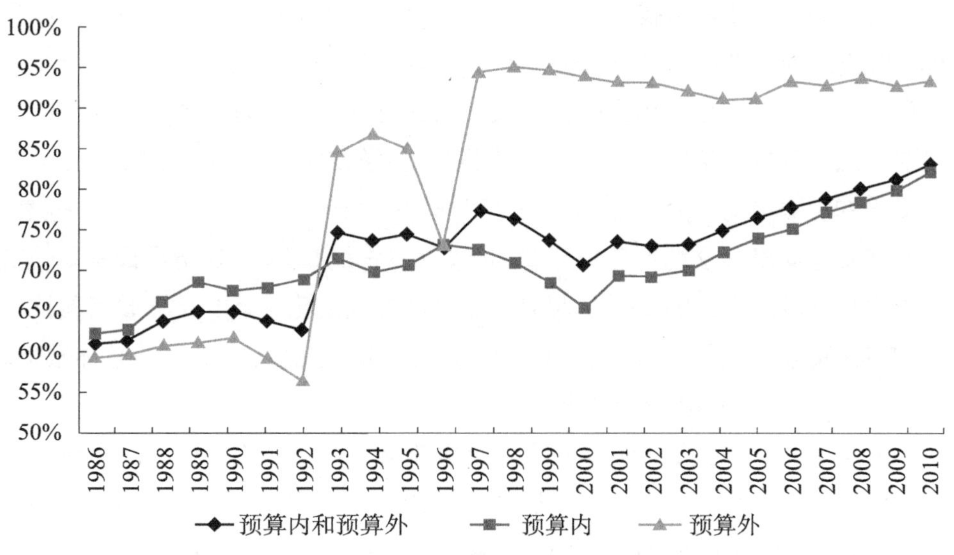

图 6—5 预算内和预算外财政中地方支出的比重

资料来源：《中国统计年鉴 2013》，北京，中国统计出版社，2013。

6.3　中央与地方间的分类支出责任划分

6.3.1　当前中央和地方分类支出责任划分

上一节分析了1985年至今中央和地方总体支出责任的划分情况。接下来，我们分析中央和地方在各类支出责任上的划分情况。我们首先利用2012年数据分析当前的情况。

表6—1第1列是在各类型财政支出中地方财政支出所占的比重。从中可见，在外交、国防、武警和国债还本付息支出四个类别上，中央财政承担了绝大部分甚至几乎全部的支出责任。在科学技术支出、金融监管等事务支出和粮油物资储备事务三个类别上，中央财政承担了接近一半的支出责任。但在其他领域，中央承担的支出责任比重都较低。根据前面分析的政府间支出责任划分的原则，外交、国防、武警、科学技术、金融监管、粮油物资储备不仅在提供成本上具有非常强的规模经济，而且在受益辐射地域范围上具有非常大的正外部性，因此适合由中央政府承担。综观世界各国，在这些全局性事务上，也通常都由中央政府主要承担。但是，另一方面，地方政府仍然承担了3.1%的国防支出、26.7%的武警支出，而这两类支出应完全由中央政府承担。与此同时，在科学技术支出、粮油物资和金融监管事务上，地方都承担了超过50%的支出，而这些支出上中央承担的比重应该进一步提高。

我们还计算了各类型支出占中央财政支出的份额，以从另一个角度反映中央财政支出主要投向的领域。从表6—1可见，国防、科学技术、国债还本付息支出占中央财政总支出的份额最高，分别为34.5%、11.8%和11.0%。其次是教育、一般公共服务、武警和交通支出，分别占5.9%、5.3%、4.9%和4.6%。这七项最重要的支出项目合计占中央财政总支出的78%。尽管在教育和交通支出上，与地方政府相比，中央承担的相对比重较低（分别为5.2%和10.5%），但由于这两项支出的总体数额较大，因此在中央本级支出仍占有重要的地位。

在除外交、国防、武警、科学技术、金融监管、粮油物资储备和国债还本付息支出之外的领域，地方政府的支出占比都在80%以上，在很多项目上支出占比甚至都接近100%。从各项目占地方财政支出的份额来看，福利类支出（社会保障和就业、医疗卫生、住房保障三项）占地方财政总支出的份额最高，达到21.7%。教育支出占18.8%，基本建设类支出（含城乡社区事务、交通运输）共计15.3%，行政管理类支出（含一般公共服务、公共安全）共计16.1%，农林水事务支出占10.7%，其他支出所占份额均在 4%以下。

一般认为，社会保障支出更适合由更高层级的政府负责支出，因为其信息复杂性较低，而且劳动力的跨地区流动性也使该公共物品具有很强的外部性。不仅如此，社会保障基金在管理和运营上还具有一定的规模经济。但是目前，社会保障支出却主要由地方支出，在管理上主要由县或市负责。

与此同时，由于篇幅限制，表 6—1 仅反映了大类支出，而无法细分到“款”和“项”级的支出。现实中，中央政府在食品药品监管、产品质量监管、跨地区司法、跨地区基础设施、具有跨地区外部性的环境保护等事权上缺位较为严重，这些事权具有较强的外部性，尽管存在一定的信息复杂性，但是仍应该由中央或省级政府负责支出，而现实中却大都由县、市级政府承担。

表 6—1　　2007 年和 2012 年中央和地方的各类财政支出（%）

	各类支出中地方支出占总支出的比重		各类支出占中央支出的份额		各类支出占地方支出的份额	
年份	2012	2007	2012	2007	2012	2007
项目	(1)	(2)	(3)	(4)	(5)	(6)
合计	85.1	77.0	100.0	100.0	100.0	100.0
一般公共服务	92.1	84.3	5.3	10.2	10.9	16.4
外交	0.4	0.7	1.8	1.9	0.0	0.0
国防	3.1	2.0	34.5	30.4	0.2	0.2
公共安全（不含武警）	95.4	95.0	1.4	1.3	5.2	7.2
武警	26.7	21.0	4.9	4.0	0.3	1.2
教育	94.8	94.5	5.9	3.5	18.8	17.5
科学技术	50.4	48.1	11.8	8.1	2.1	2.2
文化体育与传媒	91.5	85.8	1.0	1.1	1.9	2.0
社会保障和就业	95.3	93.7	3.1	3.0	11.2	13.3
医疗卫生	99.0	98.3	0.4	0.3	6.7	5.1
节能环保	97.9	96.5	0.3	0.3	2.7	2.5
城乡社区事务	99.8	99.8	0.1	0.1	8.5	8.4
农林水事务	95.8	90.8	2.7	2.7	10.7	8.1
交通运输	89.5	59.2	4.6	6.8	6.8	3.0
资源勘探电力信息等	89.3	—	2.5	—	3.7	—
商业服务业等事务	98.5	—	0.1	—	1.3	—
金融监管等事务支出	54.4	—	1.1	—	0.2	—
地震灾后恢复重建支出	100.0	—	0.0	—	0.1	—
援助其他地区支出	100.0	—	0.0	—	0.1	—
国土资源气象等事务	82.1	—	1.6	—	1.3	—

续前表

	各类支出中地方支出占总支出的比重		各类支出占中央支出的份额		各类支出占地方支出的份额	
年份	2012	2007	2012	2007	2012	2007
项目	(1)	(2)	(3)	(4)	(5)	(6)
住房保障支出	90.8	—	2.2	—	3.8	—
粮油物资储备事务	53.1	—	3.4	—	0.7	—
工业商业金融等事务	—	66. 1	—	12.6	—	7.3
国债还本付息支出	21.8	5.9	11.0	8.7	0.5	0.2
其他支出	98.5	80.5	0.2	5.0	2.3	6.2

注：工业商业金融等事务为2007年的财政支出科目，2009年后改为商业服务业等事务、金融监管等事务支出等科目。

资料来源：2008年和2013年《中国统计年鉴》。

6.3.2 分类支出责任划分的历史变迁

前面的分析显示，2000年至今，地方财政支出责任所占比重在一直上升。由于财政支出分类科目在2007年发生了变化，我们无法使用连贯的时间序列去进行考察。为此，我们仅比较2007—2012年变化情况，结果在表6—1当中。

从2007和2012年的分项目支出责任来看，在一般公共服务、交通运输、文化体育与传媒、农林水事务等方面，地方支出占比出现了上升。科学技术、社会保障和就业、节能环保等项目小幅度上升。在外交、国防等中央担负主要支出责任的事项上，变化基本不大。

一些地方政府承担为主的事务，如教育、医疗卫生、交通运输和农林水事务，由于2012年与2007年相比，它们占全国财政总支出的份额出现了大幅的上升。因此即使中央和地方分担的比重大体不变，这也推高了地方财政承担的总体支出责任。住房保障支出作为一项新增的科目，数额比较大，占全国财政支出的份额达到3.5%，而这主要都由地方政府负责支出，因此提高了地方支出比重。

教育、医疗、农林水事务、社会保障、住房保障等支出的增加，有两方面原因：一方面，这体现了中央对地方的政策干预。如前所述，2000年以来，中央政府在政策导向上更加注重民生，这些民生性支出大幅上升，都交给了地方政府具体负责支出。另一方面，地方承担的行政管理支出和交通支出上升，主要可归因于地方政府在这些方面具有较强的支出偏好。行政管理支出上升速度较快，与地方政府的财政供养人员数量上升速度较快有关，而中央政府的财政供养人员数量上升较慢。与此同时，由于交通基础设施支出对GDP的拉动作用显著，因此政府有强烈的支出偏好，如果包含预算外的交通支出（例如通过地方投融资平台的支出），那么地方政府的交通支出将会更高。

6.3.3 中央委托地方事务的支出

广义上的中央财政支出包含三个部分，即中央本级财政的支出、中央委托地方政府的支出、中央对地方的财力均衡性转移支付与税收返还。上面分析的中央和地方财政支出占比，其中中央财政支出是狭义的（即本级支出），地方财政支出则包含了中央对地方转移支付的资金。地方财政支出中相当一部分是中央委托地方的支出，这表现为中央对地方各种类型的专项性质转移支付。这些中央委托地方的支出不仅包含狭义的专项转移支付，在一般性转移支付中也有若干个专项性质的转移支付，具体包括工商部门停征两费等转移支付、基层公检法司转移支付、义务教育等转移支付、基本养老金和低保等转移支付、新型农村合作医疗等转移支付、村级公益事业奖补助。对应政府支出类型划分，这些支出可以列入一般公共服务、公共安全、教育、社会保障和就业、医疗卫生、农林水事务支出科目。

根据财政部编制的“2012 年中央公共财政支出决算表”，中央对地方的专项性质转移支付共计 25 969 亿元，占地方支出的比重达到 24.2%，与狭义中央本级支出的比值达到 138.4%。中央委托地方支出的数额十分巨大，而且上升速度很快，这也是近年来地方支出占比不断上升的重要原因。

表 6—2 列出了各种类型的中央委托地方支出数额。从中可见，在社会保障和就业、节能环保、农林水事务、交通运输、住房保障支出这几类支出上，中央对地方的专项性质转移支付占地方支出的比重都超过了 40%，而且都远远超过了中央本级在这些类型上的支出。表 6—2 第 6 列是各类型支出占全国中央委托地方支出的份额，从中可见，中央委托地方支出主要集中在农林水事务、社会保障和就业、交通运输、教育、住房保障、医疗卫生、节能环保等类型上，这七项支出共计占中央委托地方支出的 86.9%。

巨额的中央委托地方支出一个根源在于中央和地方政府事权和支出责任划分不清晰、不合理、不规范。中央部门经常通过资金安排不适当干预地方事权，一些应由中央负责的事务也交给了地方承担，而中央不得不通过设立大量专项转移支付项目对地方给予补助。

巨额的中央委托地方支出的更深层次根源是地方政府的激励不相容。近年来，中央政府重要政策目标是增加民生性支出和协调跨地区事务，但以 GDP 增长为主的自上而下的官员考核体系使地方政府自身缺乏足够的激励完成这些支出责任，分税制改革后地方财政收入的下降也制约了地方政府有充足的财力承担这些支出。因此，很多民生性支出只能由中央通过专项转移支付，交由地方政府来具体执行。自上而下的官员任命体系，使得中央和地方支出责任安排不得不进行这种妥协，因此只能是激励不相容之下的次优选择。当前我国政府间支出责任安排和转移支付制度的设计，在很大程度上内生于地方政府在财政支出结构上的激励不相容。

专项转移支付过多带来了很多负面后果：第一，这会影响地方的自主性、积极性，并且造成职责不清和无从问责的现象；第二，下级政府也习惯于向上级政府争取财力支持，造成“跑部钱进”的现象。

表 6—2　　2012 年中央对地方的专项性质转移支付

项　目	中央财政支出（亿元）	地方财政支出（亿元）	中央对地方的专项性质转移支付（亿元）	中央对地方专项性质转移支付与中央财政支出之比	中央对地方专项性质转移支付占地方财政支出的比重	各类支出占专项性质转移支付的份额
合计	18 765	107 188	25 969	138.4%	24.2%	100.0%
一般公共服务	998	11 702	332	33.3%	2.8%	1.3%
外交	332	1	0	0.0%	0.0%	0.0%
国防	6 481	211	25	0.4%	11.7%	0.1%
公共安全（不含武警）	270	5 596	697	257.9%	12.4%	2.7%
武警	913	333	0	0.0%	0.0%	0.0%
教育	1 101	20 141	2 680	243.3%	13.3%	10.3%
科学技术	2 210	2 242	81	3.7%	3.6%	0.3%
文化体育与传媒	194	2 075	301	155.6%	14.5%	1.2%
社会保障和就业	586	12 000	5 168	882.4%	43.1%	19.9%
医疗卫生	74	7 171	1 974	2 657.0%	27.5%	7.6%
节能环保	64	2 900	1 935	3 039.7%	66.7%	7.5%
城乡社区事务	18	9 061	427	2 348.8%	4.7%	1.6%
农林水事务	502	11 471	5 494	1 093.3%	47.9%	21.2%
交通运输	864	7 333	3 106	359.7%	42.4%	12.0%
资源勘探电力信息等	473	3 935	484	102.4%	12.3%	1.9%
商业服务业等事务	20	1352	451	2 243.7%	33.3%	1.7%
金融监管等事务支出	210	250	47	22.3%	18.7%	0.2%
地震灾后恢复重建支出	0	104	0	—	0.0%	0.0%
援助其他地区支出	0	127	0	—	0.0%	0.0%
国土资源气象等事务	298	1 368	179	60.1%	13.1%	0.7%
住房保障支出	411	4 069	2 191	533.1%	53.8%	8.4%
粮油物资储备事务	645	731	345	53.5%	47.2%	1.3%
国债还本付息支出	2 060	575	0	0.0%	0.0%	0.0%
其他支出	38	2 444	53	138.7%	2.2%	0.2%

资料来源：2008 年和 2013 年《中国统计年鉴》；财政部“2012 年中央公共财政支出决算表”。

6.4 政府间支出责任安排的改革建议

6.4.1 政府间支出责任安排改革的前提

根据前面的分析，当前我国政府间支出责任安排的不合理之处，很大程度上源于政府与市场的边界不清晰，以及地方政府在提供部分公共物品上的激励不相容。因此，在改革我国政府间支出责任安排时，首先需要改革如下两个前提条件。

1. 确立政府与市场的边界，实现简政放权

政府间财政支出责任划分的首要前提是确定政府与市场的边界。只有确定了政府的边界（即全部职能），才能再进一步将政府的职能在各层级政府间进行划分。

改革开放以来，以市场化为导向的改革造就了中国经济增长的奇迹。计划经济时期，各级政府的财政都是经济计划的一部分，财政支出主要都用于生产性建设。改革开放以来，政府的功能定位逐步确立为提供公共服务，但是仍然存在很多“越位”现象。国有企业在很多行业都仍占有绝对地位，政府和其下属的众多事业单位也承担了本应由市场和民间承担的责任。当前我国政府直接干预市场和微观企业的行为仍然较多，在项目审批上环节过多。

当前，政府与市场边界的明确，核心在于发挥市场在资源配置中的决定性作用。一方面要引导鼓励市场承担更多的资源配置职能，减少政府很多支出项目上的直接负担。例如，在高等教育、医疗、文化、体育、传媒等领域，应该鼓励民间资本进入。在基础设施和市政公用事业设施上，应支持民间资本以 BT（建设—移交）、BOT（建设—经营—移交）、TOT（转让—经营—移交）等方式参与建设。应该加大力度转变政府职能，充分实现“简政放权”。其核心在于深化投资体制改革，确立企业投资主体地位，政府对企业投资仅集中于必要的监管，例如确立节能节地节水、环境、技术、安全等方面的市场准入标准。

另一方面，政府在很多公共物品的提供上也存在“缺位”，在解决市场失灵的公共物品（如部分市场活动监管）上提供不足，关乎民生福利的公共物品提供（如义务教育、医疗、社会保障）仍然离人们的需要有一定差距，政府应当不断加大对这类公共物品的投入。

2. 完善地方政府激励机制

即使明确了中央和地方各自承担的事权，但是假如地方政府并没有激励去履行

自身应当承担的支出责任，那么界定政府间事权将是无效的。因此，改革和完善政府间事权和支出责任的划分，需要首先完善地方政府的激励机制，其核心在于改革行政体系考核和干部任用机制。

改革开放以来，中央逐步建立了以GDP增长绩效为核心的干部考核和选拔体系。这一政治晋升机制使得地方政府的政治利益与经济利益保持了较高的一致性，对地方政府行为产生了极其深远的影响，成为中国经济体制改革能够取得巨大成功的一个重要制度基础（Li and Zhou，2005；Xu，2011）。不过，地方政府在这一激励机制下，有动机提供基础设施、招商引资等生产性公共物品，但是却没有动机去承担教育、医疗、社会保障、环境保护等民生性公共物品。而根据政府间支出责任的划分原则，这些关乎社会民生的公共物品大多具有更强的信息复杂性，因此更加适合由地方政府负责，中央政府很难直接进行支出。为了弥补地方政府在这些支出责任上的激励不足，中央政府不得不给予地方政府专项转移支付，这也导致中国特色的规模如此之巨大的“中央委托地方支出”（见表6—2），并带来了职责不清、无从问责和地方“跑部钱进”等一些弊端。随着经济发展水平的提高，人们对这些民生性公共物品的需求越来越高，这些公共物品对社会和谐和经济可持续发展发挥的作用越来越大，这种激励不相容的矛盾也会越来越突出。

因此，中央政府应在官员考核体系设计上促使地方政府树立更加正确的“政绩观”，激励地方政府支出责任更加偏向民生性支出。一个重要的思路是，改变以GDP增长为核心的地方政府政绩考核体系，逐步建立包括经济稳定以及教育、医疗卫生、环境质量和生活条件等社会民生发展指标的复合型评价体系。党的十八届三中全会《决定》中也明确提出“完善发展成果考核评价体系，纠正单纯以经济增长速度评定政绩的偏向，加大资源消耗、环境损害、生态效益、产能过剩、科技创新、安全生产、新增债务等指标的权重，更加重视劳动就业、居民收入、社会保障、人民健康状况”。

当然，也需要认识到，官员考核体系的重新设计并不能完美地解决地方政府在支出上的激励相容。首先，复合型评价体系下的目标多达十几项，根据激励理论，多任务目标并不能最有效激励地方政府完成各种任务。其次，GDP增长作为可清晰衡量的单一指标，具有有效的激励效果，但复合型评价体系中很多指标缺乏非常客观的衡量指标，很多指标的噪音会比较大，绩效效果会大打折扣。再次，复合型的评价体系与官员的经济利益并不是完全一致的。由于这些问题，地方政府的激励不相容问题无法因复合型评价体系而完全得到解决。因此，复合型评价体系的指标也不宜选择过多，而应该选择客观、可衡量、噪音小的指标。长期来看，应该逐步补充自下而上的、以反映民意为基础的官员评价指标，建立自上而下组织遴选和自下而上民意反映相结合的官员晋升体系。

在利用信息复杂性、外部性、规模经济等原则设计政府间支出责任时，其前提是激励完美相容。但是，在套用这些西方经济学理论设计中国政府间支出责任时，需要充分考虑到中国政治体系中"官员任命制"这一制度条件所带来的约束。

6.4.2 政府间支出责任改革的方向和具体建议

在确立上述两项改革前提后，政府间支出责任安排改革的基本方向应该是权责明晰、权责统一和财力匹配。

首先，应当明晰各级政府的事权，将事权与支出责任相匹配。明确事权是优化政府间支出责任安排的始发环节，只有将各级政府间事权划分加以明确且合理化，支出责任才能确定并与之匹配。当前，我国中央和地方职责交叉重叠、共同管理的事项较多，中央对地方支出存在过多干预。根据制度经济学的基本理论，在划分私人物品产权时，强调只有明细产权所有人，才能提高市场交易和资源配置的效率。按照同样的逻辑，在界定政府间事权和支出责任时，也需要界定清楚各级政府的事权和支出责任边界，这样才不会产生政府间的相互越位和缺位问题，才能达到激励各级政府各司其职，充分调动各级政府的积极性。

其次，在政府间事权和支出责任明确并进行合理划分后，应该具有充足的财力与之匹配，使每级政府有足够的财力完成相应的支出责任。地方政府的"财力"既包括本级财政收入，也包含上级给予的财政转移支付。理想的情况下，应该先按照政府间事权划分的原则，确定中央和地方各自承担的支出责任，再来确定财政收入划分。但是，由于政府间收入划分的原则与支出责任划分的原则并不完全一致，现实当中无法实现每一级政府支出责任完全等于其财政收入，政府间支出责任划分与财政收入划分之间无法完全匹配。但是，当地方政府的自身收入难以承担其支出责任时，上级政府应该通过转移支付制度来弥补其财力缺口。而且，这些转移支付不应该是竞争性（即地方需要向上级争取这些资金），而应该在事前就根据清晰合理的标准划分给地方政府。从这个角度看，政府间支出责任安排的改革必须与转移支付制度进行联动改革。

在具体事权安排上，应该着重改革如下方面：

（1）具有极强外溢性而且信息复杂性低的外交、国防和武警支出应该全部划分为中央政府事权，并由中央负责全部支出。

（2）对于科技、金融监管、粮油物资储备等具有较强外溢性和规模经济的事权，也应该大部分调整为中央事权，适当提高中央直接支出的比重。

（3）对于具有较强外溢性而且地方政府没有激励进行支出的事权，如食品药品监管、产品质量监管、跨地区司法、跨地区基础设施、具有跨地区外部性的环境保护等，应该由市、县政府事权调整为中央或省级政府事权。

（4）对于养老保险和医疗保险，其信息复杂性不强、规模经济较强，又关乎全国总体的收入分配，适合由中央或省级政府统筹管理。而且，各地分别管理容易造成条块分割问题，而且劳动力的跨地区流动使条块分割问题越来越突出。改革方向应该是由中央直接进行管理，但是短期之内，由于各地养老保险缴费水平和保障水平的差异巨大，可以先实现省级统筹和分省管理。待条件成熟后，再逐步过渡到中央管理。

（5）义务教育和住房保障这两项事权的信息复杂性较强，支出数额又非常巨大，但是由于地方政府缺乏足够的激励和充足的财力，因此难以完全由地方政府承担。因此，在支出责任划分时，可以设计为中央和地方政府共同负担。中央政府以转移支付的形式给予地方政府补助，由地方政府具体负责执行，从而缓解地方政府的激励不足和财力不足困境。但是，在转移支付机制设计的时候，考虑到目前专项转移支付制度的弊端，应该朝“分类拨款”的方向进行改革（见本书第 7 章）。其核心在于在用途指定上，指定较宽泛但又非不指定用途；在资金分配上，按因素法分配资金，从而使地方政府在事前就以清晰的标准预期到自己得到转移支付资金的具体数额。

（6）对于本地基础设施、市政建设等信息复杂性极强的公共物品，由于地方政府具有充足的激励，仍然由地方承担。

6.5 小　结

本章梳理了政府间支出责任安排的基本原则，包括信息复杂性、外部性、规模经济和激励相容等。然后利用相关统计资料，对中国政府间支出责任安排的轮廓进行了梳理。当前政府间支出责任划分存在的问题主要是中央在部分支出领域存在缺位，地方政府却缺乏充足的激励和足够的财力承担这些支出，因此也造就了中国如此规模巨大的专项转移支付。在套用这些西方经济学理论，利用信息复杂性、外部性、规模经济等原则来设计中国政府间支出责任时，需要充分考虑到中国政治体系下地方官员激励机制所带来的约束。我们认为，对政府间支出责任下一步改革时，应该首先改革两个前提条件：一是界定政府和市场的边界，推进简政放权；二是完善地方政府激励机制，建立有效的官员评价体系。

在满足这两个前提条件下，才能推进政府间支出责任安排的改革。改革的基本方向应该是权责明晰、权责统一和财力匹配。应当明晰各级政府的事权，将事权与支出责任相匹配。在政府间事权和支出责任明确并进行合理划分后，应该具有充足的财力与之匹配，从而使每级政府有足够的财力完成相应的支出责任。当地方政府的自身收入难以承担其支出责任，上级政府应该通过转移支付制度来弥补其财力缺口。同时，政府间支出责任安排的改革必须与转移支付制度进行联动改革。

第 7 章　政府间转移支付：扩大分类拨款范围*

转移支付制度是处理中央与地方财权关系的重要一环。考虑到专项转移支付的弊端、地方政府重投资轻民生的支出偏好以及基本公共服务均等化的必要性，中央政府对地方政府的转移支付资金，其用途指定不宜过细，但不宜不指定用途。作为转移支付手段，用途指定较宽泛并按因素法分配资金的分类拨款，更适合我国的实际情况。分类拨款不仅有利于公共服务均等化的实现，同时有助于消除目前我国专项转移支付的弊端，应成为我国专项转移支付制度的改革方向。

7.1　现实国情与转移支付的安排

7.1.1　转移支付的分类

一般而言，在中央政府向地方政府提供的转移支付资金中，有些指定资金的用途，地方政府必须把资金用于事前约定的公共支出上，而有些则是不指定用途的，地方政府可根据本地实际需要自由安排资金的使用。按照中央政府是否对转移支付资金指定用途，转移支付可以被分为一般性转移支付、专项转移支付、分类转移支付三种形式。表 7—1 展示了各类型转移支付方式的主要特征。

---

* 本章由岳希明教授和蔡萌博士执笔。

表 7—1　　我国转移支付的分类

转移支付类型	转移支付特点	
	资金用途	资金分配方法
一般性转移支付	不指定资金用途	按因素法分配
专项转移支付	严格指定资金用途	按项目分配
分类转移支付	规定使用方向但不指明具体用途	按因素法分配

一般性转移支付（或称一般性拨款）是按因素法设计，中央政府不指定资金用途，地方政府可以自由支配资金的转移支付形式。其缺陷是在缺乏选民约束的情况下，地方政府倾向将资金用于生产性支出，也易通过“粘蝇纸效应”[①] 导致财政支出规模扩张。专项转移支付（或称专项拨款）是按项目设计、中央政府严格指定资金用途、地方政府必须依照中央政府的要求而将资金用在事前约定的公共支出上的转移支付。分类转移支付（或称分类拨款）介于两者之间，较专项转移支付而言，分类拨款是规定使用方向但不指明具体用途的转移支付，其资金用途不被限定于某一具体的公共项目，而是某一大类公共服务（如教育、医疗等），资金用途虽有限制但却较为宽泛。

表 7—2 和图 7—1 展示了 1999—2009 年我国专项转移支付、一般性转移支付与分类拨款的规模以及变化趋势。从中我们可以看出，我国三种类型转移支付的规模都呈现逐年扩大的趋势。其中，专项转移支付的规模最大。1999 年我国专项转移支付总额为 1 360.33 亿元，而到了 2009 年，这一数字达到了11 754.87亿元，增长了将近 7.6 倍。一般性转移支付与分类转移支付的规模相当，增速相近。但 2008 年到 2009 年，分类转移支付有了更为快速的增长，从 2008 年的3 860.07亿元增加到 2009 年的 6 053.42 亿元。

表 7—2　　各类型转移支付规模　　单位：亿元

年份	专项转移支付	一般性转移支付	分类转移支付
1999	1 360.33	403.01	108.38
2000	1 647.73	665.40	227.98
2001	2 203.50	859.58	745.20
2002	2 401.81	849.23	1 094.84
2003	2 391.71	1 001.61	1 239.56
2004	3 237.71	1 416.89	1 516.86

① “粘蝇纸效应”定义为：一般性转移支付对地方政府公共支出增长的刺激作用大于等额的居民收入增加对公共支出的刺激作用（Gramlich，1977），这相当于上级政府通过地方政府把一笔钱发给当地居民，但这笔钱却“粘”在了地方政府那里。

续前表

年份	专项转移支付	一般性转移支付	分类转移支付
2005	3 647.00	1 911.46	1 804.29
2006	4 634.34	2 375.11	2 649.76
2007	6 186.93	3 460.77	3 556.45
2008	9 397.33	4 630.90	3 860.07
2009	11 754.87	5 023.13	6 053.42

资料来源：财政部预算司编：《2009年地方财政运行分析》。

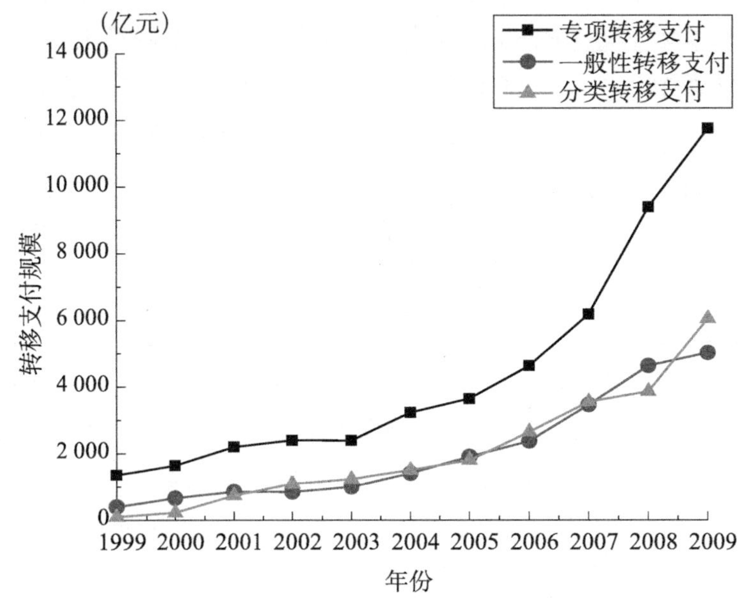

图 7—1 各类型转移支付规模变化趋势

资料来源：财政部预算司编：《2009年地方财政运行分析》。

表7—3和图7—2展示了1999—2009年我国专项转移支付、一般性转移支付与分类拨款占比以及变化情况。一方面，专项转移支付一直以来都在我国转移支付总额中占据最高的比重，10年来几乎在50%以上。另一方面，专项转移支付比重存在下降的趋势。1999年，我国专项转移支付占转移支付总额的比重为72.68%，而到2009年，这一比重下降为51.49%。一般性转移支付的比重变化不大，一直保持在20%左右。分类拨款的比重有了较为明显的增加。1999年，我国分类拨款金额仅占转移支付资金总额的5.79%，2009年，这一比重增加到了26.51%。但需要注意的是，虽然分类拨款数额近年来有增加的趋势，但其在我国转移支付总额中的比重仍然显著地低于专项转移支付。

表 7—3　　各类型转移支付占比（%）

年份	专项转移支付	一般性转移支付	分类转移支付
1999	72.68	21.53	5.79
2000	64.84	26.19	8.97
2001	57.86	22.57	19.57
2002	55.27	19.54	25.19
2003	51.62	21.62	26.76
2004	52.46	22.96	24.58
2005	49.53	25.96	24.51
2006	47.98	24.59	27.43
2007	46.86	26.21	26.93
2008	52.53	25.89	21.58
2009	51.49	22.00	26.51

资料来源：财政部预算司编：《2009 年地方财政运行分析》。

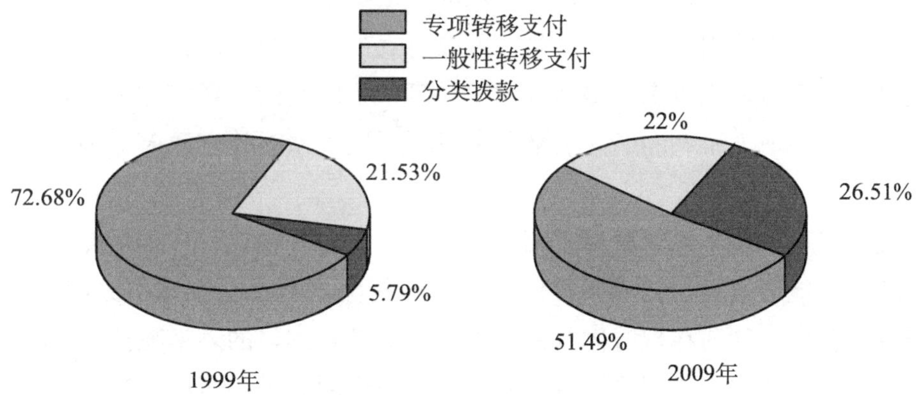

图 7—2　各类型转移支付占比变化

资料来源：财政部预算司编：《2009 年地方财政运行分析》。

7.1.2　转移支付有效的两个前提

转移支付制度能够发挥效率的前提有两个：一是上级政府能够对下级政府的资金使用实行有效监督；二是转移支付资金的使用能够真实反映辖区居民的偏好（而非官员的偏好）。显然，超大型经济体和官员任命制下，这两点很难同时满足，转移支付容易产生效率损失。世界上确实有不少国家通过大规模转移支付来调整政府间财政关系，但是大多数国家国土面积较小，通过直接选举产生的基层政府行政长官需要为辖区居民负责，这种情况下中央政府集中大部分财权，然后通过大规模转移支付来维持地方财力并无不妥，地方税系的建设不是一个迫切的问题。即使是英国、法国这样达到一定规模的经济体，通过大规模转移支付来调整政府间财政关系仍然可行，以中央政府税收占全国税收的比而论，2010 年，英国高达 93.8%，法国高达 83.3%。

7.1.3 现实国情

通过上一小节分析可知，许多国家调整政府间财政关系的办法是减少分税的规模，代之以中央政府集中征税，然后通过大规模转移支付来弥补地方财力不足。那么，我国实行这种办法是相对较优的选择吗？

转移支付规模大的好处是中央对地方的控制力增强，并可平衡地方发展。但是，我们认为，由于中国行政体制和国情特点，这种做法会有很大的弊端。

中国作为一个疆域广大的国家，广大经济和社会事务要交给地方政府完成，财权与事权不匹配的现实情况往往导致地方政府在履行政府职能时捉襟见肘，因此中央政府应考虑给予地方政府较为稳定充足的财政资金来保证其公共服务的提供。此外，我国行政管理体制的一大特点是地方政府官员以上级政府任命为主，在这种情况下通过大规模转移支付来调整地方财力与事权不匹配的问题实非上策，必须考虑建设一个稳定的地方税系问题，也必须考虑到不同税系对地方政府行为目标的激励问题。

不过，以上分析不意味着要大幅度缩减转移支付规模。从中国历史经验看，如果中央政府不能通过财力转移来控制地方政府行为，那么会削减中央政府的权威，不利于政治稳定。如何在现行体制框架下发挥好转移支付的效率呢？

总的来说，考虑到我国采用自上而下官员任命制为主的行政管理体制，以及纵向政府间信息不对称程度较高的国情，我们对转移支付的判断是：一是降低对转移支付的依赖；二是在转移支付中要扩大分类转移支付的范围。

7.2 我国专项转移支付的弊端

7.2.1 专项转移支付的弊端

转移支付制度改革是我国财政体制改革的重要组成部分。当前我国转移支付制度改革的必要性在于专项转移支付资金存在诸多弊端，转移支付制度的改革实际上是专项转移支付的改革。“完善财政转移支付制度，大幅度减少、合并中央对地方专项转移支付项目，增加一般性转移支付规模和比例。”这是 2013 年两会期间公布的《国务院机构改革和职能转变方案》对我国转移支付制度改革的表述，同时也是对多年来党和政府文件多次强调的转移支付制度改革目标的重复。

我国专项拨款的弊端由来已久，其中包括：项目种类和数量繁多，金额小，由于专款专用和资金分散，难以集中财力做大事，资金的使用效率低；项目的申请和审批程序复杂，项目申请者和管理者的负担都很重；拨款的审批时间长，资金不能及时到位，不利于地方政府在预算年度内的资金安排，财力均等化效应弱；资金分配不透明，易于产生腐败、项目包装、虚报冒领以及多头申请等不良现象。并且，在国土面积广大、行政级次多、地方事务繁杂的背景下，中央政府与地方政府间信息不对称问题比较突出，专项转移支付难以反映实际。图7—3集中展示了我国专项转移支付的诸多弊端。

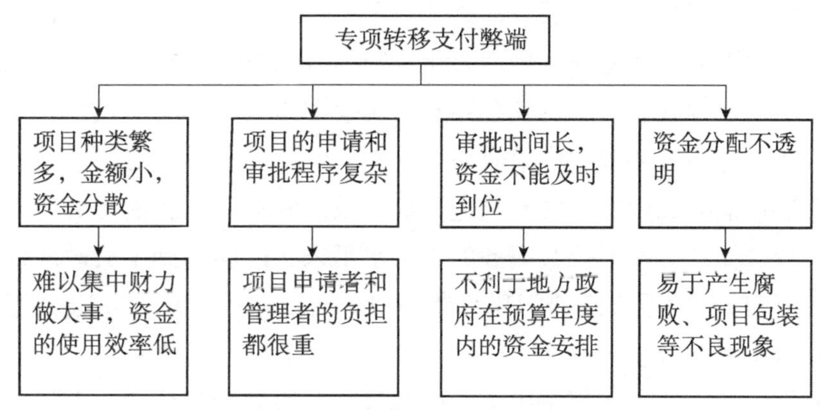

图7—3　我国专项转移支付的弊端

7.2.2　专项转移支付制度改革应考虑的问题

专项拨款的改革方向无非为两点：其一，放宽或取消资金使用限制，让地方政府根据本地区需要自由安排支出，提高资金使用效率；其二，尽可能减少按项目申报和审批分配资金，改按因素法分配，增加资金分配的透明性。在对专项拨款指定用途范围放宽还是取消的选择上，需要谨慎的考虑。从字面上理解上述我国转移支付制度改革目标，应当完全取消用途限制，至少对绝大多数专项拨款如此。但是，从我国现实来说，这一点并不可取。在考察中央到地方转移支付资金是否指定用途时，除了专项拨款的弊端之外，其他两个因素不容忽视：一是基本公共服务均等化的目标，二是我国地方政府重投资轻民生的公共支出偏好。

1. 基本公共服务均等化目标

2012年7月20日国务院公布的《国家基本公共服务体系“十二五”规划》第

一次明确地界定了基本公共服务的范围、服务对象、保障标准、支出责任和覆盖水平等内容，使我国基本公共服务均等化从理念变成可操作的计划。基本公共服务均等化的目标是通过全国各地提供这个最低水平的公共服务，让全体国民无论居住在何处都能享受最基本的、大体相同的公共服务。可见，基本公共服务均等化目标的实现需要地方政府把有限的资金优先地用于教育、医疗和社会保障等民生支出上，由此保证最低水平公共服务的提供。

中央政府将实现基本公共服务均等化作为政策目标的动因可以概括为如下几点[①]：第一，实现基本公共服务均等化属于中央政府的收入分配事权。在目前事权划分框架下，收入分配职能为中央政府职能，而在现实中一些具有较强收入分配职能的公共服务（基础教育、公共医疗和社会保障等多种基本公共服务）是由地方政府提供的。如果这些基本公共服务的提供水平完全由地方政府决定的话，势必会导致地区间供给水平的显著差异，进而恶化全国的收入分配状况。第二，在地方分权的财政体制下，地方政府在决定其公共支出规模和结构上具有一定的自主权，这是实现地方分权、提高公共服务供给效率的前提。但是在这种情况下，地方政府有动机也有机会通过缩减民生支出的方式进行地方政府间竞争，进而导致地方政府在教育、医疗和社会保障等基本公共服务的支出水平未必能够达到中央政府期待的合理水平，“避高就低”的地方政府间税收竞争将导致全国范围内基本公共服务产出不足。因此，对于将调解收入分配、保障基本民生作为己任的中央政府来讲，通过干预地方政府支出的方式来实现全国范围内基本公共服务均等化这一目标的做法是具备合理性的。

2. 地方政府的公共支出偏好

虽然全国范围内提供最低水平公共服务是中央政府一个重要的政策目标，但是在现实中，绝大多数基本公共服务是由地方政府提供的。我国地方政府的支出行为偏向于将有限的财政资金用于地方投资和基本建设，而较少关注教育、医疗以及社会保障等基本公共服务，这显然不利于中央基本公共服务均等化目标的实现，因此，在地方政府重投资轻民生的支出偏好下，基本公共服务均等化要求中央政府对地方政府的支出进行一定的干预，其主要手段是对转移支付资金的用途进行限制，以保证地方政府支出满足最低水平公共服务的提供，避免过度投资。此外，由于地方间财力的差异，落后地区仅凭自有财力难以提供最低标准的公共服务，因此基本公共服务均等化难以实现。更重要的是，即使中央政府或上级政

---

① 参见 Boadway（2007）62～63页、Boadway 和 Shah（2009）376～381页。

府通过转移支付向地方政府提供足够的资金，但是由于地方政府间竞争等原因，地方政府不会把资金优先用于提供基本公共服务，最低水平公共服务的提供以及基本公共服务均等化依然难以实现。为了实现基本公共服务均等化，中央政府除了通过转移支付为地方政府提供足够的资金之外，还需要在转移支付资金分配方式的设计上，充分考虑如何才能诱导地方政府把有限的资金用于基本公共服务提供上。否则即使中央政府通过转移支付方式为地方政府提供大量的资金，也难以保证全国各个地区均能提供最低水平的基本公共服务。由此可见，研究何种形式的转移支付更有利于中央政府刺激地方政府的基本公共服务支出是非常重要的，它具有显著的政策含义。

综合考虑专项转移支付的弊端、基本公共服务均等化的政策目标以及我国地方政府重投资轻民生的财政支出偏好，我国专项转移支付制度改革的方向应当是放宽（而不是完全取消）资金使用限制，并按因素法分配资金。或者说，当前的专项转移支付制度改革，实际上是把目前按项目申请审批方式管理运行的专项拨款改为用途指定较宽泛，并按因素法分配资金的资金管理模式。熟悉转移支付的人知道，用途指定较宽泛并按因素法分配资金的转移支付方式叫做分类拨款，它是转移支付的一种类型。变专项拨款为分类拨款，是目前我国专项拨款改革的另外一种表述。

分类拨款已在我国一般性转移支付中占主导地位，并且是目前专项转移支付改革的主要工具。遗憾的是，分类拨款作为一种转移支付方式，在我国仍然鲜为人知。人们对分类拨款与完全不指定用途的一般性拨款以及专项拨款之间的异同不甚了解，同时也没有意识到分类拨款特有的优势。对分类拨款认识的缺失，明显地妨碍对我国转移支付制度现状和改革的认识，本章从我国的实际以及分类拨款的特性两个角度，来论证分类拨款更适应我国的实际，应当是我国专项转移支付改革的主要方向。

7.3　扩大分类拨款范围的原因

7.3.1　转移支付应实现的功能

在政府间财政关系中，转移支付的功能可以简单地概括为解决两个“不均衡”和一个“外部性”。两个“不均衡”指的是纵向不均衡和横向不均衡。图 7—4 对转移支付应实现的功能进行了概括。

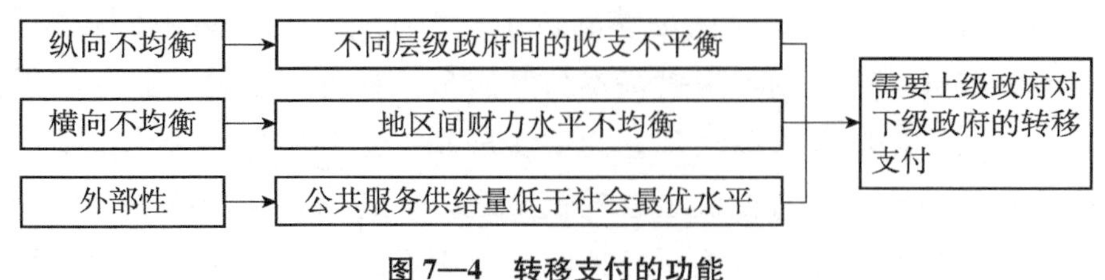

图 7—4　转移支付的功能

1. 解决纵向不均衡

纵向不均衡具体表现为中央政府的收入大于其支出，而地方政府（尤其是三级政府的最低一级）的支出大于收入，即一国不同层级政府之间的收支不平衡。纵向不均衡的根源在于地方分权在事权上较为充分，而在财权上不宜过大。按照效率原则进行事权划分，其结果是受益范围波及全国的公共服务（如国防、外交等），以及收入分配和经济稳定等政府职能属于中央政府职责，除此之外的绝大多数公共物品和服务，由地方政府提供效率更高。对于这些地方性公共物品，地方政府更了解本辖区需要什么，以及如何提供。与事权宜于地方分权相比，财权更宜于中央集权。目前的多数税种仅适合中央政府课征，税收的地方分权会导致许多弊端。例如，个人所得税是所有税种中最具收入分配调节功能的税种，由中央政府课征时，可以在全国范围内保证税收的公平性，发挥缩小居民收入差距的作用。但是，如果把个人所得税给地方政府的话，由于税源的差异，发达地区的税率可能反而低于落后地区，因此导致税收的不公平以及对收入不平等的逆向调节。再如，增值税因其税收中性的优点为多数国家所使用，也是目前我国税收收入的主要来源。但是，如若把增值税给地方政府的话，首先在税收征管上不具可行性。目前流行的抵扣法课征办法，需要在货物从一个地区流入另外一个地区时将其所含增值税完全剥离掉，即所谓国际贸易中的出口退税，否则按消费地原则实施的增值税征管办法就难以实施。与国际贸易相比，一国不同地区间货物的流动要频繁得多、复杂得多，增值税课征所需要的区域间货物流动的全面准确的记录是不现实的。因此 IMF 推荐增值税为中央税。由此可见，按照效率原则进行事权和财权划分的结果，纵向不均衡是不可避免的，而纵向不均衡的解决需要转移支付。在财政联邦理论中，转移支付被认为是同时实现事权分权和财权集权的不可缺少的手段。

2. 解决横向不均衡

横向不均衡可以简单地表述为由于经济发展水平不同导致的地区间财力差异。基本公共服务均等化的目标是使全国各个地区的居民都能享受到政府提供的水平大体相同的基本公共服务，但由于地方政府间财力的差异，财力较弱的地区仅仅凭借自有的财政资金往往难以提供最低标准的公共服务，导致全国范围内的基本公共服务均等化目标难以实现。因此在存在横向不均衡的情况下实现基本公共服务均等化，就需要通过某种方式把发达地区的部分财政资金转移到落后地区，而中央政府的转移支付是地区间财政资金转移的最主要方式。

3. 解决外部性

外部性是指地方政府提供的绝大多数公共服务，其受益范围不局限于本辖区居民，同时惠及其他尤其临近辖区的居民。地方政府在提供这些公共物品时，仅仅考虑其对本辖区居民的受益程度，而不考察对其他辖区的正外部性，由此导致公共服务的供给量低于社会最优水平以及公共服务供给的效率损失。转移支付是解决此类外部性最常用的手段之一。通过对具有外部性公共物品提供进行补贴即转移支付，降低其提供成本，刺激地方政府提供公共服务，从而实现公共物品的最优供给。

为了解决纵向和横向不均衡，纠正外部性，需要上级政府对下级政府的转移支付。不仅如此，针对不同的转移支付目标，应采用不同的转移支付方式。一般而言，根据是否对中央拨款指定用途，可以将中央政府向地方政府提供的转移支付资金分为一般性转移支付和专项转移支付两大类。那些不指定具体用途、可供地方政府自由支配的转移支付资金被称为一般性转移支付或一般性拨款。而那些有指定用途、地方政府必须依照中央政府的要求而用在事前约定的公共支出上的转移支付资金被称为专项转移支付或者专项拨款。按照用途指定的宽泛程度又可以将专项转移支付划分为项目拨款和分类拨款。较分类拨款而言，项目拨款的资金用途更加具体、口径较为狭窄。而分类拨款的资金用途则不被限定于某一具体的公共项目，而是某一大类公共服务（如教育），资金用途虽有限制但却较为宽泛。地方财政理论告诉我们，解决两个不均衡所需转移支付方式应当是一般性拨款，即不指定用途的一般性转移支付，但对纠正外部性而言，指定用途的专项拨款，尤其是配套不封顶的专项拨款最为有效。在解决两个不均衡上，一般性拨款不仅能够弥补地方政府尤其是财力较弱地区资金缺口，同时可以充分保证地方政府支出自主权，减少上级政府对地方政府的不当干预，从而最大限度发挥支出分权的经济效率。与此不同，在解决地方公共物品（正的）外部性上，需要刺激地方政府增加某种特定公共服务支出，对此最有效的转移支付理应是指定用途的专项拨款，很显然，在资金规模一定的条件下，专项拨款较一般性拨款在增加地方政府特定公共服务支出上更有效。

由此可见，如果政策目标是解决地方政府的资金缺口，相应的转移支付方式应当为不指定用途的一般性拨款，而当纠正外部性为政策目标时，指定用途的专项拨款最有效。然而在现实中，中央支付通过对资金指定用途，借此干预地方政府公共支出的情况远远超出纠正地方政府支出外部性的情况。中央政府扩大干预地方政府公共支出范围的动机，与基本公共服务均等化以及地方政府的公共支出偏好有着密切的联系。众所周知，基本公共服务均等化是中央政府主导的、政府收入分配功能最重要组成部分之一，旨在通过全国范围内提供最低水平①公共服务，让每个人无论居住何处都能享受最基本的公共服务，借此改善居民收入不平等的现状。与解决横向不均衡或财力均等化不同，基本公共服务均等化不仅需要地区间财力均等化，同时要求地方政府尤其财力较弱的地方政府，将有限的财政资金优先地投向基本公共服务的提供，保障最低水平公共服务的提供和实现基本公共服务均等化。当地方政府的公共支出偏好偏离基本公共服务提供时，出于基本公共服务均等化的考虑，中央政府有必要干预地方政府的支出去向和规模，其途径之一（也许是最重要的途径）就是对转移支付资金指定用途，使地方政府将财政资金优先地用于基本公共服务的提供。

7.3.2 美国的转移支付经验

美国以其转移支付资金皆为指定用途的专项拨款闻名，其根源在于地方政府的支出偏好在减税等方面（由此在选举中挣得更多的选票），而不在基本公共服务提供上，此时联邦政府只有通过专项拨款（其中很多为配套专项拨款）来保证全国范围内最低水平公共服务（也称基本公共国家标准）的提供。

在美国，为各个地区的居民提供基本的公共服务是联邦政府重要的政策目标之一，也是联邦政府干预地方政府资金支出的一大动因，而转移支付无疑是中央政府为实现这一目的的重要手段。按照联邦政府是否指定资金用途以及资金用途被指定的宽泛程度不同，美国的转移支付可以被分为专项拨款、分类拨款以及收入分享三大类（见表7—4）。其中，明确指定用途并且联邦政府对资金去向规定最为严格的是专项拨款。转移支付资金有指定用途但支出范围较为宽泛的是分类拨款。与我国的分类拨款情况相似，美国的分类拨款资金也是通常被限定在某一大类公共服务上，但具体用于该大类下的哪些公共项目则可以由地方政府自行决定。而美国的收

① 需要说明的是，《国家基本公共服务体系“十二五”规划》中规定的基本公共服务保障标准是国家最低标准，因为其中明确指出“各省（区、市）应遵循实施国家基本标准，并可结合本地区实际情况，适当拓展基本公共教育服务范围和提高服务标准”。具体详见《国家基本公共服务体系“十二五”规划》。

入分享则不指定资金用途，因此又被称为无条件拨款。为了使地方政府将资金投入到地方基本公共服务项目上，使各个地区的公共服务水平都能达到全国统一的最低标准，美国联邦政府选择了对资金用途限定最为严格的专项拨款。而不指定资金用途的收入分享（一般性转移支付）则被认为不利于保障各地区提供最低水平公共服务这一政策目标的实现。由于一般性转移支付不指定资金用途，地方政府在使用这部分资金时有较大的自主性和灵活性，在美国地方官员更倾向于把资金用于有利于争取选民的项目上时（例如税收减免），期待其将有限的政府资金投放在基本公共服务上几乎是不现实的。因此，完全不指定用途的收入分享（一般性转移支付）往往被认为不利于地区基本公共服务的提供。与之相反，指定用途的专项拨款会影响被资助公共物品的相对价格，对地方政府支出行为的激励作用最大，在保障公共服务提供水平上更有优势。值得一提的是，鉴于专项拨款配套方式的种种弊端，美国联邦政府在实现全国统一的最低标准的基本公共服务时，是按照公式法进行专项拨款的。在传统的配套方法下，财力较弱的地区由于无法拿出联邦政府的配套资金而享受不到拨款，致使公共物品的提供量不足。因此，联邦政府分配资金时开始逐步考虑地方财力与资金需求的差异，在公式设计上使拨款数额与地方财力成反比，与地方对资金的需求成正比，这种按公式分配资金的转移支付形式更有利于在全国范围内提供基本公共服务目标的实现。

表 7—4　　美国转移支付概况

转移支付类型	特点
专项拨款	明确指定用途并且联邦政府对资金去向规定最为严格
分类拨款	有指定用途，但支出范围较为宽泛，拨款资金被限定在某一大类公共服务上，具体用于哪些公共项目由地方政府自行决定
收入分享	不指定资金用途，又被称为无条件拨款

7.3.3　我国转移支付制度的改革方向

通过前面的分析可知，由于地方政府很难自发地将财政资金用于基本公共服务，因此美国联邦政府实行了最为严格的专项拨款制度。那么在我国，地方政府在安排财政支出上能够自发地优先基本公共服务提供吗？这个问题不仅决定中央政府转移支付方式，同时关系到基本公共服务均等化能否实现的问题。非常遗憾的是，对于该问题的答案是否定的。从以往大量文献可知，我国地方政府的财政支出偏好在基本建设支出等投资性支出，而不在教育等基本公共服务支出上。有研究显示，县级政府把每年可自由支配转移支付增量部分，主要用于生产性投资支出，但很少或没有用于教育、医疗和社会保障等基本公共服务支出；有关均等化转移支付与地方政府支出结构研究显示，在中央对省转移支付规模扩大过程中，地方政府更大比例地增加基本建设和行政管理费支出；地方分权和小学义务教育支出之间关系的一个研究发现，小学入学率与地方分权之间存在显著的负相关关系。财政分权将降低教育公共服务的供给，这一点在经济落后的中西部地区尤为突出；又有以省数据考察财政分权和地方财政支出结构偏向的研究发现，财政分权与财政总支出中基本建设支出的比重成正比，与科教文卫支出的比重成反比。

由此可见，中国和美国的情况具有一定的相似性，即两国中央政府都将保障基本公共服务的提供作为重要的政策目标，但地方政府将财政资金用于提供基本公共服务上的动力却不足。从这种意义上说，美国的经验对我国的改革具有一定的借鉴意义。但也要看到，美国联邦政府对于专项拨款资金去向的限定是非常严苛而狭窄的，可以说已经把专项拨款这一转移支付方式运用到了极端的程度，我国不可能完全照搬美国的做法。在中央政府和地方政府在支出意愿存在矛盾的情况下，如何在规避专项转移支付制度负面影响的同时实现基本公共服务均等化是我国转移支付制度改革中应该考虑的问题。

在地方政府不愿意主动提供基本公共服务的情况下，为了实现基本公共服务均等化，保障各地区提供最低水平公共服务，中央政府有必要干预地方政府的公共支出，作为干预地方政府支出的手段，首选是对转移支付资金指定用途，由此保证地方政府首先把有限的财政资金优先地用于最基本公共服务的提供上。由此可见，在我国，中央对地方的转移支付完全不指定用途是不可取的，至少为满足基本公共服务所提供的资金应当指定用途，否则作为政府最基本职能的基本公共服务均等化就无从谈起。

图7—5展示了本章提出的转移支付制度改革的基本设计方向。从表面上看，由中央到地方的转移支付资金应当指定用途的主张，既不符合目前我国缩小转移支付规模，扩大一般性转移支付比重的改革方向，也有悖于转移支付的基本原理。实际上并非如此，问题的关键在于用途指定的宽泛程度，用途指定较为宽泛的拨款，既可以满足中央政府的意愿，同时又不失让地方政府根据本地区的实际具体安排资金的使用。以教育转移支付为例，资金的使用范围宽泛到整个教育服务，至于用于教师工资，还是用于购买座椅板凳，则由地方政府根据本辖区的实际需要自主决定。用途指定较为宽泛，并且按因素法分配的转移支付资金，可能满足中央政府对地方政府公共支出的干预（从而保证地方政府把有限的资金优先用于基本公共服务的提供），同时避免中央政府对地方政府支出过度和不当干预，从而克服目前我国专项转移支付资金的种种弊端。这种拨款通常被称为分类拨款（block grants），以

下将给出详细讨论，在此对以上讨论进行简单的总结，那就是，由于目前我国专项拨款的弊端，以及地方政府重投资轻民生的支出偏好，中央对地方的转移支付资金，其用途指定不宜过细，但不宜不指定用途。

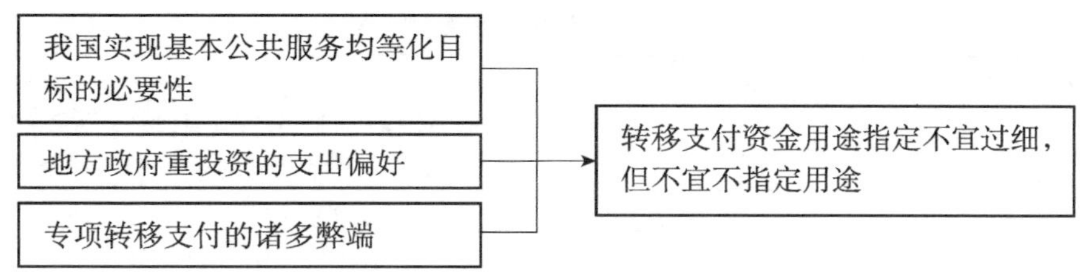

图 7—5　转移支付制度改革的设计方向

7.4　分类拨款内涵及在我国的实践

7.4.1　分类拨款的内涵

前面小节已经提及了分类拨款，简言之，指定用途较宽泛，并按因素法进行资金分配的转移支付方式即为分类拨款。表 7—5 对分类拨款的特点以及优势进行了概括。分类拨款处于一般性转移支付和专项转移支付之间的灰色地带，它不像一般性拨款那样完全没有用途限制，也不同于专项转移支付，对资金用途的指定非常狭窄。由于其范围指定较为宽泛，并且按因素法分配资金的特点，分类拨款不仅能够避免中央政府过度干预地方政府支出的状况，从而保障了财政支出分权带来的效率，同时也能够规避专项拨款在资金分配过程中的种种弊端。在地方财政理论中，分类拨款通常被划分为一般性转移支付，但很显然，它有别于完全不指定用途的一般性拨款，它是指定用途的拨款，地方政府在使用资金上没有完全的自主权。这一点是至关重要的。如上所述，当地方政府不愿意将有限的财政资金优先用于基本公共服务提供时，中央政府对地方政府支出的适当干预是绝对必要的。这即是分类拨款与完全不指定用途的一般性转移支付相比时的优势之所在。分类拨款与完全不指定用途一般性拨款的共同之处在于，二者均按因素法分配资金。也就是说，每个地方能够得到多少转移支付资金，一方面取决于各个地方在公共服务需求和成本上差异，另一方面依赖地方的财力状况。在考虑各地区公共服务提供成本差异之后，各地区能得到的转移支付资金应当与地区财力成反比，财政收入越多的地区，相应得到的转移支付资金应当较少，也就是说资金分配必须向财力较弱的地区倾斜。由于地方政府在因素法下分配的资金按公式计算得出，拨款过程透明，人为操作空间小，行政手续简单，地方政府间为争取拨款而产生的地方政府竞争会大大减弱。因此，资金分配的透明性是按因素法分配资金的最大优点。

表 7—5　　分类拨款的内涵

分类拨款	特征	优势
资金用途	有指定的资金用途	地方政府在使用资金上没有完全的自主权，有利于中央保证其对基本公共服务的投入
	对资金用途的指定较为宽泛	避免中央政府过度干预地方政府支出的状况，保障财政支出分权的效率
资金分配方法	资金按因素法分配	资金按公式计算得出，拨款过程透明，人为操作空间小，行政手续简单

分类拨款同时有别于专项拨款。其一，在用途指定上，尽管二者都指定用途，但用途指定的宽泛程度有着明显的区别，而且这一点在实践中是非常重要的。通常意义上的专项拨款，资金是根据具体项目分配的，地方政府除了把资金投入规定的项目之外，其他别无选择。与此不同，分类拨款的用途限制为某一大类公共服务（如教育），地方政府在规定的公共服务之内，可以根据本地区的实际需要，自由选择项目，自主安排支出，因此较专项拨款具有较大的自主权。分类拨款与专项拨款之间没有优劣之分，拨款用途指定宽窄的选择，取决于拨款所要达到的目的。如果政策目标非常具体，如改善落后地方学生营养不良，那么专项拨款的效果最显著。但如果政策目标仅仅为了防止地方政府过度投资，从而忽视基本民生投入的话，那么按基本公共服务类别分别设立专项拨款最好，这样可以同时保障基本公共服务投入和地方政府支出自主权。尽管专项拨款与分类拨款之间没有优劣之分，但现实中，中央政府通过专项拨款过度干预地方政府支出安排的现象十分普遍。这也是人们对专项拨款普遍持有负面评价的根本原因。分类拨款与专项拨款的另外一个区别在资金分配方法上。前者按因素法分配资金，后者按项目分配资金。按因素法分类资金，因素和分配公式决定每个地区得到多少拨款，对此无论是转移支付资金的提供者还是接受者，都无能为力。与此不同，项目拨款采取地方政府申请，上级政府审批的方式分配资金，在此过程中不仅上级政府有很大决定权和主观性，地方政府争取资金的努力程度对其是否能够得到资金以及得到多少具有一定的影响，资金分配的透明性常常受到损害，“跑部钱进”现象随之产生。众所周知，这也是目前我国在转移支付实践上遭遇到的主要问题。

以上是对分类拨款的简单解释，从此不难看出，与完全不指定用途的一般性转移支付和专项转移支付相比，分类拨款更适合目前我国的实际，它不仅有利于公共服务均等化的实现，同时有助于消除目前我国专项转移支付的弊端。

7.4.2　分类拨款在我国的实践

既然分类拨款较其他转移支付方式更适合目前我国的实际，那么它在我国转移支付实践中是否得到应用了呢？回答是肯定的。我国中央对省转移支付划分为一般性转移支付和专项转移支付两大类。一般性转移支付包括诸多子项目，其中的均衡性转移支付是不指定用途，并按均等化一般公式进行资金分配的最为规范的均等化转移支付。另外，分税制之前遗留下来的定额补助（又称原体制补助），以及以少数民族八省区为补贴对象的民族地区转移支付也属于完全不指定用途的转移支付。除此之外，其他绝大多数子项目均为指定用途较为宽泛，并按因素法进行资金分配的分类拨款，其中既包括 1999 年开始实施的调整工资转移支付，以及 2001 年开始的农村税费改革转移支付，同时也包括 2009 年之后从专项转移支付划为一般性转移支付的诸多转移支付项目，比如一般公共服务转移支付、公共安全转移支付、教育转移支付、社会保障和就业转移支付以及 2010 年的基层公检法司转移支付、义务教育转移支付、基本养老和低保等转移支付和新型农村合作医疗等转移支付。调整工资转移支付是配合 1997 年金融危机后扩大内需，提高公务员工资等政府政策而设立的转移支付，目的是为了这些重大政策出台和实施提供资金保障。资金的用途是指定的，即用于增加机关事业单位在职职工工资和离退休人员离退休费，在资金分配上充分地考察各地的公务员人数和财力状况。这些转移支付项目均为用途指定范围较宽泛（每一大类公共服务）的专项拨款，而且在资金分配上充分考察了地区间财力差异以及公共服务提供成本，按因素法分配资金，因此完全是分类拨款。

虽然分类拨款在我国转移支付实践中已经得到广泛应用，但是人们的相关知识还很贫乏，即使一些了解转移支付基本知识的人也存在很多疑虑和不解。首先，同属一般性转移支付，为何均衡性转移支付完全没有用途限制，而调整工资转移支付和义务教育转移支付等资金却有用途的限制？既然后者有用途限制，为何不属于专项转移支付，而属于一般性转移支付？为了压缩专项拨款的比重和增加一般性转移支付的比重，2009 年和 2011 年财政部先后两次把属于专项拨款的一些项目划分为一般性转移支付，这使我国一般性转移支付和专项转移支付之间的界限更加模糊不清，人们的疑惑和不解随之增加。其次，根据本章上面的讨论可知，由于地方政府重投资轻民生的公共支出偏好，以及基本公共服务均等化的必要性和紧迫性，分类拨款较完全不指定用途的均衡性转移支付在我国更可取。这一点几乎完全被忽视了。目前我国的转移支付制度改革，增加一般性转移支付尤其是均衡性转移支付的比重是主要目标。但是，如上所述，完全不指定用途的均衡性转移支付不利于基本公共服务均等化实现。再次，人们对分类拨款和专项拨款之间异同缺乏理解，因此对目前变专项拨款为分类拨款运营模式的专项转移支付制度改革认识不足。由此可见，普及分类拨款知识，加深对分类拨款运行机制的研究是目前我国专项转移支付制度改革的当务之急。

最后应当强调的是，尽管专项拨款存在诸多问题，而且本章主张整合归并专项拨款，将适合于按因素法分配资金且适用范围较广的专项拨款归入相应的分类拨款，但这并不意味着完全不需要或全部取消按具体项目分配的专项拨款。专项拨款有其特定性、应急性等优点，是分类拨款无法取代的。考虑当前专项拨款的实际情况，目前的重点应当在于对其严格限制，如以往研究所强调的那样，其资助的对象应当局限于具有外溢性、突发性、特殊性、非固定性等特征的项目上。[①]

7.4.3 分类拨款与我国专项转移支付改革：两个案例

分类拨款不仅在我国一般性转移支付已经占据主导地位，同时在当前我国专项拨款改革中也派上了用场。以下以浙江经验与黑龙江“两大平原”涉农资金改革为例解释这一点。

为了解决传统专项拨款的资金分配弊端和提高资金使用效率，浙江省人民政府办公厅于2009年制定并公布了《关于清理整合和规范财政专项资金管理的意见》，开始对专项拨款进行改革。改革内容主要包括：整合归并现有专项拨款项目。对于支持方向、扶持对象和用途相同或相近的项目，予以归并和整合。归并后形成的拨款项目，资金的用途范围扩大，在指定公共服务范围内，地方政府可自主安排项目，而上级财政部门不再指定具体项目；归并整合后的专项拨款改列一般性转移支付，取消按项目申报和审批的资金分配方式，改为按因素法分配资金。很显然，改革之后转移支付实际上是分类拨款。有趣的是，改革的当事人把改革之后的转移支付项目称为“专项性一般转移支付”。对于专项拨款改革的效果，无论是财政部门还是接受拨款的地方政府机构都给出了积极的评价。

2013年两会期间发布了《国务院机构改革和职能转变方案》，其中明确指出要大幅度减少、合并中央对地方专项转移支付项目，增加一般性转移支付的规模和比例。涉农专项资金在当前我国转移支付资金中占比最大，因此为改革重头戏。为此，财政部印发了《关于黑龙江省“两大平原”现代农业综合配套改革试验区涉农

① 参见安体富和任强（2007）。

资金整合的意见》，开始在黑龙江省“两大平原”实施涉农专项资金改革试点。改革的具体内容包括，除对特定人群的补贴资金、救灾资金外，将中央财政安排的涉农 77 项资金归并整合为农业生产发展、农村社会发展、扶贫开发三大类，允许黑龙江省在三大类资金内部适当调剂、统筹安排使用涉农资金，突破了具体项目资金用途的限制。很显然，这种归并和整合实际上等于从专项拨款到分类拨款的转变。当然，目前尚不明确的是资金分配方式，如果资金分配方式同时改为因素法的话，那么此次改革不过是把转移支付资金的运行模式由专项拨款变为分类拨款。

7.5　小　结

消除目前我国专项转移支付存在的种种弊端时，必须考虑两个因素：地方政府重投资轻民生的公共支出偏好和基本公共服务均等化的必要性。二者对地方政府公共支出的含义正好相反。前者意味着地方政府在安排财政支出上，与基本公共服务相比更注重投资，而后者则要求地方政府优先基本公共服务支出。可见，地方政府的支出偏好与中央政府基本公共服务均等化的目标是相反的。在这种情况下，基本公共服务均等化需要中央政府对地方政府的财政支出进行适当的干预，其手段之是对中央到地方的转移支付指定用途。另一方面，保障落后地区提供最低水平公共服务所需资金是转移支付的最重要目标，是实现基本公共服务均等化的重要手段，因此转移支付资金要向财力较弱地区进行倾斜，落后地区应当得到更多的拨款，这一点要求转移支付资金按因素法进行分配。综上所述，作为转移支付方法，用途指定较为宽泛且按因素法分配资金的分类拨款最为合适。与完全不指定用途的一般性转移支付和专项转移支付相比，分类拨款更适合目前我国的实际，它不仅有利于公共服务均等化的实现，同时有助于消除目前我国专项转移支付的弊端。

第 8 章　省以下财政管理体制：扁平化改革*

自秦代推行郡县制以来，县级政权一直是我国历朝历代国家政权的基础，在整个国家的长治久安中扮演着极其重要的角色。因此，从县级政府的视角出发澄清我国省以下财政体制安排以及以简化财政级次为核心特点的省直管财政体制改革对地方政府职能定位的影响，对于深刻认识和理解分税制改革对我国经济社会发展的影响，进而明确今后的改革方向具有重要意义。本章首先探究了我国省以下财政收支责任安排错位带来的纵向财政失衡及其对县级地方政府职能定位的影响，然后从地方政府治理的视角出发考察了省直管县财政体制改革带来的省以下纵向财政治理结构的变化及其对县级地方政府的职能定位和财政困难的影响，最后提出目标兼容、激励相容的省以下财政和行政管理体制改革方案。

8.1　省以下纵向财政失衡与地方政府职能错位

8.1.1　省以下收支分权的演进

中国采取的是五级政府架构，即中央政府、省级政府、地市级政府、县级政府和乡镇政府，其中省、地市、县和乡镇政府为地方政府，每级地方政府在行政上均直接隶属于上一级政府。目前，除了香港和澳门 2 个特别行政区和台湾省以外，我国共有 31 个省级政府（包括 4 个直辖市、22 个省和 5 个民族自治区）、333 个地市级政府（包括 286 个地级市和 47 个地区）、2 853 个县级政府（包括 872 个市辖区、

---

* 本章由贾俊雪教授执笔。

368 个县级市、1 442 个县和 117 个民族自治县）和 40 497 个乡镇政府（包括20 117 个镇、12 812 个乡和 7 566 个街道办事处）。①

1978 年改革开放以来，伴随着我国中央与地方财政关系变革的逐步深化，省以下财政收支责任安排也发生巨大变化。不过，1994 年分税制改革虽然从制度上规范了中央与地方财政关系，但对省以下财政管理体制并未做出明确规定。以后一段较长时期内，各地仍主要延续着财政承包制的做法。2002 年，中央出台了《关于完善省以下财政管理体制有关问题的意见》。在这一《意见》的推动下，各地比照中央与地方财政关系的制度框架，在 2002—2004 年间较集中地实施了分税制。财政收入责任安排方面，绝大多数省区采取按税种划分收入的做法，只有福建省实行的是总额分成。不过，即使是按税种划分收入，各地具体做法也存在很大差异。例如，北京市、天津市、河北省和山西省等地将收入稳定且规模较大的税种（如增值税归地方 25%部分和营业税等）由省与地县之间按比例分享，分享比例有“五五”、“四六”和“三七”等；浙江省、黑龙江省、江苏省和山东省等地在按照税种划分收入的同时，规定主要行业、支柱产业或重点企业的税收收入由省级独享（李萍，2010）。在支出责任安排上，各地结合实际情况做出了一些原则性规定，但具体做法同样存在较大差异。

为了更好地刻画不同地区省以下财政分权水平的差异，我们选取北京市、山东省、浙江省、广东省、辽宁省、安徽省、湖南省、四川省、内蒙古和新疆维吾尔自治区等地的所有县和县级市，以此为样本给出图 8—1。图 8—1 显示，这些地区的县级地方政府的财政收支分权水平存在巨大差异，但呈现出较为一致的变化态势，而且财政支出分权水平明显高于收入分权水平。②事实上，1994 年分税制改革以来，我国省以下财政收支责任安排呈现出一个共同特点，即收入权利层层上移，支出责任层层下放：全国县级地方政府财政支出分权的截面均值在经历了短暂下降后，2000 年以来呈现出持续增加的态势，2006 年达到了 41.97%；相反，财政收入分权水平则从 1997 年的 23.61%下降到 2006 年的 15.2%（见图 8—2）；1997—2006 年

① 关于我国行政区划的数据来源于 2013 年的《中国统计年鉴》。20 世纪 80 年代以前，我国广泛存在着省会城市管县。此后，为了适应工业化和城市化发展的需要，我国行政区划进行较为明显的变化包括“地区改市”、“县改市”以及“撤地建市”和“撤县建市”等。随之，作为地级行政区的地区和盟大多演变为“地级市”，一部分县则演变为“县级市”。随着地级市的大量涌现，原来作为省级政府派出机构的地区行署演变为“地级市政府”，辖域并没有多大变化，但由准行政区变为行政区，由原来的地区管县，转化为“地级市”管县和县级市。

② 数据来源于 1998—2006 年间的《全国地市县财政统计资料》，全部样本为全国 30 个省、自治区和直辖市 1 938 个县和县级市。财政收支分权，考虑到县级地方政府财政管理体制上的差异，我们分别利用人均县级财政收入（支出）/（人均县级财政收入（支出）＋人均中央财政收入（支出）＋人均省份本级财政收入（支出）＋人均地市本级财政收入（支出））和人均县级财政收入（支出）/（人均县级财政收入（支出）＋人均中央财政收入（支出）＋人均省份本级财政收入（支出））来测度地市管县和省管县财政管理体制下各个县级地方政府的财政收支分权水平，纵向财政失衡＝（本级财政支出－本级财政收入）/本级财政支出。

间，县级政府的支出分权水平平均高出收入分权水平 17.91 个百分点，2006 年则达到了 26.77 个百分点，而 2006 年美国地方政府的支出分权水平仅高出收入分权水平 9.67 个百分点（Baicker，Clemens and Singhal，2011）。

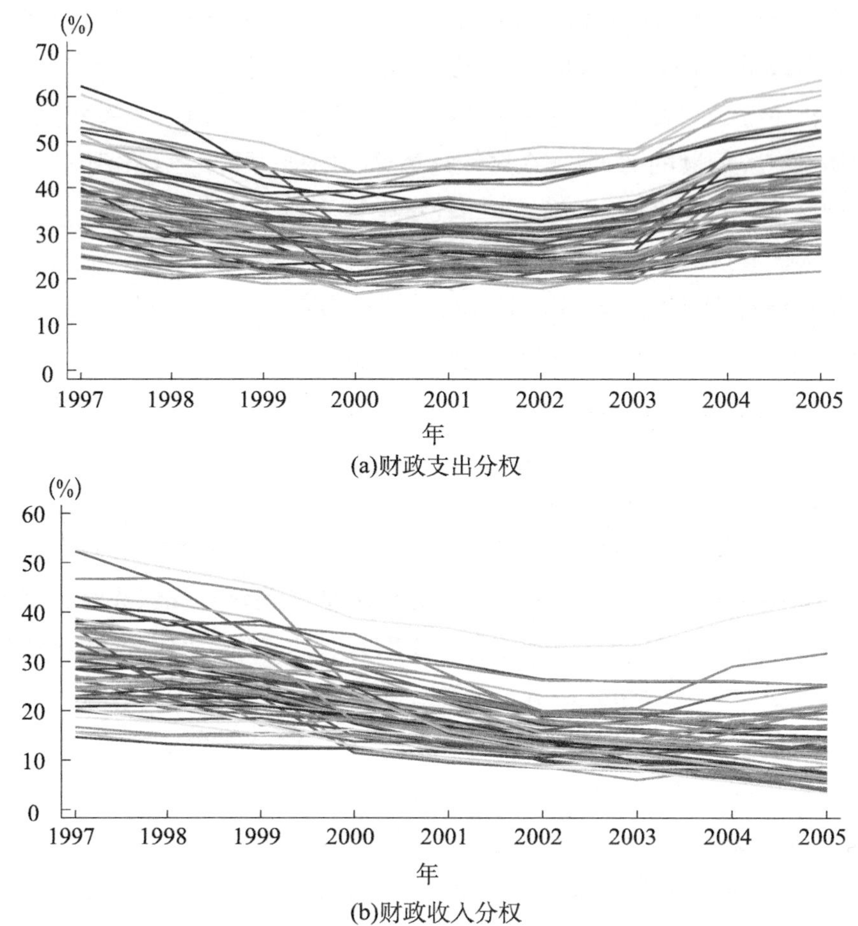

图 8—1　1997—2005 年间部分地区县级地方政府的财政收支分权变化

资料来源：1998—2006 年《全国地市县财政统计资料》。

正是由于财政收支责任安排不匹配，我国县级政府普遍存在着较严重的纵向财政失衡、陷入了较突出的财政困境——1997—2006 年间，县级政府的纵向财政失衡平均达到了 56.87%，而且自 1998 年以来呈现出持续快速增加的态势（见图 8—2）。一般而言，县级政府的财政缺口主要依靠上级政府的转移支付和其他公共池资源加以弥补。我们的数据显示：1997 年，我国县级政府支出平均为 108.7 亿元，其中 44.91%的资金来自财政转移支付（扣除县级政府的地方上解），2006 年这一数字达到了 69.81%。尽管如此，依然有大量的县级政府存在着财政赤字（虽然我国《预算法》明确规定地方政府不能有财政赤字）而不得不直接或间接地从银行借贷

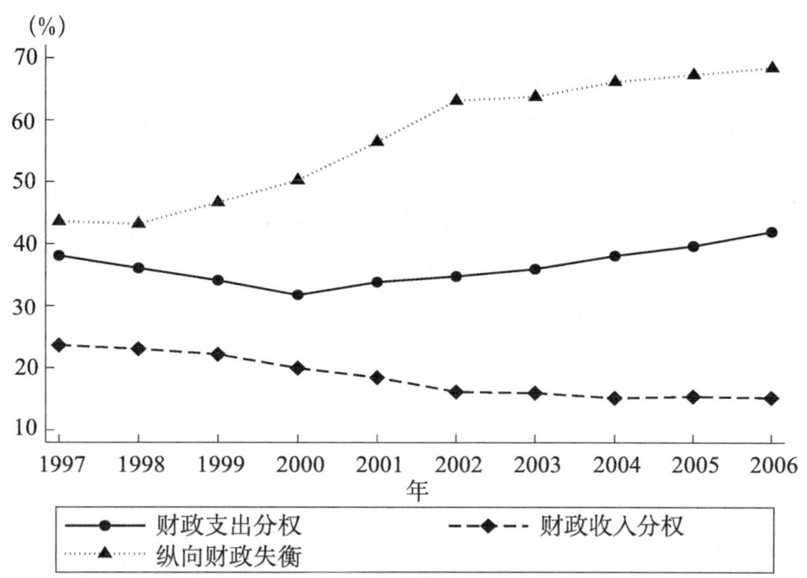

图 8—2　1997—2006 年间全国县级地方政府财政收支分权和纵向财政失衡的截面均值变化

资料来源：1998—2007 年《全国地市县财政统计资料》。

或从其他公共池资源获取资金（李萍，2010；世界银行，2002）：在我们的样本中，2006 年有 609 个县存在财政赤字，赤字规模平均达到了 12.36 亿元。

8.1.2　影响分析

现代财政分权理论普遍认为财政分权可强化中央与地方政府以及地方政府间的财政竞争，因而可作为增强中央政府和各级地方政府效率和责任感的一种有效的激励和约束手段（Brennan and Buchanan，1980；Qian and Roland，1997；Tiebout，1956）。然而，现实经济中这一点能否成立很大程度上取决于相关的制度安排（Rodden，Eskeland and Litvack，2003）。特别地，大量文献指出，实践中中央与地方政府往往会通过合谋的方式——中央政府实施收入集权然后通过财政转移支付和其他公共池资源来补偿地方政府的财力不足——来规避辖区间竞争带来的约束（Ehdaie，1994；Grossman，1989）。这种只下放事权的财政体制安排往往会带来地方政府的职能错位和行为扭曲，原因在于：收支责任的不匹配会导致地方公共服务的部分成本外溢给其他辖区从而割裂地方公共服务的成本和收益，即存在着所谓的公共池问题，收支责任安排的错位即纵向财政失衡越突出，地方政府的行为扭曲越突出（Rodden，2003；Stein，1999）。

1994 年分税制改革以来，我国省以下财政收支责任安排错位矛盾突出，导致县级政府存在突出的纵向财政失衡。这不仅导致县级政府陷入较严重的财政困境，而且在当前以GDP增长为核心的政府政绩考核体系下，也会加剧县级政府以经济增长为导向的竞争行为偏差和职能扭曲。事实上，我们的研究（Jia，Guo and Zhang，2014）表明：支出分权增加了县级政府的支出规模和基本建设支出比重，减少了教育支出比重，这些影响在那些纵向财政失衡严重的县表现得更为突出（见表8—1）。

表8—1　　不同纵向财政失衡水平下的财政分权对县级政府支出行为的影响

	政府支出规模	基本建设支出比重	教育支出比重	社会保障支出比重	行政管理支出比重
	(1)	(2)	(3)	(4)	(5)
Panel A：高纵向失衡的县（高于70%分位数）					
基准结果					
财政支出分权	0.738*** (0.085)	0.267*** (0.051)	−0.142*** (0.018)	−0.006 (0.008)	−0.064*** (0.015)
财政收入分权	−0.788*** (0.227)	0.159 (0.120)	0.088 (0.086)	−0.043 (0.031)	0.198** (0.079)
工具变量数	193	193	173	173	193
样本数	4 255	2 407	3 768	3 645	4 267
减少工具变量					
财政支出分权	0.417*** (0.055)	0.205*** (0.077)	−0.117*** (0.026)	−0.020** (0.008)	−0.055*** (0.022)
财政收入分权	−0.076 (0.389)	0.084 (0.228)	−0.010 (0.167)	−0.060 (0.047)	0.175 (0.122)
工具变量数	64	71	64	64	71
样本数	4 255	2 407	3 768	3 645	4 267
Panel B：低纵向失衡的县（低于30%分位数）					
基准结果					
财政支出分权	0.224*** (0.022)	0.122*** (0.027)	−0.122*** (0.020)	0.009 (0.008)	−0.075*** (0.014)
财政收入分权	−0.194*** (0.033)	−0.160*** (0.040)	0.043 (0.047)	0.013 (0.016)	0.083*** (0.021)
工具变量数	193	193	173	173	193
样本数	4 272	2 621	3 774	3 747	4 349
减少工具变量					
财政支出分权	0.192*** (0.019)	0.110*** (0.033)	−0.100*** (0.028)	−0.004 (0.012)	−0.078*** (0.021)
财政收入分权	−0.287*** (0.075)	−0.096 (0.063)	−0.003 (0.054)	0.008 (0.023)	0.099** (0.050)
工具变量数	64	71	64	64	71
样本数	4 272	2 621	3 774	3 747	4 349

注：（1）该表是基于动态面板模型两步系统GMM估算而来，略去了相关检验，详细结果见Jia，Guo和Zhang（2014）中的表5。（2）小括号中的数字为标准差，*、**和***表示在10%、5%和1%的置信水平上显著。（3）原始数据来源于1998—2007年间的《全国地市县财政统计资料》和2004—2007年间的《中国区域经济统计年鉴》。

8.2　省直管县财政体制改革与地方政府职能错位

上节的分析表明，1994年分税制改革以来，我国中央与地方以及省以下各级政府在财政收支划分上普遍采取了财力向上集中和事权逐级下放的做法，导致县乡基层政府普遍承担着较重的支出事务但拥有的财力却十分有限，这种财力与事权相背离的格局加剧了我国县级政府的职能错位和行为扭曲，也导致县乡政府陷于较严重的财政困境（贾康、白景明，2002；贾俊雪、郭庆旺、宁静，2011；贾俊雪、张永杰、郭婧，2013）。然而，现实经济中，我国政府并未大幅改变现有的政府间财政收支责任安排格局，而是更多地关注于政府治理结构的改革，将其作为促进县级政府职能优化、化解县乡财政困境的主要手段。其中，最具代表性的改革措施就是以简化财政级次为核心特点的省直管县财政体制改革。因此，本节从地方政府治理的视角出发，考察这一改革对我国县级政府的职能定位和财政困难的影响。

8.2.1　制度背景和分析框架

在一个多级政府框架下，竞争与协调机制的权衡始终是地方政府治理体系建设需要解决的核心问题。一个高效的地方政府治理体系不仅要能够有效激发地方政府的竞争活力，充分调动地方政府发展经济和追求公共利益的积极性；也应有利于上下级政府以及同级政府间的政策协调，约束遏制地方政府的机会主义行为，实现职能优化。其中的关键在于纵向政府结构（行政和财政）和各级政府责权利的合理配置（Netherlands Ministry of Finance，2000）。

新中国成立之初，中央曾一度依据苏联模式（即按职能管理）构建纵向政府结构，但很快便认识到这种过度集权的组织模式的弊端。在毛泽东同志的积极倡导下[①]，1958年，中央开始按地域管理重构我国纵向政府结构，逐步形成了具有鲜明特色的“条块”管理架构。其核心特点在于：地区间不存在明显的专业化分工，每个地区均具有“五脏俱全”且相似的经济体系。[②] 这不仅为上级政府依据一些总量

① 1956年4月25日，毛泽东同志在中共中央政治局扩大会议上发表了《论十大关系》的重要讲话。他在论及中央与地方关系时指出：“我们的国家这样大，人口这样多，情况这样复杂，有中央和地方两个积极性，比只有一个积极性好得多。我们不能像苏联那样，把什么都集中到中央，把地方卡得死死的，一点机动权也没有”。

② Qian和Xu（1993）将苏联和东欧前社会主义国家依据职能管理构建的纵向政府结构称为“U型”结构，将中国主要依据地域管理构建的纵向政府结构称为“M型”结构，并详细考察了这两种结构的特点及其对这些国家经济转型路径和绩效的影响。

指标（如 GDP 增长）有效评估下级政府的相对绩效，进而为地区间标尺竞争的展开奠定了良好制度基础；也为中央将大量政策协调职责下放给地方政府，以有效解决信息不对称和道德风险问题提供了有利条件。Qian 和 Xu（1993）以及 Qian 等（2006）指出，中国经济体制改革之所以取得巨大成功，主要得益于这种纵向政府结构、以 GDP 增长为核心的政府政绩考核体系和财政分权化改革三者的有机结合。

事实上，改革开放初期，我国基本形成以“省—地级市—县”为核心的纵向地方政府结构。① 在这一架构中，地级市政府承上启下扮演着重要角色：不仅作为一级独立主体存在自身利益诉求（如发展城市经济），同时作为省级政府的行政代理人和县级政府的管理者还需调动县级政府的积极性、协调县级政府行为以贯彻落实本省乃至中央的发展战略。这种多重身份蕴含的利益冲突在 20 世纪 80 年代的财政承包制期间并不明显，但随着 1994 年分税制改革以来收入权利的大幅上移而逐渐显现且日益加剧。由于财权大幅减少，地级市政府在留存较大收入份额的同时将更多的支出责任下放给县级政府，而且截留、挪用中央和省级政府给予县级政府财政补助的现象非常突出，导致县乡基层政府普遍陷入财政困境，阻碍了县域经济社会的发展（李萍，2010）。

在此背景下，一些省份开始寻求制度变革，重点集中在以简化财政级次为核心的省直管县财政体制改革。之所以以此为突破口，一个原因在于行政体制改革关系重大，需要中央统筹安排，改变纵向财政结构则较易实施。另一个原因在于浙江省的良好示范作用：与其他省份实行地市管县财政体制不同，浙江省自 1982 年以来一直实行的是省直管县财政体制，这被认为是浙江县域经济发展一直处于全国领先的一个重要根源。② 确切来讲，这一改革发轫于 2004 年的安徽省，如表 8—2 所示，截止到 2007 年共涉及 10 个省份 332 个县（包括县级市）。③ 各地改革的具体措施不尽相同但基本内容较为一致，主要包含如下几个方面：第一，国税和地税收入指标由省级财政直接分解下达到县、考核到县，县将收入直接上解给省级财政；第二，财政转移支付和其他补助资金由省级财政直接划拨给县；第三，各项上解和补助的

① 20 世纪 80 年代以前，我国主要实行的是“中央—大区—省—县”和“中央—省—县”的纵向政府结构，地区行政公署只是省级政府的派出机构，负责县级事务的管理。1982 年，我国实施了地市管县行政体制改革，将地区行政公署变为一级政府。

② 2002 年，浙江省有 24 个县入围全国百强县，2003 年增加到 27 个，2004 年和 2005 年均为 30 个，连续 4 年居全国第一。此外，宁夏回族自治区也一直实行的是省直管县财政体制（魏向前，2010）。

③ 省直管县财政体制改革的详细信息来自各省颁布的改革实施文件。各地进行的改革也得到了中央的肯定：2005 年 6 月，温家宝总理指出“要改革县乡财政的管理方式，具备条件的地方，可以推进‘省管县’的改革试点”；2009 年初，中央明确提出推进省直管县财政体制改革，同年 6 月，财政部宣布，2012 年底之前力争全国除民族自治地区外全面推进省直管县财政体制改革。

基数由省级财政直接对县核准，年终直接与县进行资金结算；第四，县举借的国际贷款、国债转贷资金和中央财政有偿资金等，直接向省级政府承诺偿还。由此可见，省直管县财政体制改革没有过多涉及县级财政自主权的改变，主要是一次纵向财政治理结构的变革。

表 8—2　　　　2004—2007 年间实行省直管县财政体制改革的县的数量

省份	2004 年	2005 年	2006 年	2007 年	所辖县的总数	是否一次性全面实施改革
安徽省	57	57	57	57	61	是
河南省	5	5	5	5	109	否
湖北省	52	52	52	52	60	是
江西省	—	21	21	59	80	否
吉林省	—	33	32	32	41（40）	是
山西省	—	—	—	35	96	否
陕西省	—	—	—	15	83	否
青海省	—	—	—	9	39	否
甘肃省	—	—	—	16	69	否
江苏省	—	—	—	52	52	是
合计	114	168	167	332	690（689）	

注：（1）2006 年以前吉林省所辖县总数为 41 个，2006 年 6 月，国务院同意撤销吉林省的江源县而设立白山市江源区，因此 2006 年以来吉林省实施改革的县的数量为 32 个，所辖县总数也相应减少为 40 个。（2）山西省和陕西省在 2006 年 12 月底正式颁布改革文件，因此我们将这两省的改革时间归为 2007 年。（3）安徽省、湖北省和吉林省在全省范围内实施改革时将少数特殊县排除在外。

资料来源：各省颁布的省直管县财政体制改革实施文件。

就改革实施路径而言，各地采取了不同做法（见表 8—2）。一种做法是在全省范围内（除少数特殊县外）一次性全面实施改革。安徽省、湖北省、吉林省和江苏省采取了这一做法：2004 年 1 月，安徽省在全省 57 个县（除马鞍山市、铜陵市、淮南市和淮北市所辖 4 个县外[①]）全面实施改革；同年 4 月，湖北省在全省 52 个县（除恩施自治州所辖 8 个县外）进行改革；2005 年 7 月，吉林省在 33 个县（除延边自治州所辖 7 个县外）推行改革；江苏省也在 2007 年全面实施了改革。另一种做法是首先选择部分县进行改革试点，然后逐步推广。2004 年 5 月，河南省在巩义市、项城市、永城市、邓州市和固始县进行试点；江西省在 2005 年 1 月选取 21 个国家扶贫工作重点县进行试点，2007 年又增加了 38 个试点县；山西省和陕西省于 2006 年年底分别在 35 个和 15 个县进行试点，青海省和甘肃省也在 2007 年选取了 9 个和 16 个试点县。这两种改革路径形成了不同的纵向财政治理结构：第一种做法（一次性实施）基本形成了扁平化结构，而第二种做法（渐进式推开）导致一个省

① 马鞍山市、铜陵市、淮南市和淮北市都只管辖一个县。

内并存着两种纵向财政管理体制，是一种较典型的偏峰结构（见图 8—3）。鉴于第二种做法可能产生较大的“改革错觉”（即省级政府为了确保改革的顺利实施会给予试点县特殊的政策支持，或者是地市级政府为了保证自身利益会加大对辖区内非试点县的攫取），本章将研究重点集中在一次性全面实施改革的省份。

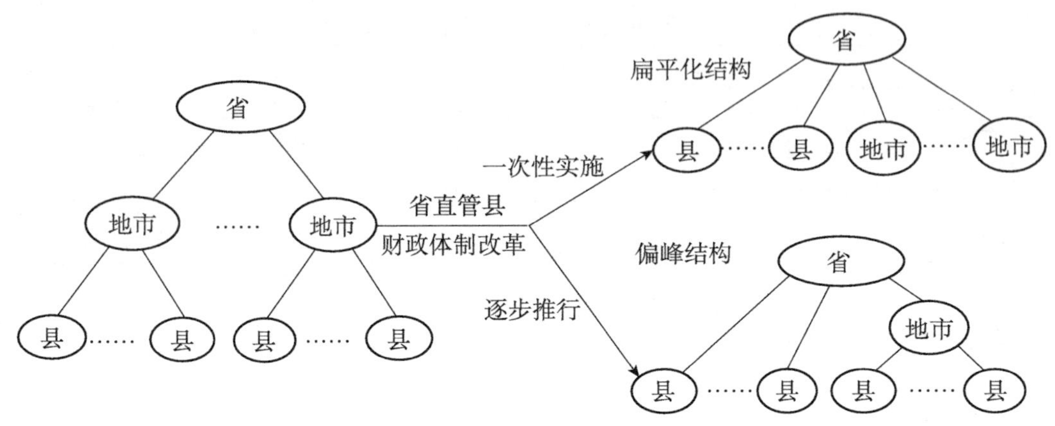

图 8—3　省直管县财政体制改革路径及其带来的纵向财政治理结构的变化

8.2.2　影响分析

由企业治理理论可知，扁平化的治理结构有利于解决信息不对称和道德风险等委托—代理问题。因此，将县级财政置于省级财政的直接管理下有助于提高财政效率，同时也可缓解地市级财政与县级财政间的纵向竞争及其带来的不利影响（集中表现为地市级财政对县级财政的“盘剥”），化解县级政府财政困难。这些正是目前学术界和政界支持省直管县财政体制改革的主要依据（贾康、白景明，2002；李萍，2010）。

然而，地方政府治理的复杂性意味着情况远非如此简单。我国纵向政府结构主要按地域管理构建，这与通常按职能管理构建的企业组织架构存在根本差异，企业治理理论并非完全适用。尤其是，我国省域辽阔、所辖县众多，省级财政直接管理县级财政势必会增加信息沟通和政策协调的难度，带来较高的协调成本。而且，省级政府较地级市政府而言明显处于信息劣势，很难较全面地掌握每个县的详细信息。因此，这种集权化的协调模式反而会加剧信息不对称和道德风险问题（Qian and Xu，1993），弱化对县级政府机会主义行为的约束。另一方面，县级和地市级财政的平级化管理虽可遏制地市级与县级政府间的纵向财政竞争，但会明显加剧县级政府间（以及县级与地级市政府间）的横向财政竞争——竞争主体数量增加（竞争主体变为省内所有的改革县和地级市，见图 8—3）以及可能更加优厚的奖赏（表现突出的县的领导可直接获得省级政府的赏识从而赢得更大的晋升机会）会产生更强的标尺竞争激励。

有鉴于此，我们提出如下理论判断：省直管县财政体制改革通过改变纵向财政治理结构更倾向削弱省以下的协调机制而释放出更强的竞争激励，在当前以 GDP 增长为核心的政府政绩考核体系下，这会加剧县级政府以经济增长为导向的竞争行为偏差和职能扭曲，不利于县级政府财政解困。我们的研究（贾俊雪、宁静，2014；贾俊雪、郭庆旺、宁静，2011）很好地支持了上述理论判断：省直管县财政体制改革具有较强的职能扭曲效应，显著强化了县级政府以经济增长为导向的支出行为偏差——改革导致县级政府的基本建设支出比重增加，导致教育支出比重和医疗卫生支出比重下降（见表 8—3）；省直管县财政体制改革在增强县级财政自给能力和改善财政状况方面并没有取得什么明显成效，反而在一定程度上加剧了县级政府的财政困难程度。

表 8—3　　省直管县财政体制改革对县级政府支出结构的平均处置效应

匹配方法（匹配参数）	基本建设支出比重	公共教育支出比重	医疗卫生支出比重
k 个最近邻域匹配（k=10；半径=0.01）	4.422***（0.85）	−1.081***（0.45）	−0.550***（0.17）
一对一匹配（重复匹配；半径=0.01）	4.802***（1.05）	−1.239**（0.58）	−0.462**（0.22）
半径匹配（半径=0.005）	4.444***（0.88）	−1.000**（0.45）	−0.570***（0.17）
核密度匹配（Epan 核函数；带宽=0.03）	4.189***（0.81）	−0.969**（0.44）	−0.572***（0.17）
总样本数	795	1 235	1 231

注：(1) 该表来自贾俊雪、宁静（2014）。(2) 小括号里的数字为标准差，*、**和**分别表示在 10%、5%和 1%的置信水平上显著。

8.3　激励相容的省以下财政和行政管理体制改革

相较于中央与地方财政关系而言，我国省以下财政关系的优化调整更加复杂也更具挑战性，单纯的财政扁平化改革并不能促进县级政府的职能优化和财政解困。就本章的研究来看，为了更好地促进县级政府的职能优化和财政解困，不仅需要财政收支责任安排的变革，更需要政治激励和行政区划改革的协调推进，具体而言，今后我国政府应着力做好如下三方面的工作。

8.3.1　改革政绩考核体系、优化政治激励和约束

综合来看，政府治理无外乎涉及政治激励、行政区划和财政制度三个层面，其中财政体制构成了政府治理体系的基础和重要支柱，与市场经济的联系最直接紧密。因此，过去的 30 多年间，财政体制改革——无论是调整各级政府责权利的财

政承包制和分税制改革，还是简化纵向财政结构的省直管县财政体制改革——始终成为中国经济体制改革的“牵引”和激发地方政府竞争活力的重要手段。然而，在新的历史时期，迫切需要地方政府转变职能以实现经济社会协调发展时，仅仅寄希望于财政体制改革已不足以从根本上解决问题，甚至可能会适得其反。

“市场保护的财政联邦主义”理论将我国地方政府的行为激励完全归结为财政激励——地方平均收入留成率越高，地方政府的财政激励越大（Jin，Qian and Weingast，2005）。诚然，追求财政利益成为我国地方政府的一个重要利益动机，但这却很难完全解释为什么财政承包制改革赋予了地方政府很大的财权和财政激励（地方平均收入留成率较高）却导致地方财政收入的持续下降，也很难解释为什么1994年分税制改革极大削弱了地方政府的收入自主权和财政激励（地方平均收入留成率较低）却带来地方财政收入的不断增加。这意味着，单纯从财政激励的视角去认识和理解我国地方政府的职能定位和行为特点很可能会造成较大偏颇。

实际上，就中国的具体国情特别是高度集权的政治和行政体制背景来看，政治利益（或者说是职务晋升利益）构成了我国地方政府的根本利益，财政分权化改革则确保了地方政府拥有可以自主实现其根本利益的政策工具和政策手段。换言之，中央政府通过政治集权确保可以依据国家发展战略来改变和决定地方政府的根本利益，通过财政分权模式的选择来左右地方政府实现其根本利益的政策手段。这是中国经济体制改革取得巨大成功的制度基础，亦可视为中国增长模式的核心特点。

1978年改革开放以来，随着我国发展战略转变为以经济建设为中心，中央改变了之前以政治表现为主的官员评判标准，逐步建立健全了以增长绩效为核心的干部考核和选拔体系。这一政治晋升机制的转变使得地方政府的政治利益与经济利益保持了较高的一致性，以经济增长为核心的地方政府的政治利益动机逐步形成并日益强化，而不同的财政分权化改革决定了地方政府实现这一根本利益的政策手段的差异。1978—1993年间的财政承包制改革赋予了地方政府很大的收入自主权，使得地方政府拥有很大的权力改变企业的实际税负，从而更倾向采取低税负的竞争策略以“招商引资”，致使地方财政收入进而财政支出规模下降，形成了低收入低支出的地方政府行为模式。与此不同的是，1994年分税制改革及其后续的一系列政策调整均采取了财权集中的做法，极大削弱了地方政府的收入自主权，压缩了地方政府的低税负竞争空间，迫使其不得不更多地运用财政支出手段来吸引投资和直接拉动经济，进而促使地方政府通过加强税收征管以及土地出让和借债等各种渠道为快速增加的支出融资，高收入高支出的行为模式日益凸显。

由此可见，规范地方政府行为，促使地方政府转变职能的根本在于政治激励约束的优化完善，以及与之目标兼容、激励相容的最优财政分权模式的确立。不过，随着我国市场经济的快速发展，地方政府的利益动机日趋复杂，政治利益、财政利益以及“寻租腐败”等“个人私利”错综交织，给我国地方政府的有效治理带来了巨大挑战，亦成为我国深化改革面临的主要障碍。因此，中央应首先考虑优化地方政府的政治激励，以此作为财政体制改革的前提——改变以GDP增长为核心的政府政绩考核体系，逐步建立包括教育、医疗卫生、环境质量和生活条件等社会民生发展指标的复合型绩效评价体系，以完善政治激励和约束，促使各级政府更好地树立科学发展的政绩观和责任感。

8.3.2　增加省级政府数量、推进行政体制“扁平化”改革

目前，我国采取的是五级政府架构，地方政府层级过多，加大了政策“上达下行”的成本，无法有效确保中央各项政策的有效贯彻执行，不利于整个国家发展战略的顺利推进，同时也带来激励和约束机制的扭曲，对地方政府行为进而对经济社会协调发展产生了巨大的负面影响：

（1）过多的行政级次以及过分强调GDP的政治晋升机制进一步放大了我国特别是省以下财政管理体制存在的突出问题，加剧了地方政府职能错位和财政困难。

（2）过多的行政级次和较少的辖区数量，导致地方政府特别是省和地市级政府管理幅度过大，增加了信息获取难度，致使省和地市级政府无法有效了解本地区居民偏好和公共服务成本信息，不利于行政管理效率的提高和地方公共服务的优化配置。

（3）过多的行政级次极大削弱了县乡基层政府的行政自主权，不利于县乡基层政府因地制宜自主发展经济。同时，也加剧了财政转移支付政策偏差及其扭曲性影响，导致基层政府在财政分配中处于明显弱势地位、财力匮乏，无法有效履行经济和社会管理职能，严重威胁到我国政权稳定和经济社会的健康发展。

因此，我国政府应充分结合我国空间地理环境和政治体制特点，明确政府组织结构优化调整原则，积极探索最优行政分权模式。特别是应认真总结省直管县财政管理体制改革的经验与教训，切实推进行政管理体制改革，有效避免单纯的财政扁平化改革以及行政和财政管理体制改革错位带来的冲突及其对地方政府行为的扭曲。具体而言，应大力推进政府“扁平化”改革，实行四级政府架构，由省级政府直接负责县级政府的行政管辖，提升县级政府的行政级别（从处级提升为厅级），更好地实现县级政府的权力与职责对等，完善县级政府的行政激励和约束机制。但要特别注意：若要真正发挥扁平化纵向治理结构的积极作用，一定要适当增加省份

数量，以减少我国省域辽阔和所辖县众多带来的信息获取和政策协调难度，充分发挥省以下协调机制对县级政府机会主义行为的制约。

8.3.3 合理分权、深化省以下财政体制改革

现代财政分权理论指出，事权和财权不匹配容易弱化财政分权对地方政府的激励和约束作用，加剧地方政府职能错位，因而主张财权与事权相匹配。但现实经济中很少有国家能够做到财权与事权的完美匹配。我国在20世纪80年代实施的财政承包制改革确定了地方政府的财政主导地位，中央政府需要依靠“逆向转移支付”即地方上解获取必要的财政收入，因而是一种极端扭曲的分权模式。无论从单纯的经济学视角还是从政治经济学视角来看，这种分权模式都不可持续，必然会对经济社会发展乃至于政治稳定和国家统一造成巨大冲击。

1994年分税制改革彻底摒弃了这种分权模式，但也呈现出向另一种极端分权模式趋近的危险倾向——财权层层集中和事权层层下放的分权格局对地方政府产生了巨大扭曲性影响：

（1）由于缺乏稳定的财力保障，促使地方政府更多地寻求预算外和体制外收入包括土地转让金以及各种隐性债务和银行贷款，弱化了地方政府预算约束，导致地方政府规模膨胀。

（2）全国特别是中西部地区的基层政府普遍陷入较为严重的财政困境，不仅严重威胁到我国政权和社会稳定，也导致全国特别是中西部地区的基础教育、医疗卫生等基本公共服务水平低下。近年来，中央采取一系列措施在县乡财政解困方面取得一些成效，但问题依旧突出。

（3）中央逐渐形成了依靠财政转移支付解决我国财政分权不当的策略。但是，缺乏合理设计和整体规划，致使财政转移支付呈现出碎片化和短期化的特点，不利于长期、稳定的激励和约束机制的形成。同时，也导致地方政府对财政转移支付的依赖性日益增强，不利于地方政府行为理性，带来了各种道德风险问题，削弱了财政转移支付政策的有效性，造成财政资源的巨大浪费。

因此，今后，我国政府应积极探索最优分权模式，努力实现中央与地方以及省以下各级地方政府财政分权水平的合理化。具体而言，在实现行政“扁平化”改革的基础上，加强地方政府特别是县级政府的收入体系建设；减轻地方政府特别是县级政府的支出事务，促进财力和事权相匹配。同时，采取有效措施优化财政转移支付规模和结构，摒弃单纯依靠财政转移支付解决财政分权不当的策略，完善地方政府激励和约束机制，促进地方政府职能优化。

8.4 小　结

本章首先探究了我国省以下财政收支责任安排错位带来的纵向财政失衡及其对县级地方政府职能定位的影响，然后从地方政府治理的视角出发考察了省直管县财政体制改革带来的省以下纵向财政治理结构的变化及其对县级地方政府的职能定位和财政困难的影响，最后提出目标兼容、激励相容的省以下财政和行政管理体制改革方案。

分析表明：

(1) 1994 年分税制改革以来，我国省以下财政收支责任安排错位矛盾突出，导致县级政府存在着严重的纵向财政失衡和财政困难，加剧了县级政府以经济增长为导向的竞争行为偏差和职能扭曲。

(2) 省直管县财政体制改革通过改变纵向财政治理结构更倾向削弱省以下的协调机制而释放出更强的竞争激励，在当前以 GDP 增长为核心的政府政绩考核体系下，同样加剧了县级政府的职能错位和行为扭曲，不利于县级政府财政解困。

因此，为了更好地促进县级政府的职能优化以及经济社会的长期协调发展，今后中央应从政治激励、行政区划和财政制度三个层面通盘考虑、统筹规划，协调改革——改革政府政绩考核体系、优化政治激励和约束，增加省级政府数量、推进行政体制“扁平化”改革，合理分权、深化省以下财政体制改革——推进我国地方政府治理体系的现代化，完善地方政府激励和约束机制。

第 9 章　地方政府债务：硬化约束*

如前几章所述，1994 年分税制以来，中央政府把事权下放、财权上收，这就不可避免地带来地方政府债务的积累与膨胀。本章研究了地方政府债务的由来、现状和问题，以及地方政府举债的约束机制。1994 年分税制后引发的系列客观问题，以及地方官员的政绩观，借债和还债的动态不一致等主观问题，是造成目前地方政府债务规模较大的共同原因。中央政府对于地方政府通过融资平台举债，也经历了一个鼓励、支持，到加强管理和清理的过程。

2013 年 6 月，我国地方政府债务占 GDP 的比重达到 31%。举债主体主要是地方融资平台和国有独资或控股企业；举债的政府主要是市级和县级政府；支出投向主要是市政建设、交通运输、科教文卫和保障房建设。各省区（直辖市）的债务水平在近年来都有所上升，但上升幅度在各省间存在差异，贵州、重庆、甘肃、云南、青海等西部地区的债务占 GDP 水平较高，超过 50%；浙江、山东、广东等东部地区的债务占 GDP 水平较低，低于 20%。

有必要建立地方政府举债的约束机制，如银行对融资平台甄别的市场约束机制、官员任期债务问责制的行政约束机制，以及债务/GDP 比率、偿债基金等的预算约束机制。

9.1　地方政府债务的由来

9.1.1　地方政府债务形成的原因

1994 年《预算法》第二十八条规定："地方各级预算按照量入为出、收支平衡

* 本章由李时宇副教授执笔。

的原则编制，不列赤字。除法律和国务院另有规定外，地方政府不得发行地方政府债券。”虽然《预算法》规定地方政府不能发行债券，但地方政府仍然通过其他方式，如拖欠工资、为企业贷款提供担保、成立地方融资平台获得银行贷款等等，到目前为止形成了规模不小的债务。

总结国内外关于中国地方政府债务形成原因的文献，可以把原因分成两大类：客观上地方政府存在财力不足的现实情况（如下第一和第二点），主观上地方官员也有借债的动机和冲动（如下第三和第四点）。客观的现实情况，加之主观上的动机和意愿，长期以来共同造成了目前我国地方政府债务规模较大的局面。

1. 地方本级财政收入占比下降

1994年分税制改革对地方政府财政收入带来了很大影响，直接造成地方政府本级财政收入下降。如图9—1所示，在1994年分税制改革之前，地方政府财政收入占全国财政收入的比重，一直高于地方财政支出占全国财政支出的比重，尤其是在六七十年代，前者比后者高出二三十个百分点。但自1994年分税制改革以来，地方财政收入占全国财政收入的比重直线下降，如改革当年就从1993年的78%下降至1994年的44%，之后各年都稳定在45%左右。虽然地方政府财政收入占比有很大下降，但财政支出占全国财政支出的比重却没有下降，反而一直在稳步上升，如1993年地方财政支出占全国财政支出的比重为70%，之后各年在波动中略有所上升，2012年该比重上升至85%。

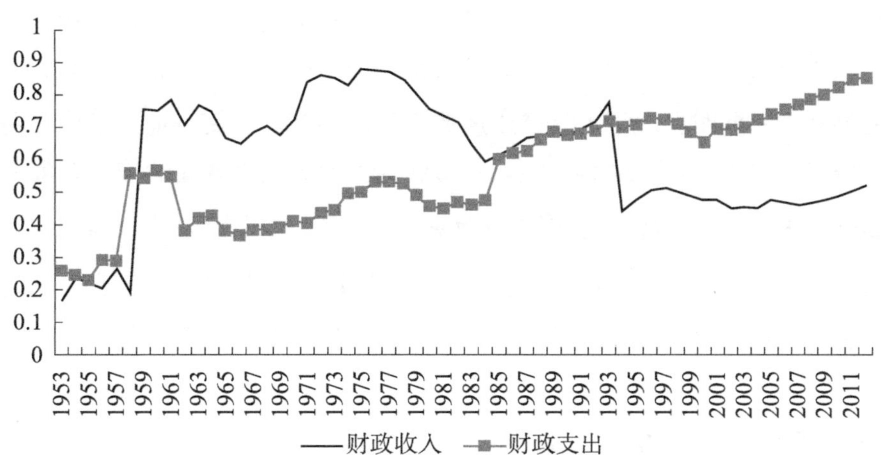

图9—1　地方政府财政收入（支出）占全国财政收入（支出）的比重

资料来源：2013年《中国统计年鉴》。

自1994年分税制改革后，上述两个比重一直呈现反向变化趋势，造成中央政府逐渐出现财政盈余，地方政府逐渐出现财政赤字。如图9—2所示，地方财政支出大大高于地方本级财政收入，出现很大的赤字缺口。更进一步，在各级地方政府中，县级政府的赤字缺口是最大的，如2008年县级赤字缺口占总的地方政府赤字缺口的54%（Li and Lin，2011）。

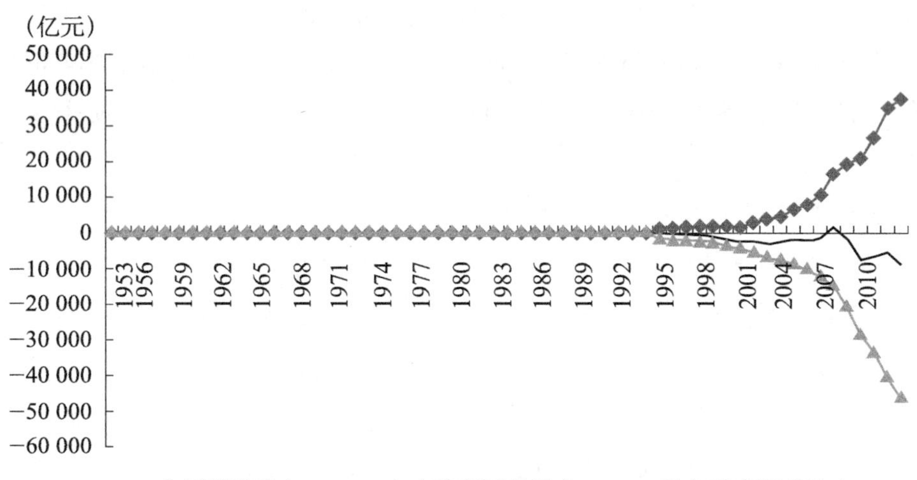

图9—2 全国、中央政府和地方政府财政盈余

资料来源：2013年《中国统计年鉴》。

2. 专项转移支付收入需配套

在地方政府本级财政收入占比不足的情况下，地方政府严重依赖于中央政府的转移支付。但中央政府的转移支付中含有大量的专项转移支付，需要地方政府配套相应的资金才能获得。同时，规定了具体用途的专项转移支付，使得地方政府自身不能根据当地经济发展的需要运用财政资金，在缓解地方财政困难方面的作用有限。

3. 地方官员的政绩观（晋升竞争机制）

地方政府官员出于个人名利、职位升迁的官员政绩偏好，要出政绩就离不开资金的支持，在现有收入无法满足需求的情况下，就会通过借债的方式筹集资金（刘蓉、黄洪，2012）。

4. 借债和还债的动态不一致

地方各级人民政府每届任期五年，对于长期债务而言，借债可能发生在本届政府，但偿债可能发生在后届政府。地方政府可能由于自身利益，在任期内大量借债，把还债包袱留给后届政府（刘蓉、黄洪，2012）。

9.1.2　关于地方政府债务的政策变化

地方政府债务，是维持地方政府收支平衡的手段之一。地方政府债务在我国的发展历程可主要分为以下三个阶段（见图 9—3），在每个阶段的背后，也伴随着地方融资平台的建立、发展、繁荣以及加强管理和清理整顿。

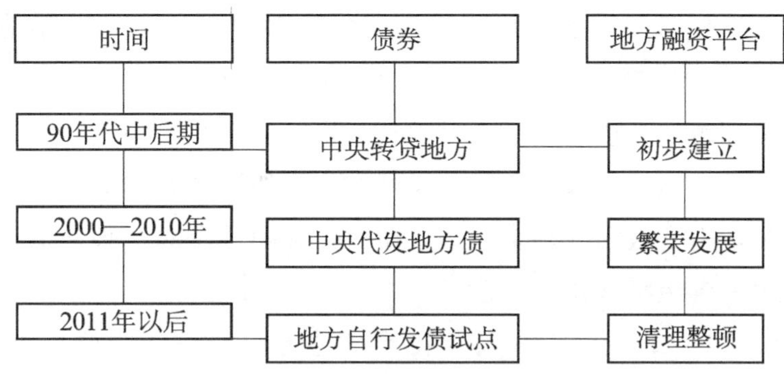

图 9—3　地方政府债务的政策变化阶段

1. 第一阶段：中央转贷地方

在地方债务发展的第一阶段，地方政府债券融资的主要方式是中央转贷地方。中央转贷地方是指财政部为了贯彻党中央、国务院的相关决定，增发国债并将一部分国债资金转贷给省级政府的行为。

“为了扩大有效内需，促进国民经济持续稳定发展，国务院决定 1998 年增发一定数量的国债，由财政部转贷给省级（包括省、自治区、直辖市及计划单列市，下同）政府，用于地方的经济和社会发展建设项目”（财预字［1998］267 号：《国债转贷地方政府管理办法》第一条），这是“中央转贷地方”的地方债务管理方式首次出现在财政部的预算之中。

对于转贷资金的使用，财预字［1998］267 号文规定应当主要用于以下四个方面：农林水利投资；交通建设投资；城市基础设施和环境保护建设投资；城乡电网建设与改造。同时，财预字［1998］267 号文还规定转贷资金要直接落实到具体项目，项目的确定既要考虑到本地区经济和社会发展的需要，又要考虑到本地区的综合还款能力。

在亚洲金融危机的经济背景下，中国政府通过采取中央转贷地方的债务管理方式，有效地规避了风暴冲击，降低了发生金融危机的风险，并保持了经济的稳速增长。该地方债务管理方法一直到 2003 年经济出现过热趋势后才停止（白彦锋、李然，2012）。

在同一时期，地方政府的另一种融资方式，即地方融资平台，已经在东部沿海部分发达地区陆续出现，为地方基础设施等建设工程提供资金来源（World Bank，2009）。

2. 第二阶段：中央代发地方债

在这一阶段，地方政府发债的主要方式是通过中央代发。中央代发地方债是指财政部代理地方发债，列入省级预算管理。财政部制定了《2009 年地方政府债券预算管理办法》（财预［2009］21 号），其中规定："地方政府债券收入可以用于省级（包括计划单列市）直接支出，也可以转贷市、县级政府使用……地方政府债券收支实行预算管理。地方政府债券收入全额纳入省级财政预算管理，市、县级政府使用债券收入的，由省级财政转贷，纳入市、县级财政预算。地方政府债券收入安排的支出纳入地方各级财政预算管理。"

2009 年至 2011 年，全国人大每年批准的地方政府债务规模均为 2 000 亿元；2012 年，中央代发地方债上升至 2 500 亿元；2013 年由财政部代理发行的地方债进一步上升至 3 500 亿元，用于弥补地方财政收支差额。

在同一阶段，地方融资平台开始进入了繁荣发展期。其中一个重要标志是相关部门对地方融资平台作用的肯定。2009 年 3 月 24 日，央行、银监会在《关于进一步加强信贷结构调整促进国民经济平稳较快发展的指导意见》（银发［2009］92 号）（以下简称《指导意见》）中，"鼓励地方政府通过增加地方财政贴息、完善信贷奖补机制、设立合规的政府投融资平台等多种方式，吸引和激励银行业金融机构加大对中央投资项目的信贷支持力度。支持有条件的地方政府组建投融资平台，发行企业债、中期票据等融资工具，拓宽中央政府投资项目的配套资金融资渠道。"《指导意见》为地方政府组建融资平台以及融资平台的快速发展提供了政策支持，也使得融资平台成为金融危机中最为活跃的融资主体之一。

3. 第三阶段：地方自行发债试点

地方政府的债券融资在 2011 年以后又出现了新方式，即"自行发债"。根据《2011 年地方政府自行发债试点办法》（财库［2011］141 号），"自行发债是指试点省（市）在国务院批准的发债规模限额内，自行组织发行本省（市）政府债券的发债机制。2011 年试点省（市）政府债券由财政部代办还本付息。"

2011 年 10 月下旬，根据财政部下发的通知，经国务院批准，上海市、浙江省、广东省、深圳市地方政府自行发债试点启动。财政部在地方发债的额度和期限管理方面进行了明确规定。"试点省（市）发行政府债券实行年度发行额管理，2011 年度发债规模限额当年有效，不得结转下年。试点省（市）发行的政府债券为记账式固定利率附息债券。2011 年政府债券期限分为 3 年和 5 年，期限结构为 3 年债券发行额和 5 年债券发行额分别占国务院批准的发债规模的 50%。”除此以外，对于试点省（市）政府的预算管理、会计核算、偿债保障等方面，则基本上沿袭了上一阶段的做法。（财库［2011］141 号：《2011 年地方政府自行发债试点办法》）

而几乎在同一时期，政府对地方融资平台的态度发生了重大变化。从 2010 年开始，对地方融资平台的政策导向转向了加强管理和清理整顿，这其中以国发［2010］19 号文件（《国务院关于加强地方政府融资平台公司管理有关问题的通知》，以下简称 19 号文件）为分水岭。一方面，19 号文件肯定了地方融资平台的积极作用：“近年来，地方政府融资平台公司（指由地方政府及其部门和机构等通过财政拨款或注入土地、股权等资产设立，承担政府投资项目融资功能，并拥有独立法人资格的经济实体）通过举债融资，为地方经济和社会发展筹集资金，在加强基础设施建设以及应对国际金融危机冲击中发挥了积极作用”；另一方面，19 号文件也提出了伴随地方融资平台快速发展过程中所出现的亟须高度关注的问题，如“融资平台公司举债融资规模迅速膨胀，运作不够规范；地方政府违规或变相提供担保，偿债风险日益加大；部分银行业金融机构风险意识薄弱，对融资平台公司信贷管理缺失等”。

在这样的背景下，为有效防范财政金融风险，加强对地方政府融资平台公司管理，19 号文做出了如下规定：第一，核实融资平台债务，要求融资平台公司统筹安排资金，制定偿债计划，明确偿债时限，切实承担还本付息责任；第二，清理和规范现有融资平台，对只承担公益性项目融资任务且主要依靠财政性资金偿还债务的融资平台，今后不得再承担融资任务；第三，加强对融资平台公司的融资管理和银行业金融机构等的放贷管理，银行业金融机构要落实借款人准入条件，按商业化原则履行审批程序，审慎评估借款人财务能力和还款来源；第四，坚决制止地方政府违规担保承诺行为。19 号文件在一定程度上有效防范了财政金融风险，加强了对地方政府融资平台公司管理，有助于保持经济的持续健康发展和社会经济秩序稳定。

为了贯彻国务院 19 号文件精神，财政部、发改委、人民银行、银监会联合发文（《关于贯彻国务院关于加强地方政府融资平台公司管理有关问题的通知相关事项的通知》，财预［2010］412 号），就 19 号文件中加强对融资平台公司管理的各项任务进行了细化规定。

在此基础上，各部委又在各分管领域，先后发文对规范清理地方融资平台的有关细节做出规定。

在地方融资平台的信贷管理方面，银监会就多次发文进行规范。2010 年 7 月 27—28 日，银监会在北京召开了关于地方政府融资平台贷款清查甄别工作的座谈会，发出了《关于地方政府融资平台贷款清查工作的通知》（银监办发［2010］244 号）。通知指出，地方融资平台贷款的整体代偿性风险仍然较大。因此，下一步的平台贷款清查工作需要进一步核清平台贷款的详细数据，逐户建立台账，进而对不同类别的平台贷款进行定性甄别、分类处置，以有效缓释和化解平台贷款风险，并提出了“六步走”的工作安排。紧接着，为落实上述“六步走”安排，银监办发出《关于做好下一阶段地方政府融资平台贷款清查工作的通知》（银监办发［2010］309 号），要求按法人原则落实台账管理，对第一、二、三、四类贷款要进行分类监管，明确四类贷款风险的详细情况。

2011 年，银监会以降旧控新为目标，发出《关于切实做好 2011 年地方政府融资平台贷款风险监管工作的通知》（银监办发［2011］34 号），表明要严格加强新增平台贷款管理，将平台贷款的审批权限统一上收至总行，严格贷款准入条件，对于符合条件的新增平台贷款，不得再接受地方政府以直接或间接形式为融资平台提供的任何担保和承诺。在接下来的两年里，银监会也先后发文，强调要继续推进地方融资平台贷款风险化解工作，如《关于加强 2012 年地方政府融资平台贷款风险监管的指导意见》（银监办发［2012］12 号）、《中国银监会关于加强 2013 年地方政府融资平台贷款风险监管的指导意见》（银监发［2013］10 号）。

在地方融资平台的债券融资方面，国家发改委办公厅发出《关于进一步规范地方政府投融资平台公司发行债券行为有关问题的通知》（发改办财金［2010］2881 号），表示应继续支持符合条件的投融资平台公司通过债券市场直接融资，防范投融资平台公司债券融资风险，规范融资担保行为，确保公司资产真实有效，强化募集资金用途监管等等，从而更好地发挥债券融资对地方基础设施建设的积极作用，促进企业债券市场健康发展。

在地方政府融资行为方面，财政部、国家发改委、人民银行、银监会四部委联合下发《关于制止地方政府违法违规融资行为的通知》（财预［2012］463 号），通知要求严禁直接或间接吸收公众资金违规集资，切实规范地方政府以回购方式举借政府性债务行为，加强对融资平台公司注资行为管理，进一步规范融资平台公司融资行为，坚决制止地方政府违规担保承诺行为。该通知旨在制止地方政府及其融资平台的违法违规融资行为，防范地方政府和融资平台的债务风险。

9.2　地方政府债务现状及问题

本节依次分析中国地方政府债务的历史规模与结构。在结构分析方面，本节将重点比较地方政府债务在举债主体、省（市、县）级政府和支出投向等方面的变化趋势，以及不同地区之间的差异。

9.2.1　地方政府债务的规模

图 9—4 给出了 1996 年至 2013 年，我国地方政府债务的数据，及其占当年 GDP 的比值。从图中可以看出，我国地方政府债务的增长可以分为两个阶段。在 2008 年以前，地方政府债务处于平缓增长阶段，年均增长率为 30%，地方债务占 GDP 的比重保持在 18%以下；在 2008 年以后，地方政府债务开始高速增长，尤其是 2009 年，地方债务增长率高达 62%，债务占 GDP 的比重突破 20%，一跃上升为 26%。此后，地方债务持续上升，其占 GDP 的比重在 2013 年 6 月份升至 31%。

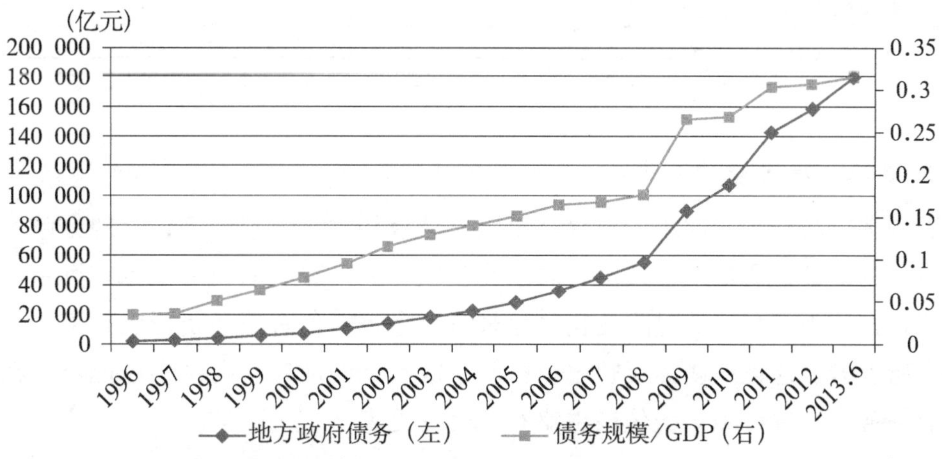

图 9—4　1996—2013 年地方政府债务规模及其占 GDP 比重的变化

资料来源：GDP 数据来源于国家统计局，《中国统计年鉴》，2013；1996—2010 地方政府债务数据，根据中国审计署，《2011 年第 35 号：全国地方政府性债务审计结果》计算而得；2012—2013 年债务数据，根据中国审计署，《2013 年第 32 号公告：全国政府性债务审计结果》计算而得，其中包括政府债务和政府或有债务；审计署未公布 2011 年债务数据，此处 2011 年债务数据为 2010 年和 2012 年债务数据的平均值。

9.2.2　地方政府债务的结构

1. 举债主体的变化

地方政府债务的举债主体可以分为融资平台公司、地方政府部门及机构、经费补助事业单位等。从表 9—1 可以看出如下变化趋势：

第一，融资平台的举债作用在下降。随着政府出台一系列政策，加强对融资平台的管理与清查，不管是政府负有偿还责任的债务还是或有债务，以融资平台公司为举债主体的情况都有显著下降。

第二，国有独资或控股企业的举债作用在上升。在融资平台举债作用下降的同时，不管是政府债务还是或有债务，国有独资或控股企业的举债规模有了很大提高。

表 9—1　　2010 年和 2013 年举债主体的变化（%）

举债主体类别	政府负有偿还责任的债务		政府或有债务			
			政府负有担保责任的债务		政府可能承担一定救助责任的债务	
	2010	2013.6	2010	2013.6	2010	2013.6
融资平台公司	47	37	35	33	61	46
地方政府部门和机构	24	28	39	36	0	0
经费补助事业单位	17	16	7	4	26	12
国有独资或控股企业	0	11	0	22	0	32
自收自支事业单位	0	3	0	1	0	5
其他单位	11	3	18	3	6	0
公用事业单位	2	1	1	1	7	4
合计	100	100	100	100	100	100

资料来源：中国审计署，《2011 年第 35 号：全国地方政府性债务审计结果》和《2013 年第 32 号公告：全国政府性债务审计结果》。

2. 各级政府负债的变化

我国地方政府分为四级：省级、市级、县级和乡级。总体来说，地方政府负有偿还责任的债务主要集中在市级，其次在县级；地方政府的或有债务，则主要集中在省级，其次为市级。从时间变化趋势来看，在政府负有偿还责任的债务中，县级债务有所上升，这也从侧面反映出，行政层级越低的政府，财政上越困难。在政府的或有债务中，省级和乡级债务也略有上升（见表 9—2）。

表 9—2　　2010 年和 2013 年各级政府负债的变化（%）

政府层级	政府负有偿还责任的债务		政府或有债务			
			政府负有担保责任的债务		政府可能承担一定救助责任的债务	
	2010	2013.6	2010	2013.6	2010	2013.6
省级	18.92	16.33	51.25	58.63	44.53	42.71
市级	48.37	44.49	32.81	27.85	38.96	39.28
县级	32.71	36.35	15.94	13.09	16.50	16.95
乡级	0.00	2.82	0.00	0.44	0.00	1.06
合计	100.00	100.00	100.00	100.00	100.00	100.00

资料来源：中国审计署，《2011 年第 35 号：全国地方政府性债务审计结果》和《2013 年第 32 号公告：全国政府性债务审计结果》。

3. 支出投向的变化

政府债务的支出投向主要有市政建设、交通运输、土地收储等等。如表 9—3 所示，总体来说，我国地方政府的债务支出主要针对市政建设、交通运输和土地收储，其他方面的支出相比于以上三项来说，比重较小。

从时间趋势上来说，对于政府负有偿还责任的债务来说，用于教科文卫、保障性住房等支出投向的债务比例上升了；对于政府或有债务来说，用于交通运输和土地收储等支出投向的债务比例上升了。

表 9—3　　2010 年和 2013 年债务支出投向的变化（%）

债务支出投向类别	政府负有偿还责任的债务		政府或有债务			
			政府负有担保责任的债务		政府可能承担一定救助责任的债务	
	2010	2013.6	2010	2013.6	2010	2013.6
市政建设	42.03	37.49	22.55	20.54	36.53	36.45
交通运输	14.83	13.78	49.39	51.45	28.58	33.91
土地收储	15.95	16.69	2.55	4.21	1.75	2.02
教科文卫、保障性住房	7.44	11.59	6.04	8.47	22.39	16.64
农林水利建设	5.57	4.04	4.01	2.26	2.80	1.89
生态建设和环境保护	3.29	3.18	1.85	1.69	2.56	2.18
化解地方金融风险	1.40	0.00	1.29	0.00	0.03	0.00
工业和能源	1.23	1.21	3.53	3.14	0.18	0.64
其他	8.26	12.01	8.78	8.23	5.17	6.27
合计	100.00	100.00	100.00	100.00	100.00	100.00

资料来源：中国审计署，《2011 年第 35 号：全国地方政府性债务审计结果》和《2013 年第 32 号公告：全国政府性债务审计结果》。

4. 各省市负债的变化

接下来我们要对省级地方政府的债务情况进行对比。我们进行对比的指标包括 2010 年、2012 年和 2013 年 6 月底，各省级地方政府债务占其 GDP 的比重（见图 9—5、图 9—6、图 9—7 和表 9—4）及占其财政收入和财政支出的比重（见表 9—4）。可以看出：

第一，从 2010 年到 2013 年 6 月，地方政府的债务规模并没有得到遏制，而是继续攀升：从各省的平均值来看，2010 年债务/GDP 比重为 27%，2012 年上升至 31%，2013 年 6 月上升至 37%。

第二，从债务占本级财政收入的比重来看，2010 和 2012 年变化不大，比值均在 2.85 左右，2013 年 6 月该比值上升至 3。

第三，从债务占财政支出的比重来看，该比值从 2010 年的 1.34，上升至 2012 年的 1.35，再到 2013 年 6 月底的 1.67。

第四，各省债务的情况也存在悬殊差异，以 2013 年 6 月底的数据为例，山东、广东等东部地区的债务占 GDP 水平较低（低于 0.25），尤其是山东的债务占 GDP 比重一直在 0.15 以下；贵州、重庆、甘肃、云南、青海等西部地区的债务占 GDP 水平较高（超过 0.50），如重庆 2013 年债务/GDP 比重达到 0.66；贵州在 2013 年 6 月底债务/GDP 比重达到 0.90。

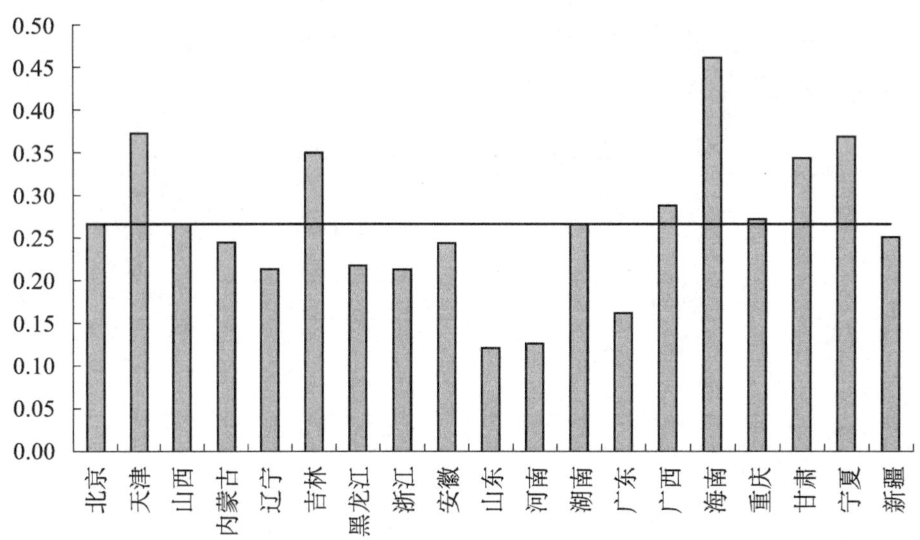

图 9—5　2010 年各地债务/GDP 比重

资料来源：各省（市）债务数据来自各省（市）的审计厅网站或审计公告。

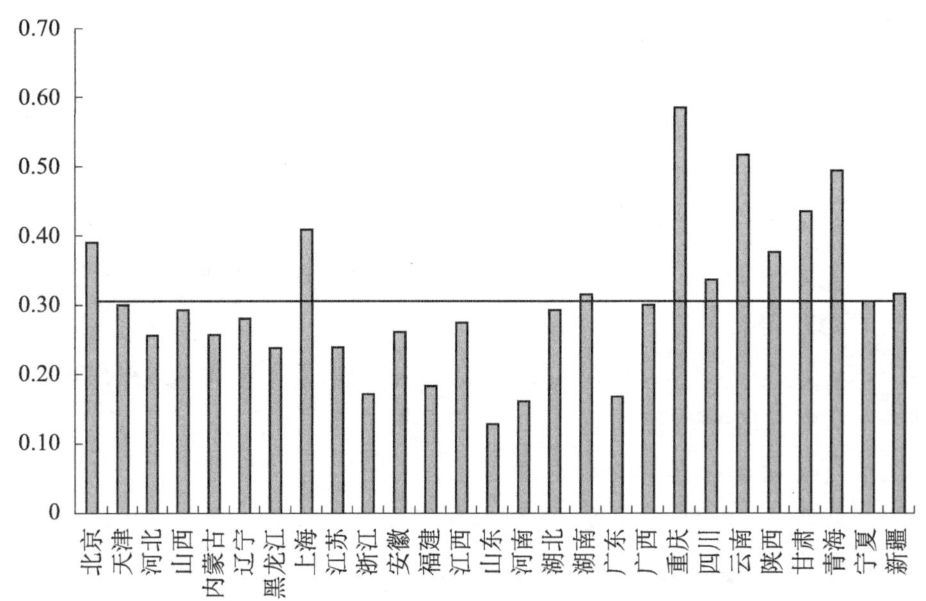

图 9—6　2012 年各地债务/GDP 比重

资料来源：各省（市）债务数据来自各省（市）的审计厅网站或审计公告。

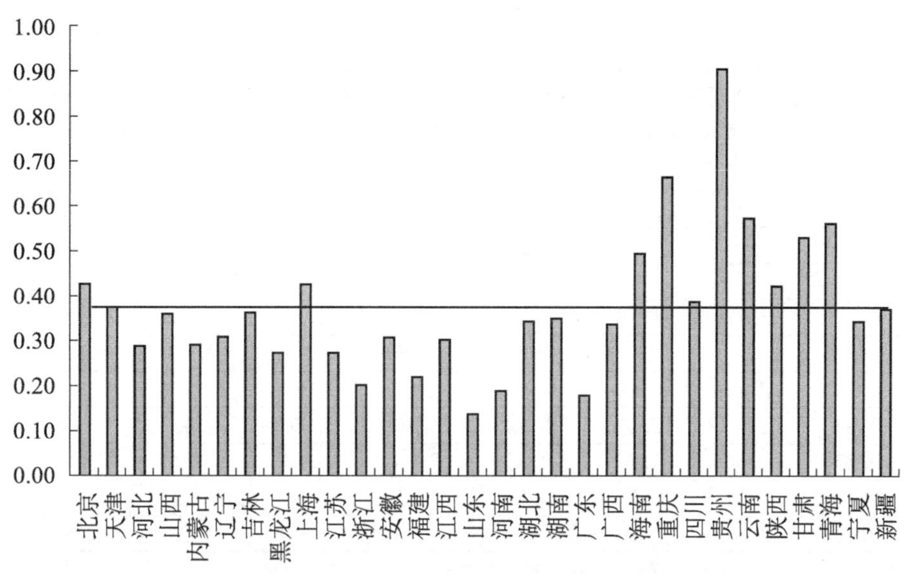

图 9—7　2013 年 6 月底各地债务/GDP 比重

资料来源：各省（市）债务数据来自各省（市）的审计厅网站或审计公告。

表 9—4　　债务余额占 GDP、财政收入和财政支出的比例

省份	2010			2012			2013.6		
	债务余额/GDP	债务余额/财政收入	债务余额/财政支出	债务余额/GDP	债务余额/财政收入	债务余额/财政支出	债务余额/GDP	债务余额/财政收入	债务余额/财政支出
北京	0.27	1.59	1.38	0.39	2.10	1.89	0.43	2.09	2.21
天津	0.37	3.22	2.50	0.30	2.20	1.81	0.37	2.50	2.29
河北	—	—	—	0.26	3.28	1.67	0.29	3.33	1.90
河南	0.13	2.11	0.85	0.16	2.33	0.95	0.19	2.46	1.11
山西	0.27	2.53	1.27	0.29	2.34	1.28	0.36	2.42	1.59
陕西	—	—	—	0.38	3.41	1.64	0.42	3.64	1.80
内蒙古	0.24	2.66	1.25	0.26	2.63	1.19	0.30	2.69	1.41
辽宁	0.21	1.96	1.23	0.28	2.24	1.52	0.31	2.28	1.72
吉林	0.35	5.03	1.70	—	—	—	0.36	3.80	1.82
黑龙江	0.22	2.98	1.00	0.24	2.81	1.03	0.27	2.78	1.25
上海	—	—	—	0.41	2.21	1.98	0.43	2.00	2.06
江苏	—	—	—	0.24	2.20	1.83	0.28	2.34	2.18
浙江	0.21	2.25	1.83	0.17	1.72	1.42	0.20	1.78	1.70
安徽	0.24	2.62	1.17	0.26	2.50	1.13	0.31	2.64	1.35
福建	—	—	—	0.18	2.01	1.37	0.22	2.20	1.72
江西	—	—	—	0.27	2.59	1.18	0.31	2.51	1.33
山东	0.12	1.73	1.15	0.13	1.58	1.08	0.14	1.56	1.21
湖北	—	—	—	0.29	3.58	1.73	0.34	3.82	2.05
湖南	0.27	3.96	1.59	0.31	3.91	1.69	0.35	3.89	1.90

续前表

省份	2010			2012			2013.6		
	债务余额/GDP	债务余额/财政收入	债务余额/财政支出	债务余额/GDP	债务余额/财政收入	债务余额/财政支出	债务余额/GDP	债务余额/财政收入	债务余额/财政支出
广西	0.29	3.57	1.37	0.30	3.36	1.31	0.34	3.40	1.53
广东	0.16	1.66	1.38	0.17	1.53	1.29	0.18	1.54	1.44
贵州	—	—	—	—	—	—	0.90	5.55	2.32
四川	—	—	—	0.34	3.31	1.47	0.39	3.40	1.78
重庆	0.27	2.27	1.26	0.59	3.93	2.20	0.66	4.31	2.68
云南	—	—	—	0.52	3.99	1.49	0.57	4.11	1.77
新疆	0.25	2.72	0.80	0.32	2.61	0.87	0.37	3.06	1.01
甘肃	0.34	4.00	0.96	0.44	4.73	1.20	0.53	5.18	1.43
宁夏	0.37	4.05	1.12	0.31	2.74	0.84	0.34	2.78	1.04
青海	—	—	—	0.50	5.05	0.81	0.56	5.13	0.97
海南	0.46	3.52	1.64	—	—	—	0.50	3.09	1.56

资料来源：各省（市）债务数据来自各省（市）的审计厅网站或审计公告。各省市 GDP、财政收入和财政支出数据，来自中国统计局，《中国统计年鉴》，2011—2013 年。

表 9—5 给出了各省级地方政府债务的结构数据，即政府负有偿还责任的债务、政府负有担保责任的债务以及政府可能承担一定救助责任的债务在各省级政府总债务中所占的比重。可以看出：

第一，对于大多数省级地方政府债务来说，主要是以政府负有偿还责任的债务为主，如广东、辽宁等地，政府负有偿还责任的债务在最近几年占比都在 70%左右。从全国平均值来看，政府负有偿还责任的债务占总体债务的规模，在最近几年也都维持在 60%左右。

第二，也有一些省份，最近几年政府或有债务（包括政府负有担保责任的债务和政府可能承担一定救助责任的债务）在急剧上升，如重庆的或有债务占比从 2010 年的 17%上升至 2013 年 6 月底的 51%。

表 9—5　　各省地方政府债务结构的变化（2010 年、2012 年、2013 年 6 月）（%）

省份	2010			2012			2013.6		
	政府负有偿还责任的债务	政府或有债务		政府负有偿还责任的债务	政府或有债务		政府负有偿还责任的债务	政府或有债务	
		政府负有担保责任的债务	政府可能承担一定救助责任的债务		政府负有担保责任的债务	政府可能承担一定救助责任的债务		政府负有担保责任的债务	政府可能承担一定救助责任的债务
北京	61.71	38.29		85.68	2.28	12.04	86.13	2.01	11.86
天津	—	—	—	57.46	42.54		46.82	30.62	22.53
河北	—	—	—	53.54	13.66	32.78	52.73	12.63	34.64
河南	66.00	9.64	24.32	62.97	5.74	31.26	63.67	4.93	31.40

续前表

省份	2010			2012			2013.6		
	政府负有偿还责任的债务	政府或有债务		政府负有偿还责任的债务	政府或有债务		政府负有偿还责任的债务	政府或有债务	
		政府负有担保责任的债务	政府可能承担一定救助责任的债务		政府负有担保责任的债务	政府可能承担一定救助责任的债务		政府负有担保责任的债务	政府可能承担一定救助责任的债务
山西	38.70	56.04	5.22	37.45	54.22	8.30	36.40	55.84	7.73
陕西	—	—	—	43.99	16.84	39.12	44.84	15.54	39.60
内蒙古	69.62	26.75	3.59	75.30	18.67	6.03	74.66	19.09	6.21
辽宁	68.25	25.45	6.27	74.08	17.44	8.46	74.61	16.57	8.81
吉林	61.26	32.94	5.77	—	—	—	60.73	22.88	16.34
黑龙江	56.84	36.27	6.84	56.19	29.63	14.12	56.91	29.24	13.82
上海	—	—	—	62.74	6.51	30.74	61.43	6.29	32.28
江苏	—	—	—	50.70	7.49	41.80	51.70	6.62	41.68
浙江	75.63	8.08	16.27	73.09	4.97	21.93	73.44	4.72	21.84
安徽	—	—	—	57.03	12.59	30.35	58.09	11.35	30.55
福建	—	—	—	53.60	5.51	40.86	55.99	5.55	38.44
江西	—	—	—	62.71	22.61	14.64	61.70	21.16	17.12
山东	54.44	25.40	20.14	62.07	18.93	18.96	63.30	17.14	19.54
湖北	—	—	—	65.36	11.29	23.36	67.06	10.10	22.81
湖南	47.64	19.09	33.27	45.27	9.91	44.81	44.94	9.47	45.56
广西	52.25	33.38	14.30	49.62	28.68	21.67	47.82	28.41	23.72
广东	78.53	11.96	9.50	68.63	10.55	20.82	68.18	10.03	21.76
贵州	—	—	—	—	—	—	73.12	15.39	11.47
四川	—	—	—	69.15	19.81	11.05	70.76	17.88	11.34
重庆	82.54	11.67	5.79	49.21	31.30	19.48	48.57	31.24	20.18
云南	—	—	—	65.65	7.67	26.66	64.21	7.37	28.40
新疆	59.62	35.76	4.63	60.47	28.95	10.54	59.80	29.39	10.78
甘肃	44.27	47.67	8.06	38.26	16.65	45.04	41.24	14.25	44.48
宁夏	59.65	27.33	12.86	61.96	23.24	14.66	63.46	22.76	13.65
青海	—	—	—	74.15	12.87	12.87	70.39	15.14	14.38
海南	71.95	23.53	4.52	—	—	—	74.47	15.96	9.57

资料来源：各省（市）债务数据来自各省（市）的审计厅网站或审计公告。

9.2.3　地方政府债务的问题

本节将从效率、公平和经济增长方式三个方面，评价地方政府债务问题。

1. 效率

在过去 20 多年，随着城镇化的发展和人口的集中，对城镇基础设施的需求不断上升，地方政府，尤其是中西部地区的地方政府，面临着为基础设施建设融资的巨大挑战。在现行的财政管理体制下，地方政府为解决投融资问题而展开了各种创新，其中一个最重要的创新方式是地方投融资平台的设立。在这种背景下，一大批针对基础设施建设的地方政府投融资平台应运而生。在过去 20 年，地方融资平台债等地方政府债务在解决地方政府资金困难，支持地方经济发展和增长方面，起到了积极作用。

但自 2009 年金融危机以来，各地融资平台也出现了一些问题，包括局部地区的债务规模过大（如一些城市的地方政府依托政府投融资平台等方式过度举债已接近极限，债务率已高达 150%以上，个别县市债务率已经超过 400%），债务形式不透明导致监管成本提高和隐性债务风险加大等。为此，中央先后下发了文件（如国发［2010］19 号，财预［2010］412 号等），要求加强管理和清理地方融资平台，清查地方政府债务。

2. 公平

地方政府债务也会带来代际之间的公平问题。地方政府债务对代际公平的影响取决于债务融资的项目投向。如果地方政府债务是用于市镇基础设施和社会基础设施（如排水、供热、供气、通讯、电力等管线，以及需在地面上安排的绿地、停车场、广场等相关公共设施）的建设，则可以促进当地居民代际之间债务负担的公平化。因为公共基础设施项目的建设周期一般都比较长，且项目建成以后享用获益的既包括当代人，也包括下一代人甚至是下几代人，通过地方债务来解决基础设施的融资问题，就可以把基础设施建设的成本分摊到当代人和未来代人身上，从而使各代人的受益和成本负担能更加匹配（魏加宁，2004；刘尚希、赵全厚，2013）。

但另一方面，如果地方政府债务不是用于受益期限较长的基础设施建设，而是用于受益期限较短的经常性支出，就会造成未来代人为当代人所享受的收益买单，从而带来代际之间的不公平问题。

3. 经济增长方式

如前所述，地方政府债务的形成原因，是客观和主观因素共同作用的结果。在主观因素中，就存在地方官员的政绩观（晋升竞争机制），以及借债和还债的动态不一致等。前者强调在辖区内的地方 GDP 增长，后者强调 GDP 增长的效果要立竿见影（因为增长效果必须出现在 5 年的任期内），这两者就造成了支持经济发展的债务资金必须用在见效快的工程和项目上，而不能用在见效长远的工程和项目上。这就不利于地方经济结构的调整和优化，不利于我国经济增长方式的改变和升级。

9.3　建立地方政府举债的约束机制

本节探讨建立地方政府举债的约束机制，主要从市场约束机制、行政约束机制和杠杆约束机制三方面进行分析。

9.3.1　市场约束机制

一般意义上债务管理的市场约束机制，是针对资本市场而言，即资本市场会对地方政府借贷能力做出反应，地方政府若要取得借款并维持较低的借款利率，必须向债权人展示良好的财政状况与信誉（刘昊，2013）。这里的资本市场既可以包括地方政府发行债券的市场，也可以包括地方政府通过地方融资平台向银行借债的市场。

对地方政府举债的约束，应该充分发挥市场约束机制，如银行对贷款客户资产、负债、还款能力及其风险的甄别。事实上自 2010 年银监办下发［2010］244 号文以来，银行就开展了地方政府融资平台贷款清查甄别工作，对于盈利能力差、还款风险高的融资平台，将很难再从银行得到贷款。这就是市场约束机制发挥作用的例证。

9.3.2　行政约束机制

一般意义上的行政约束机制，是指中央政府控制地方政府的发债额度，通过审批和检查将地方政府的发债规模控制在适当的水平上，防止地方政府不负责任的借债行为（邓淑莲、彭军，2013）。但这些中央控制方式，在现实生活中都很难有成效：要么就会造成地方政府财政状况的持续恶化，要么就会造成地方政府绕开管制，通过其他途径筹集资金，进而积累起巨额的隐性债务。

针对我国地方政府债务形成原因中的“借债和还债的动态不一致”，可以实行例如“官员任期的债务问责制”条款。即本届政府如在任期内举债，必须制定详细的“债务偿还计划”时间表，在任期期满后，考核其是否按照“债务偿还计划”时间表的设定，完成了该时点上的债务偿还额度，并将其作为业绩考核的指标之一。

9.3.3　预算约束机制

预算约束机制主要包括两方面的内容。

一是指对当地债务规模的大小制定出一套规则，如可以规定地方政府债务余额占当地本级财政收入比重的上限、地方政府债务余额占当地 GDP 比重的上限等等。

二是指建立地方政府偿债基金[①]。2012 年 3 月 6 日，在十一届全国人大五次会议上，财政部部长谢旭人表示，中央非常重视防范和化解财政和金融领域债务的风险隐患，对地方政府的债务，各地要建立偿债基金，统筹运用地方财力，切实做好偿还工作。目前，部分省市已经建立起偿债基金，如福建省永安市将政府债务纳入财政预算，建立偿债基金，实行专户管理，2014 年预算安排偿债基金 20 000 万元，已拨资金 2 660 万元。[②] 广东省鹤山市完善财政偿债基金管理，依据财政收入增长情况相应增加偿债基金规模，健全财政风险准备金制度，确保到期债务按时足额偿还。[③]

9.4 小　结

1994 年分税制改革是地方政府债务形成和积累的客观原因。地方官员的政绩观，借债和还债的动态不一致等是地方政府债务形成和积累的主观原因。两者长期以来共同造成了目前的地方政府债务规模。中央政府对于地方政府通过融资平台举债，也经历了一个鼓励、支持，到加强管理和清理的过程。

2013 年 6 月底，我国地方政府债务占 GDP 的比重达到 31%。举债主体主要是地方融资平台和国有独资或控股企业；举债的政府主要是市级和县级政府；支出投向主要是市政建设、交通运输、科教文卫和保障房建设。各省级政府的债务水平在近年来都有所上升，但上升幅度在各省存在差异，贵州、重庆、甘肃、云南、青海等西部地区的债务占 GDP 水平较高，超过 50%；浙江、山东、广东等东部地区的债务占 GDP 水平较低，低于 20%。

因此，有必要建立地方政府举债的约束机制，如银行对融资平台甄别的市场约束机制、官员任期债务问责制的行政约束机制，以及债务/GDP 比率、偿债基金等的预算约束机制。但是，如果分税制改革没有进一步的突破，地方政府的财力和支出责任得不到匹配，那么地方政府债务的规模和风险将会进一步扩大！

---

① 偿债基金，也称减债基金，是国家或公司为偿还未到期公债或公司债而设置的专项基金。

② 财政部网站，http：//www.mof.gov.cn/xinwenlianbo/fujiancaizhengxinxilianbo/201403/t20140318_1056603.html。

③ 财政部网站，http：//www.mof.gov.cn/xinwenlianbo/guangdongcaizhengxinxilianbo/201401/t20140126_1039715.html。

第 10 章　政府预算管理：财权入笼*

在 2008 年两会后的记者招待会上，温总理曾经指出："一个国家的财政史是惊心动魄的。如果你读它，会从中看到不仅是经济的发展，而且是社会的结构和公平正义。"从这个意义来说，预算前进一小步，政治文明一大步。一个真正有能力的政府在财政上肯定是一个预算统一公开的政府。从 1994 年的分税制改革，政府提出要"建立健全分级预算制度、硬化各级预算约束"，到 2013 年党的十八届三中全会做出的"改进预算管理制度、完善税收制度、建立事权和支出责任相适应的制度"，对深化财税体制改革的全面部署，预算管理始终是我们深化分税制改革的桥梁，规范政府收支的利器。

然而在多年的管理与改革过程中，预算管理一直存在着很多问题。就分税制改革本身来看，权力划分不清、政府管理越位与缺位并存，这与我们的政治制度、行政制度都有着重要的关系。而预算管理在这一过程中，并没有起到良好的约束作用。没能够从法律上、制度上规范政府的收支，远远没有将政府的各项财权收入笼中。因此本章将对上述这些问题进行剖析，并借以寻求改革之路。

10.1　我国预算管理制度现状

改革开放以来，我国的财政管理制度多次改革、调整，但改革的重点主要集中在财政收入管理方面，因此支出管理尤其是支出预算编制的改革相对滞后。1994 年的分税制改革中，虽然国家提出要建立和健全分级预算制度、硬化各级预算约

* 本章由王秀芝副教授和张鹤副教授执笔。

束、改进预算编制办法等目标，但是直到 1998 年我们才开始建立公共财政框架，并在财政体系内，积极推进了一系列改革措施。这场始于 1998 年的公共财政预算管理改革运动，从编制部门预算开始，而后向预算执行、监督及绩效评价领域拓展延伸，进而演化成一场财政预算管理制度全面创新的革命。其目的就是为实现“满足社会公共需要”这个根本目标而从预算上保驾护航，规范好政府的各项收支。

10.1.1 分级预算

分级预算体制是市场经济国家普遍实行的一种预算体制。分级预算体制的核心内容是一级政府，一级预算。《预算法》中规定我国实行五级预算，其中地方各级总预算由本级政府预算和汇总的下一级总预算组成，内容包括本级各部门的预算、下级政府向上级政府上解的收入数额和上级政府对下级政府税收返还或转移支付的数额。全国人民代表大会审查中央和地方预算草案及中央和地方预算执行情况的报告，县级以上地方各级人民代表大会审查本级总预算草案及本级总预算执行情况的报告。经本级人民代表大会批准的预算，非经法定程序，不得改变。

分级预算体制的核心是，各级预算主体的独立自主程度以及集权和分权的关系问题。这种预算方式改变了之前由中央代编地方预算的做法，而变成由国务院提前向地方下达预算要求，然后由地方自行编制并汇总成国家预算。分级预算体制使我们在明确市场经济下政府职能边界的前提下，将各级政府职责（即事权）进行了划分，并在此基础上划分各级预算支出职责（即财权）的范围。在分级预算体制下，各级政府职责分工明确，各级预算重点层次分明，强化了地方财政的预算约束、提高了地方坚持财政平衡、注重收支管理的主动性和自主性（楼继伟，2013）。另外中央与地方财政之间既有明确的界限，不互相挤占，同时又能够在中央的统一领导下实现预算的统一。

10.1.2 部门预算（综合预算）

部门预算是由政府各部门编制，经财政部门审核汇总后报立法机关审议通过，反映各部门所有收入和支出的年度财政收支计划，即一个部门一本预算。部门预算以部门为整体统一编制预算：各部门将本部门年度收支计划按照统一的编报内容和形式在一本预算中反映，统一编报时间，规范编报内容，统一向财政部门申报；财政部门批复预算时，也将各部门的收支计划批复在一本预算中，确保部门预算的直观、完整，实行全口径预算，部门预算反映的收支不仅包括财政拨款，而且包括预算外资金、事业收支、事业单位经营收支、其他收入等。也就是说，部门预算实际上是涵盖了公共财政预算、政府性基金预算等。

部门预算的核心要求是各部门在编报预算时，要把其所掌握的所有政府性财力，一览无遗地全部编入，实现和保证预算的完整性。另外在部门预算编制和调整上，我们采用的“二上”、“二下”[①] 制度，可以保证各部门在中央的统一领导下，能够更好的发展。

10.1.3　国库管理制度

为了解决预算执行过程不能有效监控，预算执行透明度不高，资金多环节分散运行导致运行效率和使用效益较低等问题，我国从 2001 年开始实施以国库集中收付制度为主要内容的财政国库管理制度改革。

1. 建立国库单一账户体系

国库单一账户体系包括五类：一是财政部门在中国人民银行开设国库单一账户作为国库存款账户，用于记录、核算和反映纳入财政预算管理的财政收入和支出活动，并用于与财政部门在商业银行开设的零余额账户进行清算，实现支付。二是财政部门按资金使用性质在商业银行开设的零余额账户，用于财政直接支付和与国库单一账户进行支出清算。三是财政部门在商业银行为预算单位开设的零余额账户，用于财政授权支付和清算。四是财政部门在商业银行开设的预算外资金财政专户，用于记录、核算和反映预算外资金的收入和支出活动，并用于预算外资金日常收支清算。五是特设专户，用于记录、核算和反映预算单位的特殊专项支出活动，并用于与国库单一账户清算。

2. 规范收入收缴程序

国库集中收付改革，要求财政收入采用直接缴库和集中缴库两种方式进行收缴。直接缴库的税收收入，由纳税人或税务代理人提出纳税申报，经征收机关审核无误后，由纳税人通过开户银行将税款缴入国库单一账户。直接缴库的其他收入，

① 部门预算的编制程序全国基本上是一致的。以中央为例，中央单位下一财政年度部门预算编制，从本财政年度的第三季度就开始准备，国务院先就预算编制原则、支出重点等问题下发一个财政年度预算编制通知，财政部根据国务院通知部署预算编制工作（称为“一下”）。各部门根据财政部的具体部署组织本部门的预算编制工作，汇总后报财政部审核（称为“一上”）。财政部对各部门预算进行审核后，根据国民经济和社会发展计划以及财力等情况，核定部门预算支出控制数，要求各部门按照支出控制数调整预算（称为“二下”）。各部门根据财政部下达的支出控制数，按照优先顺序，调整支出项目，使部门预算的总支出不得突破控制数，最后将调整后的部门预算上报财政部（称为“二上”）。财政部对各部门调整后的部门预算进行汇总，并作进一步审核后，形成预算草案上报国务院批准，并提交 3 月份全国人大会议审议。全国人大审议通过后，由财政部在一个月内批复到各部门执行。各部门接到财政部批复的部门预算后，将具体预算批复到各基础预算单位。

比照上述程序缴入国库单一账户或预算外资金财政专户。集中汇缴收入，一般指小额零散税收和法律另有规定的应缴收入，由征收机构于收缴收入当日汇总缴入国库单一账户。非税收入中的现金缴款，比照上述程序缴入国库单一账户或预算外资金财政专户。

3. 规范支付方式和程序

实行国库集中收付后，按照不同的支付主体，对不同类型的支出，主要有财政直接支付和财政授权支付两种方式：财政直接支付是由财政部门开具支付令，通过国库单一账户体系，直接将财政资金支付到商品和劳务供应者；财政授权是预算单位根据财政授权自行开具支付令，通过国库单一账户体系将资金支付到收款人账户。

国库集中收付制度，改变了过去由征收单位和预算单位分散设置银行账户，多环节收纳和支付财政资金、大量滞留财政资金的状况。在国库单一账户体系基础上，以信息系统为支撑，非税收入收缴的资金可以及时进入国库单一账户或财政专户；财政资金支付按照用款计划和规范程序，通过财政或授权预算单位直接支付到供货商或最终用款单位，不必经过中间环节，大幅提高了财政资金的运行效率。资金运行过程可通过电子化的监控系统实时监控，形成了与过去根本不同的预算执行管理运行机制。

10.1.4 政府采购制度

我国的政府采购实践是从1996年开始的。当时，上海市利用世界银行贷款，根据规定必须通过公开招标购买，开始引入政府采购制度。深圳从汽车维修开始了政府采购实践。1998年以后，政府采购工作逐步由初创阶段转向全面试点和推行阶段。2002年《政府采购法》正式出台和实施标志着政府采购工作进一步走向规范。

1. 政府采购法律法规的健全

1999年财政部先后颁布了《政府采购管理暂行办法》、《政府采购招标投标管理暂行办法》和《政府采购合同监督暂行办法》等规章制度，对政府采购的范围、管理机构、采购模式、采购资金拨付以及采购监督等有关问题做出明确规定，并对中介组织准入政府采购市场的条件、程序，以及政府采购资金预算单列和支付形式等，做出了原则性规定。此后，全国大部分省份都出台了政府采购地方法规。2002年《政府采购法》的出台实施，使我国政府采购真正走向法律规范的轨道。

2. 政府采购管理体制的建立

根据《政府采购法》的规定，从中央到各级地方政府都建立了财政部门作为政府采购管理机构的政府采购管理体制。财政部门在各级政府采购中担负起制定政府采购政策、法律和集中采购目录；审核政府采购预算；制定供应商和中介组织的市场准入规则；拨付和管理政府采购资金；监督采购行为；收集、统计和发布政府采购信息等方面的职责，使政府采购有序进行和逐步规范。

3. 政府采购运行机制和制度的建立

在政府采购改革不断推进过程中，各地根据政府采购法的精神，在具体的政府采购制度建设上取得了很大成绩，形成了具有较强操作性的政府采购预算编制制度、市场准入制度、监督制度、采购业务代理机构管理制度、资金拨付制度等，使政府采购向透明运行、规范运作方向不断发展。

我国实行政府采购制度起初是为了节约财政资金、加强资金管理，后来发展为治理腐败、建立公共财政框架支出改革的措施，现在则成为政府调控经济、实现政府政策导向功能的必要手段。

10.1.5　政府收支分类管理

政府收支分类改革是财政预算管理的一项重要的基础性工作。随着部门预算和国库集中收付制度的实行，政府收支分类管理成为了科学编制预算、严肃执行预算、客观全面清晰地反映财政活动所必须进行的一项改革。我国从 2007 年开始在预算上全面实施了政府收支分类改革。

政府收支分类体系由收入分类、支出功能分类和支出经济分类三部分构成：

1. 收入分类

全面反映政府收入的来源和性质，规范及细致地反映政府各项收入。科目分为类、款、项、目四级。

2. 支出功能分类

按政府的职能和活动设置科目，反映政府各项职能活动，即政府究竟做了什么。设类、款、项三级科目：类级科目反映政府的某一项职能，款级科目反映为完成某项政府职能所进行的某一方面工作，项级科目反映某一方面工作的具体支出。

3. 支出经济分类

反映政府支出的具体用途，即政府的钱究竟是怎么花出去的，是支付了人员工资、会议费还是购买了办公设备等。支出经济分类科目设类、款两级。

支出功能分类和支出经济分类从不同侧面、以不同方式反映政府支出活动。

通过政府收支分类改革，我们建立起了统一规范的政府收支科目体系，实现了“体系完整、反映全面、分类明细、口径可比、便于操作”的改革目标，并为预算管理、统计分析、宏观决策和财政监督等提供了全面、真实、准确的经济信息，为提高财政预算管理的公开性和透明度，为建立科学、民主的现代财政预算管理制度奠定了基础。

10.1.6 权责发生制的政府会计制度

一直以来，我们国家在财政管理的会计制度上使用的都是收付实现制，但是从2004年开始至2007年，一是为了适应我国财政国库管理制度改革的需求，先后对财政总预算会计部分事项、行政单位会计、事业单位会计和国有建设单位会计的结余资金会计核算实行权责发生制，解决了财政国库管理制度改革单位年终结余资金会计处理不完整和不一致、现行总预算会计当年列支口径和单位会计当年财政拨款口径不一致的问题；二是应政府收支分类改革的需求，对现行《财政总预算会计制度》、《预算外资金财政专户会计核算制度》、《行政单位会计制度》，以及《事业单位会计制度》进行相应的修订完善。主要是对预算外资金会计核算的一级会计科目进行增减变动，对其余三项会计制度中收支类会计科目的明细科目设置改为按新政府收支科目分类体系设置；三是为了满足工资和津补贴改革的需求，在现行的行政事业会计中增设了3个负债类科目，用于全面准确集中核算单位向职工个人发放的工资、津补贴及其他个人收入情况；最后为适应实行国债余额管理和建立预算稳定调节基金以及国有经营预算管理的需要，《财政总预算会计制度》增设了相关科目。

2009年8月，财政部发出《医院会计制度》（征求意见稿）和《高等学校会计制度》（征求意见稿），权责发生制为基础的会计核算制度首次被确定，并被认为叩响了公共部门会计制度变革大门。2009年新的会计制度实施后，医院会计制度相对清晰，自有资产的会计核算制度是权责发生制，财政拨款则采用收付实现制核算。

相对于收付实现制的会计制度，权责发生制可以更准确地反映特定会计期间实际的财务状况和经营业绩；就政府的财政管理而言，能够为政府的决策提供更加全面的、有用的信息，使政府可以更有效地利用资源，更好地确定政策的长期影响。但是目前我国的行政单位仍然实施的是收付实现制，事业单位实行的是不完全的权责发生制，政府预算正在进行权责发生制改革，但是改完之后如何与决算相对应，这些都是我们要进一步解决的问题。

10.1.7　"收支两条线"

1990 年我国首次在正式文件中提出"收支两条线"的概念。近年来该项改革已经从最初涉及集资资金，扩大到行使公权单位的各项收费和罚没收入等，这些收入不再与本单位支出、福利待遇挂钩，而是进入财政专户和归为预算统筹，执收单位的支出另由预算规范地做出安排。在这一改革中，规范收费基金管理，清理到期政府性基金项目，还在治理教育乱收费、减轻农民负担等方面取得进展。总体上，要将行政事业性收费、政府性基金、国有资源（资产）有偿使用收入、国有资本经营收益、彩票公益金、罚没收入等政府非税收入都纳入"收支两条线"管理范围。

深化"收支两条线"改革的关键就是要抓好非税收入的收支管理，把非税收入纳入法制化、规范化、制度化管理的轨道，使得现有政府收支能全部纳入政府预算，同时所有已经纳入预算的政府收支都受到同样严格的预算管理与控制，以维护预算管理的统一完整性、预算执行的严格规范性以及预算监督的严肃有效性。

10.2　我国预算管理制度存在问题

通过预算制度创新，我国对预算编制、预算执行、政府收支分类、预算会计等预算管理各个层面各个环节进行变革，逐步摆脱了传统预算管理方式的束缚，确立了新的管理制度和运作机制，但仍然存在一些问题，突出表现为预算软约束。

10.2.1　预算编制不准

1. 预算编制方法不尽科学

目前预算编制基本上采用"基数加增长"法，各地区各部门的既得利益，不论合理与否均触及不得，造成财政支出的刚性增长和部门间的苦乐不均，导致财政在现有财力下不能对资源进行合理配置，资金使用效益低下。

2. 预算编制缺乏前瞻性

长期以来，我国的预算编制只是在既定的收支之间安排资金，缺乏科学的分析预测，没有很好地将预算编制与经济预测结合起来，通过经济周期、产业结构的发展变化来确定预算收支总体水平的发展变化及收支结构的调整。因此，预算编制不够准确，财政收支经常超预算增长（见表 10—1）。财政超收不仅导致大量资金游离于预算之外，弱化了财政监督，与之相应的财政超支额也使得地方政府支出刚性加强，出现了财政支出“前低后高”甚至“年底突击”，不断拷问政府的财政资金配置和使用的公信度（孙玉栋、吴哲方，2012）。

表 10—1　　我国预算执行中的超收超支情况：1982—2011 年　　单位：亿元

年份	超收规模	超支规模	年份	超收规模	超支规模	年份	超收规模	超支规模
1982	191.96	18.81	1992	157.49	269.69	2002	888.81	888.46
1983	214.36	30.45	1993	465.58	560.05	2003	1 213.93	1 313.20
1984	380.72	177.90	1994	458.15	363.48	2004	2 826.13	2 824.87
1985	559.67	279.78	1995	549.80	562.14	2005	2 372.98	1 675.28
1986	118.79	39.71	1996	535.81	550.52	2006	3 919.62	2 049.32
1987	43.61	21.57	1997	253.20	244.06	2007	7 239.18	3 266.50
1988	73.52	38.26	1998	192.27	694.60	2008	2 844.35	1 806.66
1989	216.07	25.65	1999	634.68	634.68	2009	2 246.88	64.93
1990	76.02	56.99	2000	1 057.46	858.10	2010	9 150.00	5 045.00
1991	167.78	19.68	2001	1 625.84	1 625.79	2011	14 020.10	8 709.67

资料来源：孙玉栋、吴哲方：《我国预算执行中超收超支的形成机制及治理》，载《南京审计学院学报》，2012（4）。

3. 预算定额体系和支出标准尚不完善，没有形成涵盖全部经常性支出的定额体系

现行的定额标准仍然具有“基数法”的痕迹。部门预算的重要基础是科学、合理的定额体系。现行的定额不是根据单位的工作任务和财力的可能计算出来的，而是在承认部门和单位以前年度支出事实的基础上，根据历年的决算数据倒推出来的。这样的定额，将传统功能预算下的部门间苦乐不均的状况给予延续，承认了以前不公平的部门间支出水平，无法真实反映部门单位的职能大小和权责轻重。在定额测算方式上，基本上只是对过去几年预算拨款的简单平均，缺乏准确的基础数据为依据，因而定额标准不尽科学合理。由于没有科学合理的定额体系和相关的基本数据资料，目前实行的部门预算还不能完全摆脱传统的“基数加增长”的编制方法，零基预算实施范围受到很大的限制。

部门预算编制没有标准定额，计划弹性大。如果预算编制不能真正符合实际开支的需要，不能避免“跑、冒、滴、漏”现象，就不可避免地出现执行中的各种问题，计划的随意性大，预算漫天要价，挤占挪用，铺张浪费，事业任务不能顺利完成。如果说前一阶段的预算改革主要的是在形式上取得了一定的效果，那么支出定额标准就是下一步继续深化改革、在预算编制的内涵上进行突破所亟待解决的一个突出的问题。

4. 预算编制的法制化程度有待提高

现行的编制政府预算的基本法规是《中华人民共和国预算法》及其实施条例，

涉及编制预算的也只是就预算的形式、主要内容及程序做出了原则性规定，但对预算支出的序列、财政预算在国家财政的主体地位和权限等没有明确规定。与之相对应的情况是，一些部门（或领域）的法律，如《教育法》、《科技进步法》及国务院的有关行政规章，对相关的预算政策特别是财政支出的预算安排的有关规定较为明确。此外，除法律、法规授权制定之外，各级政府和部门都可随意制定减收增支的各项政策规定，财政缺乏“一票否决”权威。这些问题的存在，使得各级财政部门在编制预算时显得无所适从或顾此失彼，最终导致预算欠缺科学、合理性并有失公允，损及预算法案的权威性和约束力。

10.2.2　预算执行不严

1. 预算执行存在“真空期”

(1) 预算执行出现法律空档。

我国一直实行历年制预算年度（每年 1 月 1 日至同年 12 月 31 日），而中央和地方预算草案要待 3 月份以后举行的各级人代会审批（全国人代会一般在 3 月份召开，近几年来地方人代会召开时间有前移至 1—2 月份召开的趋势），致使预算年度的起始日先于人代会审批日，造成部门预算获得批准并开始执行的时间远远滞后于预算的编制，这意味着一年中有四分之一的时间实际上没有预算，或者说执行的是未经法定程序审批的部门预算，这就是我国政府预算先期执行的问题。这种做法不仅冲击了预算的正常进行，而且使部门预算的严肃性大打折扣。由于这段时间中各级预算执行没有法律依据，出现“约束真空”，这就为随意支出提供了机会，不但助长了各级、各部门“先斩后奏”的支出冲动，也极大地削弱了年度预算作为法律性文件的权威性和刚性。

(2) 预算执行“真空期”的不利影响。

一是预算先期执行造成事实上的非法执行，削弱了预算的权威性。从 1954 年第一部《宪法》开始，我国各级财政预算须经同级人大批准，确立了其在法律上的权威性和执行上的刚性。未经人大批准的预算不具备法律效力，其执行也就失去了法律的依据。《预算法》规定，预算年度开始后，各级政府预算草案在本级人民代表大会批准前，本级政府可以先按照上一年同期的预算支出数额安排支出，不符合法理和宪法精神，不能作为预算先期执行合法性的依据，尽管多年来没有出现过政府预算未经人大通过的事例，但是随着民主和法制的完善，人大对政府预算的审查监督力度会进一步加大，如果预算未经人大批准，先期执行实际成了非法执行，这样就会给国民经济造成很大影响，特别是涉及国计民生的重大投资项目，如果在预算未被人大批准的情况下先期执行，则会给国家造成更大的损失。

二是预算先期执行造成追加支出现象严重，失去了预算的严肃性。由于预算在未经批准之前按照上年度同期预算安排支出，尽管新的预算因“基数＋增长”的编制方法在多数情况下比上年均有增加，但是不排除按照实际情况预算应比往年减少的情况，如果按照上年预算数支出，多支出的部分必然要进行追加。同时，这种先期执行助长了先斩后奏性支出，于是追加支出的现象更加严重。

三是预算先期执行影响预算编制的质量，降低了编制预算的科学性。长期以来，我国预算编制采用“基数＋增长”的方式，所以有的部门为了增加次年的预算，在先期执行之时加大支出和追加支出，增大了次年预算的基数和次年先期执行的参照数，年复一年，形成恶性循环，使本来应该严谨的预算变得缺乏科学依据，编制质量低下。

2. 预算调整存在的问题

（1）预算调整的程序缺乏弹性。

预算法规定，预算调整应当编制调整方案报人大常委会审批，未经批准，各级政府不得做出调整预算的决定。但实际工作中，往往会出现一些编制预算时不可预见的重大事件，诸如公共风险和公共危机等。这些事件一旦发生，需要政府快速反应、及时应对。因此，需要预算法相应规定灵活的程序，变事前控制为事后监督，赋予政府应对重大突发事件临时调整预算的权力。

（2）科目之间流用管理不规范。

不同预算科目之间资金随意划转、调剂，影响预算的严肃性。现行预算法中对资金在不同预算科目之间的调剂使用未加以限制，只需报请本级财政部门批准即可，这样规定不够全面。从世界各国的通例来讲，追加预算包括预算收支内容的变动和项目的调整都需要经过预算审批部门审批，而科目之间的调整可以由政府部门决定。

（3）预算频繁追加和调整。

部门预算执行中弹性太大，没有形成“铁预算”。预算经人大批准后即具有法律效应，必须严格执行。如在执行过程中确需调整，政府必须将预算的调整方案提请人大常委会审查批准。未经批准一律不得调整预算，严禁“先斩后奏”，特别要严格控制预算科目之间的资金调剂，防止随意挪用和挤占资金，使人大批复的预算真正成为“铁预算”。但是，长期以来，由于法律观念淡薄，预算法约束弱化监督不到位，年度预算作为法律性文件的权威性和刚性被大大削弱。预算调整随意，冲击了预算的严肃性，影响了预算约束力和权威性。几亿乃至数十亿巨资可以仅仅根据一些政府官员的意志、领导的好恶、部门和单位的利益需要，随意改变用途。在预算执行过程中，预算频繁追加和调整，造成预算执行不规范。

3. 部门预算执行中的法律问题

随着我国市场经济体制的基本建立，以及公共财政的发展，预算法的一些规定已不能适应新形势发展的需要，在实施过程中存在一些亟待解决的矛盾和问题。产生问题的原因，一方面，部门预算的编制实行零基预算，但一些法规要求支出基数加增长，即当年支出要比上年支出增长一定的比例。例如，《义务教育法》规定，各级财政每年用于义务教育的财政拨款要达到“三个增长”（应当高于当年财政经常性收入的增长比例，使在校学生人数平均教育费用逐步增长，在校学生人均公用教育经费逐年有所增长）。《农业法》规定：“中央和县级以上地方财政每年对农业总投入的增长幅度应当高于其财政经常性收入的增长幅度”，所有这些规定客观上对保证各项事业的发展起到了积极的作用，但事实上，肢解了财政资金，削弱了财政职能，严重影响了地方财政的正常运转。另一方面，各部门受传统观念的影响，下一年的预算一般不低于上一年的支出，在编制部门预算时未实行真正意义的零基预算。在实际操作中财政部门采取了变通的做法，即把人员经费、公用经费、经常性专款编入部门预算，而把一次性的专款以追加的形式进入部门，防止进入所谓的“基数”。

4. 预算执行中的政策制定与预算的分离

（1）中央政策的制定与地方预算是分离的。由于地方政府缺乏完全的预算自主权，省级政府通常要执行中央的政策。在省级部门执行当年预算的过程中，中央政府（国务院和中央各部委）会制定新的政策并要求省级部门执行，而且在大多数情况下，这些中央政策会导致一些强制性支出，但中央并不为这些政策的实施提供相应的资金或只提供部分资金。省级部门为了执行这些政策就必须向财政部门申请新的预算。在某些情况下，省级部门还可能转嫁一部分政策成本到县、市一级政府。

（2）在预算执行过程中，各级政府及主管部门仍然可能制定出台新的政策，并要求财政部门安排相应的资金，影响本级预算的执行。

（3）在政策制定与预算过程分离的环境中，虽然财政部门负责编制预算，但它无法控制政策，无法从预算的角度严格审查政策的合理性和政策成本，而所有的政策制定以后都是要安排资金的，这就使得预算过程中充满了各种政策导致的不确定性。为了管理这些不确定性，财政部门通常都要预留下比较大的一笔钱作为机动费，以在预算年度中应付各个领导、各个部门、上级政府新的政策和新的支出要求。

（4）在政策制定与预算过程分离的环境中，预算部门实际上有两套预算。一套是年初编制来向财政要钱的预算，对于部门来说，预算就是预测预算年度将做哪些事，需要多少钱，但由于在政策制定与预算过程分离，部门在年初编制预算时，很难准确预测预算年度中他们将做哪些事，各级政府及主管部门可能会出台新政策，部门领导可能会做一些新的事情，因此很难编制出一套准确的预算。另一套是部门实际执行的预算。部门实际执行的预算是部门真正的预算，是部门一年中所有活动的完整反映。在预算年度中，由于政策制定与预算过程的分离，部门经常要执行一些新政策，这些政策都是要安排资金的，所以，部门实际执行的预算要比年初形成的预算大得多，预算执行缺乏严格性是普遍现象，决算超预算不可避免。

5. 预算约束软化与财政资金低效使用

有些部门的预算支出规模在预算编制、执行、决算各环节变动幅度较大，预算刚性不强。一是支出超预算较大，二是已定的项目预算执行不严格，三是挤占挪用资金，四是虚列支出。

10.2.3 财政监督不力

我国现行的财政监督制度体系是在建立社会主义市场经济体制的过程中逐步建立起来的，具有缺什么补什么的现实主义色彩，缺乏按市场经济改革目标对财政监督制度系统、科学的整体构建。从我国现行财政监督体系的三大监督主体来看，尚未形成较为科学的监督制度，特别是人大和审计监督制度较为滞后，没有发生应有的作用。

1. 人民代表大会的地位与组成造成其财政监督作用弱化

（1）人民代表大会的地位不具有权威性。根据我国《宪法》，人民代表大会是由人民代表组成的国家权力机关，在国家机构中享有至高无上的法律地位，而政府是由人大产生，对人大负责并向人大报告工作的执行机关。可是我国目前情况是，在人大和政府的权力配置中，政府更有实际的权威。

（2）人民代表大会没有专门机构进行财政监督。现在虽然设有财经委员会，但人员少，力量弱，起不到监督的作用。而县级人大及其常委会基本没有设立预算审查监督专门机构，一般由人大常委会财政经济工作委员会承担初审工作。而财经工委对上要应对省、市人大财政经济、城乡建设环境资源保护委员会二个委的工作，对下要应对政府近 50 个工作部门的工作监督，人员一般只 1 至 2 人，且多为组织上安排进入人大过渡退位的，懂行的不多。由于人大没有专门监督机构，现有人员又因多方面原因，结构不合理，缺乏工作热情，主观能动性发挥不够，致使人大对财政预算审查监督把关不严，流于形式。

（3）从人大代表的组成来看，专职委员有限，大多数委员不是专职的，他们来自社会各阶层，其中不乏精通财政的专业人员，但就总体而言，并不了解预算的特点、项目之间的关系、内容结构以及专业名词的含义，审查难以深入。这样的机构和人员，很难全面深入地审查分析，集中地提出一些切中要害的意见和建议，使得权力机关既难以对预算草案进行全面深入的研究，又难以对预算的执行情况进行全方位的跟踪监督。

2. 人大审批预算流于形式

财政部门提交人大审查的预算草案编制粗略，项目不细，预算报表所列科目级次太少，所列内容太粗，每个科目规模数额太大，透明度太低。由于预算草案比较粗略，作为编制依据的收支预计数或者快报数又不太准确，再加上预算审查专业性、技术性很强，而目前各级人大预算审查专业人员匮乏，人大代表对预算草案，很难予以实质性的审查和提出针对性的具体意见。不仅如此，由于人大对预算草案审查的时间过短，在很短的时间内完成对预算草案的实质性审查也不太现实。一年一度的各级人民代表大会会期一般不超过十五天，而人代会要依法进行各项预定的议程，其中审查预算的时间最多不超过一天，地方人代会由于会期较短，留给审查预算的时间甚至只有几个小时，因而人大代表没有充裕的时间仔细查阅预算草案。

3. 预算调整监督乏力

调整频繁，监督无力。预算法规定，预算调整应当编制调整方案报人大常委会审批，未经批准，各级政府不得做出调整预算的决定。而现行预算法中对资金在不同预算科目之间的调剂使用未加以限制，只需报请本级财政部门批准即可，这样规定不够全面。从世界各国的通例来讲，追加预算包括预算收支内容的变动和项目的调整都需要经过预算审批部门审批，而科目之间的调整可以由政府部门决定。

4. 预算超收收入使用游离于人大监督之外

原则上，预算确定的税收收入增长在年初就已经被预测到，并被安排到年度预算支出中，而税收超收则是“计划外”收入，其用途并未在批准的预算中反映。近年来我国预算执行结果表明，在税收大幅度超收的同时预算支出也基本同步“超支”。如此大量的税收超收收入由政府根据需要用于预算追加拨款，实际上打破了国家预算的整体安排和统筹规划。

5. 审计预算监督存在的问题

(1) 审计机关缺乏独立性。

在现行体制下，审计部门属于政府机关，是政府的一个重要组成部分，它既要对同级政府负责，又要审计监督同级政府的财政行为，此关系致使审计的职能难以得到有效发挥。一是政府“自己审自己”的工作立场使审计目标不明确。二是审计执行过程中可能由于人为因素使审计范围受到限制，在执行审计的过程中这一可能不那么严重，但在一些部门和单位就成为一个很突出的问题。三是由于审计结果是对政府和人大两方同时负责，责任主体不明确，审计报告要经政府批准后方可向人大汇报，使问题得不到及时披露和有效解决，影响和削弱了审计的独立性、权威性和客观性。由于目前采取的是“同级审”的形式，审计机关的人事任免权、审计经费审批权、审计工作对象的决定权等重要事项都由同级政府决定，审计机关履职行权相当尴尬。

(2) 对财政预算管理过程中权力的监督与约束不够。

由于财政预算管理体制不太完善，预算不细化，执行时缺乏衡量标准，对单位主要行政负责人又缺乏有效的约束机制，这就纵容了违规违纪现象。因此，在预算管理过程中对权力的监督和约束至关重要。然而事实上预算资金使用的决策大多由单位负责人做出，当出现问题时又以“曾集体讨论通过”为由将责任推诿，其处罚自然就由集体共同承担，主要责任人最多也是承担领导责任，对其处罚力度不够，造成责任主体不明确，而其可能从中获得的利益却相当可观。这样，单位负责人的违规成本就很低，“屡审屡犯”也就不足为怪了。

(3) 审计监督披露的范围及透明度仍显不够。

随着“审计风暴”的刮起，审计监督披露的范围已有大幅度扩大，透明度也有所提高。但是仅靠审计机关对被审计单位结果的披露是不够的。审计机关自身也应充分发挥其主观能动性，顶住压力，及时公告结果，增加审计的透明度。同时，对审计整改建议落实情况的披露不足，虽然审计查出了问题，但却没有得到切实整改，有的对查出的问题作了纠正，但没有从认识上、制度上根本杜绝类似违规事件发生的根源。此外，还存在审计内容上重财务审计，轻财政审计；在审计方式上重合规性审计，轻绩效性审计等。

6. 预算监督法制建设滞后

第一，缺少专门的预算监督法律或法规。虽然我国的《宪法》、《地方组织法》、《预算法》、《审计法》、《会计法》、《注册会计师法》等法律法规都对预算监督问题做出了相应的规定，但缺乏系统性、完整性规定。

第二，有关法律法规对预算监督的规定较为原则。比如，关于预算调整，《预算法》规定的前提之一是预算执行中因特殊情况需要增加收入或减少支出，这“特殊情况”的含义是什么？哪些特殊情况需要通过调整预算来解决？哪些需要通过动用“特殊情况”的预备费来解决？都不清楚。

第三，现有的预算监督立法层次较低。除了《宪法》、《预算法》、《审计法》等法律以外，预算监督立法的形式更多是财政部的部门规章。这些规章由于立法层次低，与其他部委的部门规章和有的地方性法规不统一，部门与部门之间关系不顺，法与法之间不衔接，缺乏普遍约束力，使预算监督执法缺乏力度，甚至导致监督失效。

第四，现行法律法规只规定了人大有监督权，却没有明确规定被监督者不接受监督应负的法律责任，没有明确保障监督权落实的法律措施。同时，现行《预算法》及相关条例没有规定对人大在财政预算草案中的初审结果如何办理，对人民代表大会期间代表关于财政预算的审查意见建议如何处理。

10.2.4　财政支出绩效评价体系不全

(1) 尚未建立财政支出绩效评价的法律体系。

财政支出绩效评价要取得实质性进展，必须在法律上得到保障。但在我国尚未出台全国统一的有关预算绩效评价工作的法律法规，使我国预算绩效评价工作缺乏法律约束和制度保障。

(2) 尚未建立明确的管理机构。

西方许多国家和世界银行等国际组织都设有公共支出绩效评价机构，作为公共投资财政支出绩效评价执行主体。在我国，财政支出绩效评价工作主要分散在各管理部门进行，缺乏一个有权威性的财政支出绩效评价综合管理机构。

(3) 尚未建立规范的评价指标体系。

各有关部门的财政支出绩效评价主要通过若干固定的财务、技术和工程管理指标进行全过程评价，侧重合规性评价，对财政资金的使用效益评价不足。由于缺乏科学、规范的方法、指标，影响绩效评价结果的公正合理性。

(4) 绩效评价内容不完整。

一是评价对象仅局限于项目本身，而忽视项目内外因素的综合分析。二是侧重合规性评价，忽视效益评价，总体上看，目前各部门进行的绩效评价工作带有明显的审计特征。

（5）对评价结果的应用，尚未有清晰的思路，评价结果约束乏力。

（6）未形成财政支出讲效益的监督环境。

我国对财政的监督一般来自三个方面，分别是人大、审计和财政部门自身。目前财政监督存在的主要问题：一是对财政支出审查的内容仍只注重于合法性和合规性审核，未转向经济性、效率性和有效性的评价；二是对财政支出审查的范围仅限于财政支出本身以及延伸的单位财务，未扩展到以政府财政支出为纽带的政府部门整体经济活动的综合评价；三是对财政支出审查的目标仍仅限于“鉴证”形式，通过查找财政、财务存在的问题，规范财政管理，未转变为发现管理中存在问题，找出原因，提出政策建议，从而提高财政支出使用效益，提高政府工作效率；四是对财政支出审查的方式仍是提供审计式的“鉴证和报告”的事后审查，未转变为事前确定目标，事中和事后评价的方式。

（7）未将财政支出绩效评价体系纳入整个绩效预算管理的过程中。

绩效预算管理以成果为导向，将追求最大绩效作为预算管理的根本目标，将实现既定绩效目标作为预算管理的根本要求，将财政资源配置的最终成果作为衡量管理活动的根本标准，并贯穿于预算编制、执行、监督等各项管理活动中。预算分配着眼于资源配置后能够取得的绩效，从源头上控制没有绩效和低绩效的项目。预算执行着眼于减少成本，提高效率。为此，绩效预算编制、执行和绩效评价应作为一个整体，相辅相成。

10.3 预算管理制度改革

政府预算是在总体资源有限的前提下对可支配资源的安排、配置和调整。它是一种私人无法提供的公共产品，同时也是一个以法律为基础的契约。政府预算的契约关系可理解为一种委托—代理关系，公民作为委托人以纳税为代价将公共权力让渡给政府，政府作为代理人通过对公民私有财产的“必要侵犯”筹集资金。因此，如何建立有效的激励约束机制使得代理人和委托人的利益同时得到满足，关系着预算管理的成败（程瑜，2009）。

10.3.1 提高财政透明度

Hood（2001）指出，财政透明度是公共政策执行中最小化交易成本的一个关键因素，同时也是一个开放的政府追求民主和法律的一个重要方式。政府在民主执政和公共服务改革中都离不开透明度，因为透明度的提高可以使信息更加公开化，进而有效地推动政府问责、改善民主治理、预防腐败、提高公共效率。在预算实践中，财政透明度的制度化将使人们建立对打击腐败至关重要的某种政府体系，即一个独立的、有效力、高效率的审计系统，一个内部责任制会计体系和一个产生及时、准确资讯的信息系统（Folsher，1999）。

1. 财政透明度的内涵

Kopits 和 Craig（1998）指出，财政透明度是向公众最大限度地公开关于政府的结构和职能、财政政策的意向、公共部门账户和财政预测的信息，并且这些信息是可靠的、详细的、及时的、容易理解的、可以进行比较的，便于选民和金融市场准确地估计政府的财政地位和政府活动的真实成本和收益。

Hood（2001）将财政透明度的前提条件划分成两部分，一是从法律的角度看在公共管理过程中谁来执行；二是从委托—代理理论看如何执行。他指出，财政透明度是公共政策执行中最小化交易成本的一个关键因素，同时也是一个开放的政府追求民主和法律的一个重要方式。政府在民主执政和公共服务改革中都离不开透明度，因为透明度的提高可以使信息更加公开化，进而有效的预防腐败、提高公共效率。

实际上，财政透明度作为财政管理的一个方面，涵盖了很多方面的内容。Kopits 和 Craig（1998）认为主要包括制度透明度、会计透明度和指标与预测的透明度。

（1）制度透明度：政府要对自己的财政行为进行界定，向公众披露其结构与功能，从理论和制度层面将公共部门和私人部门严格区分开；另外政府还要将其预算过程公开，对预算方案中各个项目进行详细的解释，披露其财政目的和优先顺序；从法律层面向公民明确其纳税的基础，同时公开政府管制中发生的成本。

（2）会计透明度：主要向公众详细披露中央政府和地方政府的有关财务信息，包括政府部门的财务报表、部门之间的资金往来等。这里面应该包括一般政府基金和社会保障基金，以及公共企业的准财政活动。

（3）指标与预测的透明度：政府要公布与财政相关的各项指标，例如收入、支出、负债等；同时还应公布对一些财政分析性指标的测算，例如财政稳定性、财政的可持续性、未设偿债准备金的政府债务净值等。

2. 我国财政透明度发展情况

我国财政透明度的研究和实施开始于 20 世纪 90 年代。1999 年 6 月国家审计署在第 9 届全国人大常委会第 10 次会议上所作的《关于 1998 年中央预算执行情况和其他财政收支的审计工作报告》，被视为是我国提高财政透明度的首次尝试。此后全国人大常委会要求从 2000 年开始，中央政府各部委应在政府整体预算之外单独向其报告本部门的预算。除部门预算外，国库集中收付制度、以公开招标为主的政府采购制度、按国际规范改进政府预算分类和预算科目及定期出版《中华人民共和国财政文告》等一系列改革，拉开了我国推进财政透明度改革的大幕，推进了我国财政透明度完善的进程。2007 年我国财政部首次公开了 2005 年以来的中央和各地方政府的预算与决算情况；2009 年两会之后，财政部首次在第一时间向公众披露了经过全国人大审议通过了的中央政府预算报告。2011 年 5 月 4 日，国务院首次要求中央部门公开 2010 年度出国（境）费、车辆购置及运行费、公务接待费支出情况，地方比照中央公开经费。另外在党的十八届三中全会通过的《决定》和 2014 年李克强总理作的政府工作报告均指出，要“抓好财税体制改革这个重头戏。实施全面规范、公开透明的预算制度”。但尽管如此，我国的财政透明度与其他很多国家相比，还处在很不透明甚至比较落后的阶段。

Kurtzman et al.（2004）对世界上主要的 48 个国家和地区的财政透明度进行了分析和研究。他们构建了一个“不透明指数”，并把腐败、法律体系的效能、经济政策的效果、会计准则与实务和政府规制作为主要的衡量指标，对各国家和地区进行排序和评分。根据他们的研究发现，我国的“不透明指数”为 50 分，在 48 个被调查国家和地区中位列第 43 位，仅比菲律宾、委内瑞拉、黎巴嫩和印度尼西亚的情况稍好。而透明度程度最好的芬兰，仅有 13 分，紧随其后的是英国、丹麦和瑞典，中国香港也以 20 分名列前茅。

上海财经大学公共政策研究中心从 2008 年开始，连续对我国 31 个省份的财政透明度进行调研。《中国财政透明度报告》显示，2009 年我国省级政府的财政透明度的平均分为 21.71 分，2010 年是 21.87 分，2011 年是 23 分，2012 年是 25 分，2013 年达到了 31.4 分。从分数的变化，可以看到我国政府在信息公开问题上的进步，但同时也充分展示了我们的不透明程度还非常之高。

3. 改革建议

（1）完整、统一、详细、规范的预算是透明的前提。

政府首先应该明晰其职责，公布各部门的任务与管辖范围，明确公务员的道德规范。然后公开预算的准备、执行情况，并发布年度报告。年度预算应在一个全面、连贯且量化的宏观框架中予以准备，且应提供预算所隐含的主要假设；预算应指明主要的财政风险；编制全口径预算，将政府部门的全部收支涵盖在其中；另外我国实行的分级预算和部门预算，使得各个预算单位的预算方法可能并不统一，因此也必须将其使用的方法在报告中予以说明；预算数据应当反映近期的收入和支出趋势、潜在的宏观经济发展和明确的政策保证；年度预算和决算账户应当明确会计基础（收付实现制或权责发生制）和在数据编制和报告中使用的标准；国家级审计机构要向立法机关和公众及时地提供关于财政账户财务公允性的报告。

我国现行的收支分类中，收入分为类、款、项、目四级，支出按功能分为类、款、项三级科目，按经济分类设类、款两级。因此我们在预算报告中也应该参照这种分类方式，将数据细化到最后一级，这才有可能做出“让大家看得懂”的预算。

此外，IMF（2001）颁布的《财政透明度良好行为守则》中明确地给出了财政透明度的执行标准；OECD 预算委员会在 1999 年也对其 19 个成员国的财政透明度情况进行了调查，他们通过问卷调查的方式设计了 76 个问题，然后根据其反馈结果对这些国家的透明度状况进行评估。此后在 2001 年也颁布了《预算透明度最佳实务》（Best Practices for Budget Transparency）。这些具体的执行标准也可以作为我们进行财政信息公开的参考（见表 10—2）。

表 10—2　　财政透明度的执行标准

一般原则	实施要求
明确职能和责任	明确规定政府的结构和职能
	明确界定各级政府以及行政、立法和司法机关的责任
	建立明确的关于预算和预算外活动的协调和管理机制
	明确的安排政府和非政府公共部门机构间的关系
	以公开的方式介入到私人部门
	公共资金的任何承诺或支出都应受到法律法规的约束
	在明确的法律基础上收取税费
	明确公务员的行为道德标准并予以公开
信息的公开可得性	政府的预算、预算外活动和财政状况应以财政报告的形式向公众公开
	预算中应包含前两年的预算执行结果和对未来两年的预测
	预算中应包含或有负债、税款支出、准财政活动性质和财政重要性的报表
	中央政府应公布其债务和金融资产规模及其构成
	公布地方政府的财政状况和广义政府合并的财政状况
	应承诺及时公布财政信息
公开预算编制、执行和报告	预算中应规定财政政策的目标、宏观经济的框架、预算的政策基础和可识别的主要财政风险
	预算数据的表述应有助于政策分析并提高可追责性
	应明确说明执行和监督经批准的支出和收入的程序
	应向立法局和公众定期公布财政报告
对真实性的保证	预算数据应反映最近收入和支出的趋势、潜在的宏观经济发展情况和政策承诺
	年度预算和决算账目应说明会计基础和预算数据的标准
	应就财政数据的质量提供具体的保证
	财政信息应受到独立的检查

资料来源：2001 年 IMF《财政透明度良好行为守则》。2007 年 IMF 又在这一《守则》基础之上加以改进。

(2) 加强宣传与培训。

美国的公共预算改革开始于1905年的纽约市（王绍光，2001）。当时的纽约市政局既想扩张支出，又希望可以高效、民主地使用资金，因此就将预算改革列为了首要任务。他们一方面向大企业宣扬“预算有助于精明的商人寻求保护自己的利益不受政府规制或者甚至直接公有化的威胁”，另一方面通过各种财政预算展览来对预算改革进行宣传，希望借此激发民众对政府中的浪费和腐败的厌恶，从而更加了解政府，进一步地提高民众参与预算的技能。另外为了能使预算改革制度化，1911年纽约还专门成立了一个公共服务培训学校，学生来自于各行各业的普通公民，每一个被训练者都被要求研究并参与城市的预算过程，然后他们再将所学到的知识进行传播。经过改革者的一系列努力，美国的预算民主改革深入人心。

近年来，我国政府资金使用浪费、贪污腐败现象频现，令人们对财政资金的走向十分关注。“阳光财政”实际上已经成为了公众的一种迫切需求。例如2009年10月，在“公共预算观察志愿者”的申请下，广州市财政局在其官方网站上公开了《2009年广州市本级部门预算》，114个政府部门的预算均可供市民免费下载，这也是中国内地城市第一次把政府“账本”放在网上晒，而该网站一度因为蜂拥而至的下载浏览而瘫痪。由此可见，人们对预算公开的热情是很高的。但是像每年两会都会有很多代表表示“看不懂预算”，或者要花费很多时间才能读懂，就说明我们在这方面的专业培训还远远不够。①

另外，2010年，四川省巴州区白庙乡政府机关在其网站上公示了2010年1月公业务费开支。在《公示》中详细列出了乡人大人员的基本工资预算、津贴补贴、奖金、社保以及商品和服务支出等，均精确到个位数，以及每一笔开支的时间、事由、金额，及经办人、证明人、审批人和安排人等。该乡党委书记张映上说：“公示以后，感觉到老百姓对我们格外亲切。创造条件让人民批评政府、监督政府。公

① 2014年中国青年报社调查中心通过计算机辅助电话调查系统（CATI），对来自天津、湖北、江苏、广东、甘肃和贵州6省的85名全国人大代表进行了一项独家调查。结果显示，在读预算的时间上，27.1%的受访代表需要5小时以上，16.5%的受访代表需要3～5小时，21.2%的受访代表需要2～3小时，21.2%的受访代表需要1～2小时，14.1%的受访者只需要不超过1小时。如何才能让代表们读懂预算报告？调查中54.1%的受访代表希望能获得预算报告的简化版本，50.6%的受访代表建议财政部门官员到小组做说明，43.5%的受访代表提议为《政府预算报告》配备解读材料，21.2%的受访代表希望将预算报告提前交给代表委员。另外中国青年报社调查中心通过对19 253名受访者进行的另一项调查显示，49.6%受访者关注每年两会的政府预算审议情况。但就上年的政府预算报告来说，仅15.9%的受访者表示能看明白，66.8%受访者坦言看不明白（49.8%的人“很不明白”）。另外65.2%的受访者对财政预算公开情况不甚满意。不满意的方面主要有：公开的内容不详细，不具体（23.4%）；公众不知如何监督和发表意见（22.1%）；公开的方式单一，公众可进行查询的渠道有限（19.5%）等。其他受访者提及的还有数据造假、审计结果不公开等。（资料来源：《两会聚焦：为什么我们都看不懂预算报告》，载《中国青年报》，2014-03-08。）

开是最好的防腐剂，阳光是最好的杀毒剂，公示得越细，‘晒’得越彻底。”

然而像广州和白庙乡这样的例子，还只是凤毛麟角，他们得到的宣传和支持并不大，而且由于社会氛围，还常常被感觉到另类，有着当“出头鸟”的压力。因此，我们一方面要通过公开的方式让更多的人关注预算，充分利用各种媒体的力量，包括召开听证会、听取民众的意见等，来提高人们的关注度与参与度；另一方面也要加强对民众的相关知识的培训，使人们能够看懂预算并监督预算执行。这样的预算透明才能起到实质的意义。

（3）规范“透明”。

政府之所以要做到财政透明，其目标一是为在政策选择上能够给决策者和大众提供所有相关的、及时的信息；二是为了能够在决策者和民众之间产生一种有效的沟通（侯一麟，2012）。但是透明度是要有限制的，在一定限度内财政透明度的提高会带来政府效率的提高，增强对一些经济因素的影响效应。但是另一方面，财政透明度也必须有一定的界限，否则它就会破坏一些社会规则的正常运转。正如 O'Neil（2002）所指出的一样，“透明度和信任之间的关系是复杂的，过分地依赖透明度也许会损害信任。如果缺少一定的忠诚度和组织结构，组织就无法有效运作。要使民主制度完全起作用，就必须增大政府机构的信任程度，这就可能要对完全公开予以一定限制。”

近年来，由于网络日益发达，信息传播越来越迅速，因此很多该由政府主动承担的事情，其实已经由民众“倒逼”着政府去解决了。例如美国交通部开放了全美航班起飞、到达、延误的数据，那当然也是海量的。公布之后，有人就利用这些数据开发了一个航班延误时间的分析系统，并向全社会免费开放。通过这个可视化的软件，任何人都清楚地看到每个航空公司的、每条航线的延误情况。然后在政府将基础数据公开后，美国民航的误点率逐步减少，满意率不断提高了。

再如 2008 年因一张抽烟照片而后被立案调查的南京市江宁区房产管理局原局长周久耕，2012 年因为一张事故现场微笑的照片而被调查并获罪的“表叔”——陕西省省安监局前局长杨达才，他们都是先被网友质疑，后因影响越来越大，政府才出面开始立案侦查，最后的结果一个因受贿罪，被判处有期徒刑 11 年，一个因受贿和巨额财产来源不明罪被判处有期徒刑 14 年。这两件事一方面说明群众力量的强大，但是另一方面也反映出来政府职责上的缺位，和信息公开上面的不规范，以及民众对政府的不信任。因此如果政府能主动将政府职责、来自于纳税人的钱的来源与去向公开地、规范地交代清楚，形成一种“透明规则”，那么民众对政府的信任感就会大大加强，同时政府资金的使用也会得到有效的监督。

10.3.2 提高预测准确度

预算的实质在于配置稀缺资源，所以公共预算就涉及公共资源的配置和公共资金使用上的选择。事实上，政府在整个财政领域占据着绝对的主导地位，政府处理公共事务的效率直接影响到人们的福利水平。而决定政府决策能力的一个重要因素就是政府对财政收支的准确预测（Feenberg et al.，1989）。

近年我国收入和支出都大量地超预算增长，虽然是由很多因素造成的，但是预测不准也是其中一个重要原因。很多技术层面的问题，如对经济增长率预测的偏差、预测参数的复杂性，以及其他一些偶然因素，导致了我们的预测偏差比较大（见表10—3）。

我国现行的预算编制主要采用的“基数法”，在既定的收支之间安排资金，虽然考虑到GDP增长率等其他一些因素，但割裂了财政收入与经济系统各变量之间的复杂关系，缺乏科学的分析预测工作，不能够客观地反映财政收入的数量，容易形成支出刚性，对政府预算制定的指导作用十分有限。因此通过更加合理和科学的预测方法和技术，建立财政收入预测模型，获得更准确的预测数据，对于国家和地方政府编制合理的预算方案，制定有效的财政政策，进行有力的宏观经济调控等都具有非常重要的意义和作用。

表10—3　　GDP、财政收入预测差异、超收率和超支率一览（%）

年份	GDP预期增幅	GDP实际增幅	财政收入理论预期增幅	财政收入实际增幅	GDP增幅预测差异	财政收入增幅预测差异	超收率	超支率
2003	7.00	9.10	8.40	14.70	2.10	6.30	5.92	4.95
2004	7.00	9.50	8.70	21.40	2.50	12.70	11.99	9.28
2005	8.00	9.90	11.00	19.80	1.90	8.80	8.11	5.19
2006	8.00	10.70	12.00	24.30	2.70	12.30	11.07	5.34
2007	8.00	11.40	13.80	32.40	3.40	18.60	16.43	7.02
2008	8.00	9.00	14.00	19.50	1.00	5.50	4.87	2.97
2009	8.00	8.70	8.00	11.70	0.70	3.70	3.39	0.09
2010	8.00	10.30	8.00	21.30	2.30	13.30	12.38	5.97
2011	8.00	9.20	8.00	24.80	1.20	16.80	13.51	8.00

资料来源：孙玉栋、吴哲方：《我国预算执行中超收超支的形成机制及治理》，载《南京审计学院学报》，2012（4）。

西方从19世纪30年代就开始了对财政收入预测模型的研究。这些研究主要可以分为三类：一是关于预测模型本身的改进和方法的研究，二是关于模型应用方面的研究，三是关于预测不确定性或者准确性问题的研究。根据不完全统计，目前用于预测的方法大概有200多种，这些预测方法都具有各自的特点，有其合理之处。

其中时间序列模型是建立在对过去数据的结构判断上，其重要的一点假设即是未来值将延续其历史趋势，即根据预测变量历史数据的结构推断其未来值。在实践中，这种方法的准确性会更好。

另外在预测参数的选择上，Shkurti 和 Winefordner（1989）、Bretschneider 和 Gorr（1987，1992）将影响财政收支的因素归纳为法律因素和经济因素。这里的法律因素主要指税法的变动，包括税基、税率的改变；经济因素主要包括 GDP、价格、利率、财政收支状况、税收收入和失业率等。

通过适当的预测方法和预测参数的选择，我们的预测准确度会有一个较大的提高。这样至少可以从技术层面上减少大量游离于预算管理之外的超支、超收存在。

10.3.3　采用多年度预算

年度预算在控制支出、管理财政运作上具有明显的优势：财政支出审查、评估必须定期进行，因此可以有效地控制支出；另外还可以保证财政资金的使用具有稳定性，即政府的收支在还没有开始之前就已经被确定下来，因此预算就是整个政府未来财政年度的计划。

但是由于年度预算的周期比较短，所以并不能使政府保持长期的预算平衡，从而导致周期性赤字，使政府难以超越经济周期以维持财政稳定。另外，根据我们国家《预算法》的相关规定，人民代表大会批准的预算的核心是平衡状态。那么这种方法就隐含着顺周期的财政政策机理。例如在经济衰退时期，政府收入减少，但政府为了保持年度预算的平衡，不得不降低公共服务的资金，或者想方设法地增加财政收入，如收“过头税”，进一步加剧紧缩；而在经济繁荣时期，财政收入往往已经超额完成预算任务了，但税收部门为了不提高基数，往往会“藏税于民”，反而加剧了经济过热（楼继伟，2013）。

之所以会产生这种现象，White（1983）指出政府的收入和支出是具有各自特征的相互独立的两种行为。一方面公共支出是服务导向的，当经济衰退时会不断增长；另一方面，税收收入的变化依赖于具体的税制结构和经济环境（Misiolek and Perdue，1987），经济衰退时往往税收收入也会大幅缩减。

所以为了维持财政的长期稳定，解决周期性赤字，我们需要一种能在经济周期的高峰与低谷之间维持结构性平衡的预算方案。Caiden（1981）曾指出，“因为年度预算使用一个稳定框架来控制持续的、动态的行为，这本身就是不稳定性的来源”。因此，将预算周期由一年延长到更长的时间，以增强预算的计划功能，就变得十分重要。

多年度预算就是一种收入和支出预算超过一年期限的财政计划。这样做最大的好处就是可以在一个较长的时段内，更加合理地安排各项收支，有利于缓和周期性赤字，达到“以丰补歉”的目的。Gramlich（1987）倡导稳定性财政政策：政府可以通过在结余年份控制支出以便为周期性衰退期积累更多的盈余的方式来弥补经济周期的波动。这样通过经济周期而不是财政年度来平衡预算，就可以更好地稳定经济。

当然多年度预算对预测准确度的要求会更高。因此，为了减少对预测精准度的依赖，像美国就建立了一般基金年度结余（general fund surplus，GFS）和预算稳定资金（budget stabilization fund，BSF）。我国在 2007 年将 2006 年超收的 2 573 亿元中，安排 500 亿元设立“中央预算稳定调节基金”，安排下年度预算时调入使用。随后，上海、北京等地相继建立预算稳定调节基金，年度财政收入超收部分，除按规定增加的支出，以及解决历史债务、特殊一次性等必要支出外，一律转入预算稳定调节基金。

预算稳定调节基金具有鲜明的财政储备特征，其主要目的是为了在一定程度上熨平因经济周期导致的财政收支波动，或者为预算执行中的财政政策重大调整提供储备资金。在财政超收年份，作为逆周期财政政策工具，预算稳定调节基金起到了防止资金分散和防止突击花钱的作用，当财政收入增速下降，需要提高财政资金使用效率时，需要“唤醒”这部分资金。

但是从中央预算稳定调节基金设立至今，一直没有制定相应的管理办法，基金的补充没有明确标准，调入使用没有限定的条件，随意性较大。另外在大部分地区财政预算执行报告不完全透明的前提下，全国几千个省、市、县中存在的预算稳定调节基金究竟有多少，没人能够说得清。因此，虽然我们设立了专门的调节基金以熨平经济周期，减少财政赤字，但是规范的管理和透明的预算才是这一基金能够良好运行的重要保障。

10.3.4 完善预算法

有学者称预算问题是一个“天然宪法的问题”[①]。《宪法》规范国家和公民之间的关系，内容上包括公民之间的基本权利和国家权力两部分。《预算法》是规范预算行为，调整预算权益关系的法律关系的法律规范总称。它一方面涉及公民的财产权、知情权和社会权，也就是政府从人们手中将钱拿走，那么公民就有权利知道为

① 蓟门决策论坛第 13 期：预算法修改的问题与建议，2012 年 09 月 16 日 23：27，新浪公益。

什么要把钱拿走、拿走多少、被用到哪里去、这样用合理不合理；另一方面它又涉及国家权力，也就是立法机关和行政机关之间的关系。

我国现行的《预算法》是 1994 年颁布的，基本上与分税制改革同步进行。应该说该法在加强预算分配和监督职能、健全国家对预算的管理、强化地方政府的预算管理意识等方面确实起到了一定的作用，但同时也存在着大量的问题。《预算法》作为一部财政基本法，一是要解决政府和市场的活动边界问题，也就是在资源配置中，哪些由政府来做，哪些要交给市场；二是要解决政府财权和财力的划分问题，即中央政府和地方政府都有哪些收入权力，这些收入又如何在中央和地方之间进行分配。这里除了分税之外，还会涉及很多非税收入，特别是地方公债的问题；三是要解决同一个政府层面上，立法机关、行政部门和司法机关权力划分问题。这就涉及财政部门跟政府的其他部门之间的关系。前文我们也提到了，《预算法》在执行过程中实际上和《义务教育法》、《农业法》等都有相矛盾的地方。例如 1993 年国家颁布的《中国教育改革发展纲要》中提出，我国财政性教育经费支出应该占 GDP 的 4%。可是如果各种支出都明确了数额，那还需要预算吗？那么当这些法律或者部门间利益存在冲突时，又该以哪个法律为主呢？不过值得注意的是，在党的十八届三中全会《决定》中，国家明确提出“清理规范重点支出与财政收支增幅或生产总值挂钩事项，一般不采取挂钩方式”，这实际上肯定了《预算法》的基础性，当然随之而来的另外一个问题就是那其他法律的严肃性何在？

在具体的法律规定中，我们发现我们现在基本上是把地方的权力先集中到中央，集中到中央以后的权力由人大集中到国务院，然后国务院将具体的职能又转交给财政部，财政部集预算编制、执行和国库资金、国库于一身。在这个过程中，一方面人大的实质权力受到了极大的削弱，例如国家将一般公共预算之外的其他三个预算范围、编制、执行、实施步骤都交由国务院去规定，即《预算法》只规范一般公共预算，而其他的预算则不受人大的监督；另一方面加剧了地方财权得不到应有的保障。应该说分税制之后，地方政府事权与支出责任不匹配问题的加重，我国现行的预算制度起到了一定的推波助澜的作用。

因此我们的改革建议是：

（1）从根本目标上建立规范和制衡政府收支行为的法治型的预算，而不是强化政府管理权力的管理型预算。也就是首先要在法理上明确财政的基本作用，划分清楚政府与市场、政府与政府之间的关系与边界，从而满足《预算法》作为“财政基本法”、“天然宪法”的根本要求。

（2）将我国预算的编制、执行、国库拨款等权力分开。像美国的预算编制由总统的行政预算办公室来编，财政部管执行，议会负责国库拨款。这样分权的最大好处实际上是形成了相互制约的机制。

(3) 加强审计机关的作用。我国的审计署虽然也属于政府部门，但是近年来连续推出的各种审计报告，实际上对于财政资金的收缴、使用还是起到了一定的监督、内部制衡的作用。因此可以进一步加强审计机关的职能，例如实行中央政府垂直管理，变成监督其他政府部门活动的第三方机构；也或者将其并入各级人民代表大会之中，从而可以大大加强人大的财政监督职能。

10.4 小 结

从 1994 年分税制改革开始，预算管理作为我们深化分税制改革的桥梁，规范政府收支的利器，其改革的步伐也加快了。我国现行的分级预算、部门预算、国库管理制度、政府收支分类管理、权责发生制的政府会计制度以及“收支两条线”改革等，都为我们国家今天为实现“满足社会公共需要”这一根本目标从预算上起到了保驾护航的作用。

然而改革的背后，无论是在预算编制上，还是预算执行、监督上，以及预算的绩效评价上，依然存在着很多问题。总体来说就是各级政府的预算不能起到硬约束的作用，政府的收支权力缺乏法律上、制度上的规范约束，财权远远没有被“关在笼子”中。

1994 年《预算法》的颁布，可以视作是我国预算法律制度改革的一个里程碑。然而作为一部财政基本法，我们并没有很好地从根本上解决政府和市场的活动边界问题、政府财权和财力的划分问题以及解决同一个政府层面上，立法机关、行政部门和司法机关权力划分问题，因此也不能使得财政预算从根本上成为规范政府收支、约束政府行为的一把利器，甚至还为日后很多预算得不到人大的监督，地方财权得不到应有的保障起到了推波助澜的作用。

因此，我们建议：一要从根本目标上建立规范和制衡政府收支行为的法治型的预算，而不是强化政府管理权力的管理型预算，完善预算法；二要提高财政透明度，将财政信息进行详细的披露，进而有效地推动政府问责、改善民主治理、预防腐败、提高公共效率；三要增强预算编制中预测的准确度，从技术上减少超收超支、脱离人大监督的可能性；四要采用多年度预算，稳定经济波动，熨平经济周期。

参考文献

[1] 安体富，任强．公共服务均等化：理论、问题与对策．财贸经济，2007（8）

[2] 巴泽尔．产权的经济分析．上海：生活·读书·新知三联书店，2003

[3] 白彦锋，李然．中国地方政府自主发债历程问题研究．中央财经大学学报，2012（5）

[4] 陈共．陈共文集．北京：中国人民大学出版社，2007

[5] 陈共．财政学（第六版）．北京：中国人民大学出版社，2009

[6] 程瑜．政府预算中的委托代理关系研究——一个契约经济学的分析框架．华中师范大学学报，2009，48（2）

[7] 邓淑莲，彭军．地方政府债务风险控制的国际经验及启示．财政研究，2013（2）

[8] 傅勇，张晏．中国式分权与财政支出结构偏向：为增长而竞争的代价．管理世界，2007（3）

[9] 郭庆旺，赵志耘．公共经济学．北京：高等教育出版社，2006

[10] 郭庆旺，贾俊雪．地方政府行为、投资冲动与宏观经济稳定．管理世界，2006（5）

[11] 郭庆旺，贾俊雪．地方政府间策略互动行为、财政支出竞争与地区经济增长．管理世界，2009（10）

[12] 郭庆旺，贾俊雪．财政分权、政府组织结构与地方政府支出规模．经济研究，2010（11）

[13] 郭庆旺，吕冰洋．论要素收入分配对居民收入分配的影响．中国社会科

学，2012（12）

［14］胡传景，欧名豪，沈士芹．浅析地方政府土地违法现象．中国房地产金融，2002（2）

［15］侯一麟．预算透明：趋势、制度与挑战——美国经验的检视．公共行政评论，2012（6）

［16］贾俊雪．中国经济周期波动特征及其原因研究．北京：中国金融出版社，2008

［17］贾俊雪．中国税收收入规模变化的规则性、政策态势及其稳定效应．经济研究，2012（11）

［18］贾俊雪，郭庆旺．政府间财政收支责任安排的地区经济增长效应：实证分析．经济研究，2008（8）

［19］贾俊雪，郭庆旺，刘晓路．资本性支出分权、公共资本投资构成与经济增长．经济研究．2006（12）

［20］贾俊雪，郭庆旺，宁静．财政分权、政府治理结构与县级财政解困．管理世界，2011（1）

［21］贾俊雪，张永杰，郭婧．省直管县财政体制改革、县域经济增长与财政解困．中国软科学，2013（6）

［22］贾俊雪，宁静．纵向财政治理结构与地方政府职能优化．工作论文，2004

［23］贾康，白景明．县乡财政解困与财政体制创新．经济研究，2002（2）

［24］贾晓俊．专项拨款与最低水平基本公共服务提供——美国经验．经济学动态，2013（6）

［25］贾晓俊，岳希明．我国均衡性转移支付资金分配机制研究．经济研究，2002（1）

［26］靳涛．资本倚重、投资竞争与经济增长——中国转型期经济增长的再思索（1978—2004）．统计研究，2006（9）

［27］李萍．中国政府间财政关系图解．北京：中国财政经济出版社，2010

［28］林尚立．民主集中制的财政基础——对中国国家建设的一种分析．社会科学，2006（11）

［29］刘昊．地方政府债务理论：国内外研究比较与国内研究展望．经济理论与经济管理．2013（11）

［30］刘蓉，黄洪．我国地方政府债务风险的度量、评估与释放．经济理论与

经济管理，2012（1）

［31］刘尚希，赵全厚．正确认识地方政府性债务．光明日报，2013－08－23

［32］刘仲藜．1994年财税体制改革回顾．百年潮，2009（4）

［33］楼继伟．中国政府间财政关系再思考．北京：中国财政经济出版社，2013

［34］吕冰洋．政府间税收分权的配置选择和财政影响．经济研究，2013（6）

［35］吕冰洋．税收分权与地方税系的建设，见郭庆旺编．公共经济学评论．北京：中国财政经济出版社，2010

［36］吕冰洋．零售税的开征与分税制的改革．财贸经济．2012（10）

［37］吕冰洋，郭庆旺．中国税收高速增长的源泉：税收能力和税收努力框架下的解释．中国社会科学，2011（2）

［38］吕冰洋，毛捷．高投资、低消费的财政基础．经济研究，2014（5）

［39］马国川．共和国部长访谈录．上海：生活·读书·新知三联书店，2009

［40］马珺．公共物品概念的价值．财贸经济，2005（11）

［41］秦国柱．地方政府公共服务能力弱化的现状与成因分析——以教育事业发展中的若干热点问题为例．太平洋学报，2008（5）

［42］瞿同祖．清代地方政府．北京：法律出版社，2003

［43］上海财经大学公共政策研究中心．中国财政透明度报告．上海：上海财经大学出版社，2009—2013

［44］孙玉栋，吴哲方．我国预算执行中超收超支的形成机制及治理．南京审计学院学报，2010（4）

［45］魏向前．宁夏直管县财政体制运转效能的调查与研究．宁夏党校学报，2010（3）

［46］魏加宁．化解地方政府债务风险是当务之急．中国经济时报，2004－02－27

［47］万海远，李实．户籍歧视对城乡收入差距的影响．经济研究，2013（9）

［48］王绍光．美国“进步时代”的启示．读书，2001（8）

［49］王绍光．波兰尼《大转型》与中国的大转型．上海：生活·读书·新知三联书店，2012

［50］王秀芝．部门预算制度研究．北京：经济科学出版社，2007

［51］王秀芝．我国人大预算监督问题研究．财贸经济，2009（10）

［52］王小龙．县乡财政解困与政府改革：目标兼容与路径设计．财贸经济，2006（7）

[53] 王宗杰．试论财政集权与分权的关系．经济问题，1982（1）

[54] 吴敬琏．当代中国经济改革教程．上海：上海远东出版社，2010

[55] 吴翌琳，谷彬．中国基本公共服务均等化统计监测研究．宏观管理，2013（3）

[56] 谢旭人等．中国财政改革三十年．北京：中国财政经济出版社，2008

[57] 谢宇，董慕达．天地之间：东汉官员的双重责任．社会，2011（4）

[58] 尹恒，朱虹．县级财政的生产性支出偏向研究．中国社会科学，2011（1）

[59] 张立承．省对下财政体制研究．北京：经济科学出版社，2011

[60] 张五常．中国的经济制度．北京：中信出版社，2009

[61] 张五常．佃农理论．北京：中信出版社，2010

[62] 张晏，龚六堂．分税制改革、财政分权与中国经济增长．经济学，2005（1）

[63] 张卓元．20年经济改革：回顾与展望．北京：中国计划出版社，1998

[64] 周黎安．晋升博弈中政府官员的激励与合作——兼论我国地方保护主义和重复建设问题长期存在的原因．经济研究，2004（6）

[65] 周黎安．转型中的地方政府：官员激励与治理．上海：格致出版社，2008

[66] 周黎安，李宏彬，陈烨．相对绩效考核：关于中国地方官员晋升的一项经验研究．经济学报，2005（1）

[67] 卡尔·波兰尼．大转型：我们时代的政治与经济起源．浙江：浙江人民出版社，2007

[68] Ambrosiano，Maria Flavia and Massimo Bordignon，Normative Versus Positive Theories of Revenue Assignments in Federations，in Ehtisham Ahmad and Giorgio Brosio (eds)，*The Handbook of Fiscal Federalism*，London：Elgar，2006

[69] Anwar Shah，The Reform of Intergovernment Fiscal Relations in Developing and Emerging Market Economies，Policy and Research Series，World Bank，1994

[70] Arrow，K.，The Organization of Economic Activity：Issues Pertinent to the Choice of Market Versus Non-Market Allocation，in Joint Economic Committee，The Analysis and Evaluation of Public Expenditures：The PPB System，Vol. I，Washington，D. C.：U. S. GPO，1970

[71] Arzaghi，Mohammad and Henderson，J. Vernon，"Why Countries Are

Fiscally Decentralizing," *Journal of Public Economics*, 2005, vol. 89 (7)

[72] Baicker, Katherine, Clemens, Jeffrey, and Singhal, Monica, "The Rise of the States: U. S. Fiscal Decentralization in the Postwar Period," *Journal of Public Economics*, 2011, 96 (11 - 12), pp. 1079 - 1091

[73] Baqir, R., "Districting and Government Overspending," *Journal of Political Economy*, 2002, 110, pp. 1318 - 1354

[74] Bardhan, P., "Dilemmas of Decentralization in Developing Countries," *Journal of Economic Perspectives*, 2012, 16 (4).

[75] Berle, A. A., and Means, G. C., *The Modern Corporation and Private Property*, Transaction Publishers, 1932

[76] Bird, R. M. and Gendron, P., "CVAT, VIVAT, and Dual VAT: Vertical "Sharing" and Interstate Trade," *International Tax and Public Finance*, 2000, 7 (6), pp. 753 - 761

[77] Boadway, Robin, Grants in a Federal Economy: A conceptual Perspective, Chapter 2 in *International Fiscal Transfers*, The World Bank, 2007

[78] Boadway, Robin and Anwar Shah, *Fiscal Federalism: Principles and Practice of Multiorder Governance*, Cambridge University Press, 2009

[79] Bordignon, M., P. Manasse and G. Tabellini, "Optimal Regional Redistribution under Asymmetric Information," *American Economic Review*, 2001, 91, pp. 709 - 723

[80] Brennan, G. and J. M. Buchanan., *The Power to Tax: Analytical Foundations of a Fiscal Constitution*, Cambridge: Cambridge University Press, 1980

[81] Bretschneider, S. I., Gorr, W. L., State and Local Government Revenue Forecasting, In S. G. Makridakis & S. C. Wheelwright (Eds.), *The Handbook of Forecasting: A Manager's Guide* (2nd ed.), New York: John Wiley & Sons, 1987

[82] Bretschneider, S. I., Gorr, W. L., "Economic, Organizational, and Political Influences on Biases in Forecasting State Tax Receipts," *International Journal of Forecasting*, 1992, 7, pp. 457 - 466

[83] Buchanan, J. M. and Wagner, R. E., *Democracy in Deficit: The Political Legacy of Lord Keynes*, Academic Press, New York, 1977

[84] Caiden N., "Public Budgeting Amidst Uncertainty and Instability,"

Public Budgeting & Finance, 1981, 1 (1), pp. 6 - 19

[85] Cai, H., Treisman D., "Did Government Decentralization Cause China's Economic Miracle?" *World Politics*, 2006, 58 (4), pp. 505 - 535

[86] Carey, W., "Federalism and Corporate Law: Reflections Upon Delaware," *The Yale Law Journal*, 1974, 83, pp. 663 - 705

[87] Cao, Y., Qian, Y. and Weingast, B. R., "From Federalism, Chinese Style to Privatization, Chinese Style," *Economics of Transition*, 1999, 7 (1), pp. 103 - 131

[88] Edwards, J. S. S. and Keen, M., "Tax Competition and Leviathan," *European Economic Review*, 1996, 40 (1), pp. 113 - 134.

[89] Enikolopov, Ruben and Ekaterina Zhuravskaya, "Decentralization and Political Institutions," *Journal of Public Economics*, 2007, 91, pp. 2261 - 2290

[90] Feenberg D. R., Gentry W., Gilroy D., Rosen H. S., "Testing the Rationality of State Revenue Forecasts," *The Review of Economics and Statistics*, 1989, 71 (2), pp. 300 - 308

[91] Folsher, A., Transparency and Participation in South Africa's Budget Process, The 9th International Anticorruption Conference, 1999

[92] Gilbert, G., and Picard P., "Incentives and Optimal Size of Local Jurisdictions," *European Economic Review*, 1996, 40, pp. 19 - 41

[93] Goodspeed, T. J., "Bailouts in a Federation," *International Tax and Public Finance*, 2002, 9, pp. 409 - 421

[94] Gramlich, E. M., Galper, H., "State and Local Fiscal Behavior and Federal Grant Policy," *Brookings Papers on Economic Activity*, 1973, 4 (1), pp. 15 - 58

[95] Gramlich, E. M., "Cooperation and Competition in Public Welfare Policies," *Journal of Policy Analysis and Management*, John Wiley & Sons, Ltd., 1987, 6 (3), pp. 417 - 431

[96] Greenwood, Hercowitz, and Krusell, "Long-run Implications of Investment-Specific Technological Change," *The American Economic Review*, 1997, 87, pp. 342 - 362

[97] Grossman, Philip J., "Fiscal Decentralization and Government Size: An Extension," *Public Choice*, 1989, 62 (1), pp. 63 - 69

[98] Hayek, Friedrich A., "The Use of Knowledge in Society," *American E-*

conomic Review, 1945, 35, pp. 519 - 530

[99] Henderson, J. Vernon, The Effects of Urban Concentration on Economic Growth, NBER Working Paper, 2000, No. W7503

[100] Hocman, O., D. Pines and J-F. Thisse, "On the Optimal Structure of Local Governments," *American Economic Review*, 1995, 85, pp. 1224 - 1240

[101] Hood, C., Entry on Transparency, in P. B. Clarke and J. Foweraker (eds.), *Encyclopaedia of Democratic Thought*, London, Routledge, 2001

[102] Hou Yilin, "Budgeting for Fiscal Stability over the Business Cycle: A Countercyclical Fiscal Policy and the Multiyear Perspective on Budgeting," *Public Administration Review*, 2006, 66 (5), pp. 730 - 741

[103] Hulten, Charles R., "Growth Accounting When Technical Change is Embodied in Capital," *The American Economic Review*, 1992, 82, pp. 964 - 980

[104] Jia, Junxue, Qingwang Guo and Jing Zhang, "Fiscal Decentralization and Local Expenditure Policy in China," *China Economic Review*, 2014, 28, pp. 107 - 122

[105] Keen, M., VIVAT, CVAT, and All That: New Forms of Value-added Tax for Federal Systems, International Monetary Fund, WP/00/83, Washington, DC, 2000

[106] Kopits G., Craig J. D., Transparency in Government Operations, IMF Occasional Paper, 1998

[107] Kurtzman J., Yago G., Phumiwasana T., The Opacity Index: Research Overview, MIT Sloan Management Review, 2004

[108] Li, Shiyu and Shuanglin Lin, "The Size and Structure of China's Government Debt," *The Social Science Journal*, 2011, 48, pp. 527 - 542

[109] Li, Hongbin, and Li-An Zhou, "Political Turnover and Economic Performance: The Incentive Role of Personnel Control in China," *Journal of Public Economics*, 2005, 89, pp. 1743 - 1762

[110] Lockwood, B., "Inter-Regional Insurance," *Journal of Public Economics*, 1999, 72, pp. 1 - 37

[111] Lockwood, B., Fiscal Decentralization: A Political Economy Perspective, in *The Handbook of Fiscal Federalism* (ed. E. Ahmad and G. Brosio), Edward Elgar, 2006

[112] Mclure, C. E. Jr., "Implementing Subnational Value Added Taxes on Internal Trade: the Compensating VAT (CVAT)," *International Tax and Public Finance*, 2000, 7, pp. 723 - 40

[113] Misiolek, W. S., Perdue D. G., "The Portfolio Approach to State and Local Structures," *National Tax Journal*, 1987, 40 (1), pp. 111 - 114

[114] Montinola, G., Qian, Y., Weingast, B. R., "Federalism, Chinese Style: the Political Basis for Economic Success," World Politics, 1995, 48 (1), pp. 50 - 81

[115] Mulder, A., Government Dilemmas in the Private Provision of Public Goods, Rotterdam: Erasmus Research Institute of Management (ERIM), 2004

[116] Musgrave, R. A., *The Theory of Public Finance*, New York: McGraw-Hill, 1959

[117] Oates, W. E., *Fiscal Federalism*, New York: Harcourt Brace Jovanovich, 1972

[118] Oates, W. E., "Searching for Leviathan: An Empirical Study," *American Economic Review*, 1985, 75, pp. 748 - 757

[119] Oates, W. E., "Searching for Leviathan: A Reply and Some Further Reflections," *American Economic Review*, 1989, 79, pp. 578 - 583

[120] Oates, W. E., Oates, W. E., "Toward a Second-generation Theory of Fiscal Federalism," *International Tax and Public Finance*, 2005, 12 (4), pp. 349 - 373

[121] Oates, W. E., "An Essay on Fiscal Federalism," *Journal of Economic Literature*, 1999, 37 (3), pp. 1120 - 1149

[122] OECD, Best Practices for Budget Transparency, 2001

[123] OECD, Privatisation in the 21st Century: Recent Experiences of OECD Countries, 2009

[124] O'Neil, O., Transparency and the Ethics of Communication, In C. Hood and D. Heald eds, Transparency: The Key to Better Governance? *Proceedings of the British Academy*, 2006, 135, pp. 75 - 90

[125] Rodden, Jonathan A., "Reviving Leviathan: Fiscal Federalism and the Growth of Government," *International Organization*, 2003, 57 (4), pp. 695 - 729

[126] Rodden, Jonathan A., Eskeland, Gunnar S., and Litvack, Jennie, *Fiscal Decentralization and the Challenge of Hard Budget Constraints*, London:

MIT Press, 2003

[127] Qian, Yingyi, and Xu, Chenggang (1993). "Why China's Economic Reforms Differ: the M-form hierarchy and Entry/Expansion of the Non-State Sector," *The Economics of Transition*, 1, 135 - 170.

[128] Qian, Yingyi and Xu, Cheng-Gang, "The M-form Hierarchy and China's Economic Reform," *European Economic Review*, 1993, 37, pp. 541 - 548

[129] Qian, Y., and B. R. Weingast, "Federalism as a Commitment to Preserving Market Incentives," *Journal of Economic Perspectives*, 1997, 11, pp. 83 - 92

[130] Qian, Y., and Roland, G., "Federalism and the Soft Budget Constraint," *American Economic Review*, 1998, 88 (5), pp. 1143 - 1162

[131] Qian, Y., Gerard Roland, and Chenggang Xu., "Why Is China Different from Eastern Europe? Perspectives from Organization Theory," *European Economic Review*, 1999, 43 (4 - 6), pp. 1085 - 94

[132] Qian, Yingyi, Roland, Gérard, and Xu, Chenggang, "Coordination and Experimentation in M-Form and U-Form organizations," *Journal of Political Economy*, 2006, 114, pp. 366 - 402

[133] Ramanadham, V. V., Privatisation: The UK experience and developing countries, in: Ramanadham, V. V. (Ed.) *Privatisation in Developing Countries*, London and New York: Routledge, 1989, pp. 3 - 93

[134] Rodden, J., "Reviving Leviathan: Fiscal Federalism and the Growth of Government," *International Organization*, 2003, 57, pp. 695 - 729

[135] Roland, G., "*Politics, Markets, and Firms: Transition and Economics*," MIT Press, Cambridge, MA, 2000

[136] Samuelson, P. A., "The Pure Theory of Public Expenditure, *Review of Economics and Statistics*," 1954, 36, pp. 387 - 389.

[137] Samuelson, P. A., "Diagrammatic Exposition of a Theory of Public Expenditure," *Review of Economics and Statistics*, 1955, 37, pp. 350 - 356

[138] Schram, S. F., "*After Welfare: The Culture of Postindustrial Social Policy*," New York: New York University Press, 2000

[139] Seabright, P., "Accountability and Decentralization in Government: An Incomplete Contracts Model," *European Economic Review*, 1996, 40, pp. 61 - 89

[140] Shkurti W. J, Winefordner D., "The Politics of State Revenue Forecas-

ting in Ohio，1984－1987：A Case Study and Research Implications，" *International Journal of Forecasting*，1989，5，pp. 361－371

[141] Stein，Ernesto，"Fiscal Decentralization and Government Size in Latin America，" *Journal of Applied Economics*，1999，II (2)，pp. 357－391

[142] Weingast，Barry R.，"The Economic Role of Political Institutions，" *Journal of Law，Economics and Orgnazation*，1995，11，pp. 1－31

[143] White F.，"Trade-off in Growth and Stability in State Taxes，" *National Tax Journal*，1983，36 (1)，pp. 103－14

[144] Wilson，J. D.，"A Theory of Interregional Tax Competition，" *Journal of Urban Economics*，1986，19，pp. 296－315

[145] World Bank，China National Development and Sub-national Finance：A Review of Provincial Expenditures，World Bank Report 22951-CHA，Washington，DC，2002

[146] World Bank，The Urban Development Investment Corporations in Chongqing，China，Technical Assistance Report，2009

[147] Tiebout，Charles，"A Pure Theory of Local Expenditures，" *Journal of Political Economy*，1956，64，pp. 416－24

[148] Xu，C.，"The Fundamental Institutions of China' s Reforms and Development，" *Journal of Economic Literature*，2011，49 (4)，pp. 1076－1151

[149] Zhang Yongnian，*De Facto Federalism in China：Reforms and Dynamics of Central-Local Relations*，World Scientific Publishing，2007

图书在版编目（CIP）数据

中国分税制：问题与改革/郭庆旺等著．—北京：中国人民大学出版社，2014.10
ISBN 978-7-300-19964-1

Ⅰ.①中… Ⅱ.①郭… Ⅲ.①分税制-研究-中国 Ⅳ.①F812.422

中国版本图书馆 CIP 数据核字（2014）第 214976 号

中国人民大学研究报告系列
中国分税制：问题与改革
郭庆旺　吕冰洋等　著
Zhongguo Fenshuizhi：Wenti yu Gaige

出版发行	中国人民大学出版社		
社　　址	北京中关村大街 31 号	**邮政编码**	100080
电　　话	010－62511242（总编室）		010－62511770（质管部）
	010－82501766（邮购部）		010－62514148（门市部）
	010－62515195（发行公司）		010－62515275（盗版举报）
网　　址	http://www.crup.com.cn		
经　　销	新华书店		
印　　刷	固安县铭成印刷有限公司		
开　　本	787 mm×1092 mm　1/16	**版　　次**	2014 年 10 月第 1 版
印　　张	14.5 插页 1	**印　　次**	2024 年 5 月第 2 次印刷
字　　数	259 000	**定　　价**	78.00 元